21世纪经济管理新形态教材·公共基础课系列

人际沟通与交流
（第3版）

罗元浩　白艳丽 ◎ 主　编
冯春苗　林玲玲 ◎ 副主编

清华大学出版社
北　京

内 容 简 介

本书根据人际沟通交流活动的基本过程和规律,结合实际案例具体介绍:人际沟通交流的基本原理、目标、原则、形式,演讲与谈判技巧、交际礼仪,语言沟通、非语言沟通、管理沟通、求职应聘,以及跨文化沟通的原则和策略等知识;并通过实证案例分析,教方法、讲思路,加强实践锻炼、强化操作技能与应用能力培养。

本书知识系统、理论适中、案例经典、注重应用,因而既可作为普通高等院校本科工商管理、财务管理等专业学生的必修教材,同时兼顾高职高专、成人高等教育经济管理专业的教学,也可用于各类企事业单位从业者的在职教育岗位培训,并为社会广大中小微企业、大学生创业者提供有益的学习指导。

本书封面贴有清华大学出版社防伪标签,无标签者不得销售。
版权所有,侵权必究。举报:010-62782989,beiqinquan@tup.tsinghua.edu.cn。

图书在版编目(CIP)数据

人际沟通与交流 / 罗元浩,白艳丽主编. —3版. —北京:清华大学出版社,2023.6(2025.2重印)
21世纪经济管理新形态教材. 公共基础课系列
ISBN 978-7-302-63614-4

Ⅰ. ①人… Ⅱ. ①罗… ②白… Ⅲ. ①人际关系学—教材 Ⅳ. ①C912.11

中国国家版本馆 CIP 数据核字(2023)第 094060 号

责任编辑:贺　岩
封面设计:汉风唐韵
责任校对:宋玉莲
责任印制:沈　露

出版发行:清华大学出版社
网　　址:https://www.tup.com.cn, https://www.wqxuetang.com
地　　址:北京清华大学学研大厦A座　　邮　编:100084
社 总 机:010-83470000　　邮　购:010-62786544
投稿与读者服务:010-62776969, c-service@tup.tsinghua.edu.cn
质量反馈:010-62772015, zhiliang@tup.tsinghua.edu.cn

印 装 者:北京鑫海金澳胶印有限公司
经　　销:全国新华书店
开　　本:185mm×230mm　　印　张:18.25　　字　数:384千字
版　　次:2015年2月第1版　2023年6月第3版　　印　次:2025年2月第3次印刷
定　　价:59.00元

产品编号:097668-01

前 言（第3版）

随着"一带一路、互联互通"经济建设的快速推进,在我国加快构建以国内大循环为主体、国内国际双循环相互促进的新经济发展格局的背景下,社会经济发展对现代人际沟通与交流人才提出新的要求。国际化市场竞争急需大量有知识、懂业务、能策划、会执行的技能型人际沟通与交流人才。

美国著名学府普林斯顿大学对一万份人事档案进行分析,结果发现:"智慧、专业、技术、经验"只占成功因素的25%,其余75%取决于良好的人际沟通。哈佛大学就业指导小组调查结果也显示,在500名被解职的职员中,因人际沟通不良而导致工作不称职被解雇的职员占82%。这些数据都说明人际沟通能力的重要性。

高科技的发展促使社会分工越来越精细,国际市场呈现出谁也离不开谁的相互服务关系;而经济要发展、事业要进取,就必须注重规模经营效益、加强团队合作、加强人际沟通与交流。

人际沟通与交流既是高校中各个专业非常重要的公共基础核心课程,也是大学生就业从业所必须具备的关键知识技能。人际沟通与交流是一门综合性学科,不仅把公共关系、现代礼仪、心理学、人际沟通、商务交流等知识融为一体,而且包括极深刻的内涵:体现在强化团队意识、树立形象、提高竞争力、培养优秀外向型管理人才等方面。

交流有利于拉近人与人之间的距离,沟通有助于增进员工相互的理解,也有助于增强团队的凝聚力。交际能力是当今社会成功人士最基本、最重要的素质。学好、用好人际沟通与交流对帮助学生进入社会、学会做人做事、就业创业具有非常重要的作用。

本书自出版以来,因为写作质量高、强化实践、注重实践操作技能培养,深受全国各类高校广大师生的欢迎,目前已多次重印。此次第3次再版,作者根据读者建议,审慎地对原教材进行了较大修改,更新案例、增补知识,以使其更贴近社会人文生活、更符合经济发展实际,更好地为国家经济建设与高等职业教育教学实践服务。

全书共九章,以学习者应用能力培养提高为主线,根据人际沟通交流活动的基本过程和规律,结合实际案例具体介绍:人际沟通交流的基本原理、目标、原则、形式,演讲、谈判技巧、交际礼仪,语言沟通、非语言沟通、管理沟通、求职应聘,以及跨文化沟通的原则和策略等知识;并通过实证案例分析教方法、讲思路,加强实践、强化操作技能与应用能力培养。

由于本书融入了人际沟通与交流的最新实践教学理念,力求严谨、注重与时俱进,同时知识系统、理论适中、案例经典、注重应用,因此既可作为普通高等院校本科工商管理、财务管理等专业学生的必修教材,同时兼顾高职高专、成人高等教育经济管理专业的教学,也可以用于各类企事业单位从业者的在职教育岗位培训,并为社会广大中小微企业、大学生创业就业者提供有益的学习指导。

本书由李大军筹划并具体组织实施,罗元浩和白艳丽担任主编,罗元浩统改稿,冯春苗、林玲玲为副主编;由具有丰富教学实践经验的郑强国教授审定。作者编写分工:白艳丽(第一章、第二章、第九章),冯春苗(第三章、第八章),罗元浩(第四章、第五章、第六章),林玲玲(第七章);李晓新(文字版式修改、制作教学课件)。

本书再版过程中,我们参阅、借鉴了国内外大量有关人际沟通与交流的最新书刊和网站资料,并得到有关专家教授及企业家的具体指导,在此一并致谢。为了方便教学,本书提供配套教学课件,读者可以从清华大学出版社网站(www.tup.com.cn)免费下载使用。

因作者水平有限,书中难免存在疏漏不足,恳请广大读者予以批评指正。

作　者

2022 年 6 月

目 录

第一章　沟通概述 ··· 1
　　第一节　沟通的内涵及过程 ··· 3
　　第二节　沟通的特点、原则及基本内容 ·· 13
　　第三节　沟通的形式 ·· 24

第二章　语言与非语言沟通 ·· 31
　　第一节　语言沟通 ··· 33
　　第二节　非语言沟通 ·· 41

第三章　人际沟通的基本原则与技巧 ··· 59
　　第一节　人际沟通原则的内涵和意义 ··· 60
　　第二节　人际沟通的主要原则 ··· 63
　　第三节　影响沟通的主要障碍 ··· 73
　　第四节　人际沟通中的技巧 ·· 76

第四章　良好人际关系的建立 ··· 81
　　第一节　人际关系的内涵 ··· 83
　　第二节　几种基本人际关系沟通 ·· 85
　　第三节　性格类型与人际沟通 ·· 105
　　第四节　情商 ··· 109

第五章　演讲与谈判技巧 ·· 112
　　第一节　演讲及技巧 ··· 115
　　第二节　谈判及技巧 ··· 133

第六章　沟通礼仪 ·· 156
　　第一节　礼仪的概述 ··· 157

第二节　礼仪的原则与作用 ……………………………………………… 160
　　第三节　仪表仪容 ………………………………………………………… 167
　　第四节　服装服饰 ………………………………………………………… 171
　　第五节　人际交往礼仪 …………………………………………………… 176

第七章　管理沟通 …………………………………………………………… 187

　　第一节　管理沟通的含义及作用 ………………………………………… 189
　　第二节　管理沟通的功能、内容及常用方法 …………………………… 196
　　第三节　管理沟通的策略 ………………………………………………… 201
　　第四节　会议沟通 ………………………………………………………… 206

第八章　求职应聘 …………………………………………………………… 214

　　第一节　求职前的准备 …………………………………………………… 216
　　第二节　求职材料的准备 ………………………………………………… 224
　　第三节　求职面试技巧 …………………………………………………… 236

第九章　跨文化沟通 ………………………………………………………… 246

　　第一节　文化与文化差异 ………………………………………………… 248
　　第二节　跨文化沟通的含义及其影响因素 ……………………………… 259
　　第三节　主要区域文化简介 ……………………………………………… 265
　　第四节　跨文化沟通的基本原则和策略 ………………………………… 276

参考文献 ……………………………………………………………………… 281

第一章

沟通概述

【学习目标】

1. 理解沟通的内涵以及重要性。
2. 掌握沟通的基本原则与技巧。
3. 深入理解沟通的要素和沟通过程。

【技能要求】

1. 掌握沟通基本原理,发现自身存在的沟通缺陷、克服不足。
2. 理解沟通整个环节,针对可能出现的问题进行探讨,以改善和提高沟通能力。

"平语"近人,习近平尺素传深情

"青年一代是中美友好的未来。""欢迎你们有机会来中国看看。"

近日,习近平主席复信美国伊利诺伊州北奈尔斯高中学生,勉励同学们为增进中美人民友谊作出贡献。这是今年习近平第3次给外国友人回信。

鸿雁传书,真情互动蕴厚意

进入2019年才3个多月,习近平就先后给来自不同国家的外国友人回了3封信。回信里,习近平与他们真情互动,寄语频频。

北奈尔斯高中是美国伊利诺伊州一所公立学校,成立于1964年,自2008年起开设中文课程。该校中文班40多名学生用中文写信给习近平,询问习近平的工作、生活情况和个人爱好,表示他们正在学习中文,喜爱中国的语言文字、音乐和饮食,希望有机会到中国参观访问。

"我从信中感受到你们对中文的爱好和对中华文化的兴趣。"在给同学们的回信里,习近平表示"学习中文可以更好地了解中国",鼓励他们珍惜韶华、努力学习。

3月中下旬,习近平应邀访问欧洲三国。在对意大利进行国事访问之际,意大利罗马国立住读学校校长雷亚莱和8名高中学生致信习近平,表达了对习近平来访的热切期盼和从事中意友好事业的良好意愿。

3月17日,习近平给该校师生回信说:"看到同学们能用流畅的中文表达自己的所思所想,我很高兴。"高度认可师生通过孔子课堂项目有机会近距离了解中国,看到了世界的广阔与多元文化的价值,"这是你们通过学习实践得来的收获。"

潘维廉,美国人,1988年起在厦门大学任教,是第一个定居厦门的外国人、福建省第一位外籍永久居民。2018年底,潘维廉出版新书,从一个长期在华生活的外国人的独特视角,记录和展现了改革开放的历史进程和中国的伟大变革。新书首发式后,潘维廉给习近平写了一封信,随信寄赠了这本书。

2月1日,习近平给潘维廉教授回信,祝贺新书出版。"你在厦门大学任教30年,把人生的宝贵时光献给了中国的教育事业,这份浓浓的厦门情、中国情,让我很感动。"信中,习近平对他表达真诚谢意,并表示:"我相信,你将会见证一个更加繁荣进步、幸福美好的中国,一个更多造福世界和人类的中国,你笔下的中国故事也一定会更精彩。"

一封封回信,传真情、蕴厚意。

越洋对话,风趣"平语"抵人心

习近平语言风格一个很鲜明的特点在于善于用贴近民众的语言,用平实风趣的聊天式、谈心式语气直抵人心。

品读习近平今年给外国友人的回信,这一特点格外明显。

北奈尔斯高中学生:"我们喜欢说'太棒了''我爱你''朋友''加油'……""您喜欢您的工作吗?您的工作累不累?"

习近平:"我的工作是为人民服务,很累,但很愉快。""你们的汉语书写工整、用词规范,'太棒了'!我希望你们继续'加油',在中文学习上取得更大进步。"

在这段"越洋对话"里,习近平一一耐心回复同学们的问题,勉励他们努力学习,欢迎他们"有机会来中国看看"。

学习、生活、梦想,这些是世界各国年轻人都要共同面临的"青春关键词"。"青春总是与梦想相伴而行。"在给意大利罗马国立住读学校师生回信中,习近平祝愿即将迈入大学校园的同学们"青春正好、不负韶华,都能成就梦想",并真挚表示"欢迎你们来华学习和工作,希望中国也能成为你们的圆梦之地"。

在给外籍教授潘维廉回信时,正值农历新年,习近平在回信里给他拜年,祝他全家"福安"、一生"长乐"。习近平这句巧妙嵌入两个福建地名的新春祝福语,也在网络上流行起来,成为福建当地拜年最新的流行语。

回信中"唠家常"的习近平,与收信人平等相交、推心置腹。"平易近人、和蔼可亲",这是外国友人对习近平复信的评价,也是他独特语言风格和人格魅力的集中体现。

一脉相承,心心相印促沟通

"国之交在于民相亲,民相亲在于心相通。"习近平身体力行。

在给美国伊利诺伊州北奈尔斯高中学生的回信中,习近平表示青年一代是中美友好的未来,勉励同学们为增进中美人民友谊做出贡献。

在给意大利罗马国立住读学校师生回信中,习近平对他们立志促进中意青年思想对话和文化交流,促进中意人民友谊表示十分赞赏,勉励他们做新时代中意文化交流的使者,"做新时代的马可·波罗"。

给潘维廉教授的回信中,习近平为他"浓浓的厦门情、中国情"而感动,对他热情地为厦门、福建代言,向世界讲述真实的中国故事表示"很赞赏"。

促进民心相通,是习近平一以贯之的主张。这一主张与2018年他给参加"一带一路"青年创意与遗产论坛的青年代表的回信一脉相承:"希望你们加强文化交流、心灵沟通,继续关注并积极参与共建'一带一路',支持中非团结合作,同26亿中非人民一道,为传承中非传统友谊做出贡献,为携手打造更加紧密的中非命运共同体、构建人类命运共同体做出自己的努力。"

资料来源:http://www.xinhuanet.com/politics/xxjxs/2019-04/23/c_1124404313.htm. 2019-04-23.

第一节　沟通的内涵及过程

2013年9月和10月中国国家主席习近平分别提出建设"新丝绸之路经济带"和"21世纪海上丝绸之路"的合作倡议。2015年3月28日,国家发展改革委、外交部、商务部联合发布了《推动共建丝绸之路经济带和21世纪海上丝绸之路的愿景与行动》。2015年10月19日,"一带一路"国家统计发展会议在陕西西安召开,国家统计局前局长王保安在会上倡议,"一带一路"沿线国家要进一步加强政府统计交流与合作,努力为各国可持续发展提供准确、可靠的统计数据。

王保安指出,信息互联互通是经济互联共赢的基础,"一带一路"行动,将推动政府间统计合作和信息交流,为务实合作、互利共赢提供决策依据和支撑。中国政府统计部门将积极开展对可持续发展相关指标的统计和监测,大力推进现代统计体系建设;将以更加积极、开放的态度,努力提供中国经济社会发展的权威统计数据,积极搜集整理"一带一路"相关国家统计资料,进一步提高中国统计数据的国际可比性,与各国分享中国统计改革发展实践成果;将与"一带一路"沿线国家政府统计机构一起,共同致力于加强统计交流合作,研究建立统计数据交换共享机制。

2020年以来,新冠肺炎疫情全球流行,世界经济发展中的不稳定不确定因素增多,给推动共建"一带一路"带来新的挑战。但截至2020年11月,中国已经与138个国家、31个国际组织签署201份共建"一带一路"合作文件。截至2021年10月26日,中国已同140个国家和32个国际组织签署了206份共建"一带一路"合作文件,建立了90多个双边合作机制。

"一带一路"这一跨国平台既具外交和经济性质,又具文化和战略性。21世纪海上丝绸之路将连接太平洋、印度洋直至非洲沿岸;陆上丝绸之路经济带将连通中亚、中东和整个欧洲。

习近平提议,"一带一路"沿线国家加强合作,实现道路联通、贸易畅通、资金融通、政策沟通、民心相通,共同打造开放合作平台,为地区可持续发展提供新动力。习近平把"五通"("联通""畅通""融通""沟通""相通")这一系列中国本土文化概念,而不是"传播""交际""公关"等西化概念,当作推进"一带一路"倡议的关键,其中无疑蕴含着深刻的哲学原理。

一、沟通的内涵

在交往过程中,沟通的作用十分重大。有统计结果表明,在一个人成功的因素中,智慧、专业技术和经验仅占25%,而良好的沟通能力占75%,可见沟通的重要性。

沟通,原本指开沟以使两水相通。后用以泛指使两方相通连;也指疏通彼此的意见。在英文中,"communication"这个词,既可以译作沟通,也可以译作交流、交际、交往、通信、交通、传达、传播等,其基本含义是"与他人分享共同的信息"。

我们在本书给沟通的定义是:沟通是人与人之间、人与群体之间思想与感情的传递和反馈的过程,以求思想达成一致和感情的通畅,也就是信息传与收的行为,发送者凭借一定的渠道,将信息传递给接收者,并寻求反馈以达到相互理解的过程。

沟通是人与人之间转移信息的过程,它是一个人获得他人思想、感情、见解、价值观的一种途径,是人与人之间交往的一座桥梁。通过这座桥梁,人们可以分享彼此的感情和知识,消除彼此的误会,增进相互了解。

沟通是为了一个设定的目标,把信息、思想和情感在个人或群体间传递,并且达成共同协议的过程。它有三大要素,即:要有一个明确的目标;沟通信息、思想和情感;达成共同的协议。

沟通具体包含以下几点:

(一) 沟通首先是信息的传递

沟通包含着信息的传递,无论什么形式的沟通都包含着具体要传递的信息,信息传递是目的,具体形式是手段,如果信息没有传递给既定对象,那么也就没有发生沟通。比如说话者没有听众或者表演者没有观众都不能构成沟通。

(二) 沟通的重点是意义的理解

沟通过程中,发送者首先要把传送的信息"编码"成符号,接受者则进行相反的"解码过程"。如果信息接受者对信息意义的理解与发送者不一致,则会导致沟通障碍和信息失真;信息经过传递后,接受者所感知和理解的信息意义与发送者的初衷完全一致时,才达到了有效沟通的目的。

(三) 完美的沟通包含情感的交流

在沟通中不仅仅是意义的传递和理解,还有通过语言、副语言以及非语言信息传递出相应的情感,通过有效的沟通,不仅能传递信息,更能创设良好的人际氛围,形成良好的人际关系。因此,我们说"完美的沟通＝信息传递＋意义理解＋情感交流"。所以要善于利用沟通,实现良好人际交往的目的。

(四) 沟通是一个双向与互动的反馈和理解过程

有时候,乙接到甲的信息后,并不发出反馈信息。那些有反馈信息的人际沟通,常被人们称为双向沟通,例如两个人之间进行对话;而只有一方发出信息,另一方没有反馈信息的人际沟通,就被称为单向沟通,例如电视台播音员和观众之间的沟通。

在我们沟通的过程中,为了更好地理解和交流,我们要尽可能地提供双向沟通和反馈过程,以增加信息理解的准确性。

"面对面"沟通,用心为民办实事

"谢谢你们啊,我本以为那个交流会就是走个过场,没想到这么快就帮助我解决了大问题,多亏有你们参与督办,现在我可算是放心了。"袁某握着前来回访的张湾区纪委监委干部的手,感激地说道。

近日,湖北省张湾区纪委监委聚焦解决辖区企业和群众急难愁盼事项,以"我为群众办实事"实践活动为抓手,结合监督执纪问责业务工作,深入辖区监管单位张湾区人民法院,组织召开了一场法官与来访人"面对面"沟通解决问题的特别见面会。

"房屋只有变更登记才能彻底消除登记权利与真正权利不一致的问题,因为对方房子处于查封状态,一直没有变更登记,我这心里总是不踏实。"袁某在交流会上焦虑地说道。袁某因执行局负责其案件的承办法官工作调动,房屋迟迟没有完成变更登记。

4 名来访群众及涉及的企业负责人依次表达信访诉求,由案件承办人、庭室负责人针对来访人的诉求进行解答或表态,承办法官们对前期所采取的措施和工作进展情况进行了通报,对来访人提出的疑惑及时进行解答,并对关于法律适用相关问题作出详细解释。区纪委监委派出第五纪检监察组全程参与,并将群众反映问题逐一记录建立台账,跟踪督办,切实督促落实。

见面会后,区纪委监委派出第五纪检监察组张组长立即找到执行局该案件现在负责人,询问案件办理进展情况。执行局法官当场表态"下周即解封房子"。

日前,区纪委监委干部找到袁某了解进展情况,袁某表示该房屋已解除查封,且已顺利办理了房屋变更登记手续。经过全程督办,一一回访,当天共有 4 件信访案件得到有效化解。

"对待群众问题要防止'一听而过'、杜绝'一访了之',要确保群众反映的问题件件有着落、事事有回音,切实履行监督职责。"张湾区纪委监委负责人表示。下一步,张湾区纪委监委将进一步创新解决信访诉求方式,听民声,解民意,去民忧,督促监管单位对合理合法诉求及时解决,对合理建议认真吸纳,努力提升人民群众幸福感、获得感。

资料来源:http://hb.people.com.cn/n2/2022/0114/c194063-35095640.html. 2022-01-14.

二、沟通的重要性

1995 年,美国哈佛大学心理学教授丹尼尔·戈尔曼(Daniel Goleman)提出了情商(emotional quotient,EQ)的概念,认为情商是个体的重要生存能力,是一种发掘情感潜能、运用情感能力影响生活各个层面和未来人生的关键因素。戈尔曼甚至认为,在人的成功要素中,智力因素是重要的,但更为重要的是情感因素。

情商大致可以概括为五方面内容:情绪控制力;自我认识能力,即对自己的感知力;自我激励、自我发展的能力;认知他人的能力;人际交往的能力。一般认为,100%的成功=80%的情商+20%的智商。而日常人际沟通则是一个人情商的反映。

1. 工作需要沟通

各行各业,无论是会计、工程师,还是医生、护士、教师、推销员,沟通的技能都非常重要。如实践表明,护士需要 70%的时间用于与患者沟通,剩下 30%左右的时间用于分析问题和处理相关事务。

2. 社会活动需要沟通

罗贯中的《三国演义》中有这样一段描写:曹操刺杀董卓败露后,与陈宫一起逃至吕伯奢家。曹吕两家是世交,吕伯奢见曹操到来,本想杀一头猪款待他,可是曹操因听到磨刀之声,又听说要"缚而杀之",便大起疑心,以为要杀自己,于是不问青红皂白,拔剑误杀无辜。可见在和人交往的过程中如果没有良好的沟通会带来严重的后果。

人们在社会生活中相互依存,居家、出行、学习、工作、社交,每时每刻都离不开与他人沟通。但是,沟通本身也不是非常容易的事。例如:要向他人表达一个意思,始终说不清楚;要为他人办一件好事,但有可能弄巧成拙;本来想与他人解除原有的隔阂,但因方法不妥,可能把关系弄得更僵。所以,现实的社会实践活动需要一定的沟通能力。

3. 沟通是个人身心健康的保证

与家人的良好沟通,能使你享受天伦之乐;与恋人沟通,能使你品尝爱情的甘甜;在孤独时,与朋友沟通会使你得到安慰;在忧愁时,沟通会使你得到快乐。

总之,沟通是人们分享信息、思想和情感的过程。这种过程不仅包括口头语言和书面语言,也包括形体语言、个人习惯和方式、物质环境等。

【小贴士】
你有一个苹果,我有一个苹果,我们交换各自还是只有一个苹果;
你有一种思想,我有一种思想,我们交换每人就有两种思想。

——萧伯纳

三、沟通的要素

沟通要素由信息源、信息、通道、信息接受者、反馈、障碍和背景七个因素构成。

1. 信息源

在人际沟通中,信息源是具有信息并试图沟通的个体。它始发沟通过程,确定沟通对象,选择沟通目的。在沟通前一般还需要一个准备阶段,即整理思绪使自我心理感受清晰、明确。

2. 信息

信息是沟通者传达给他人的观念和情感。但个体的感受必须转化为各种不同的、可以为他人觉察的信号。在各种符号系统中,最重要的是词语。词语可以是声音信号,也可以是形象符号(文字);面对面沟通除了词语本身的信息外,还有沟通者的心理状态的信息,使沟通双方产生情绪的互相感染。

3. 通道

通道是沟通的信息载体。个体的感官均可接受信息,其中视听信息占的比例较大,即沟通以视听沟通为主。

4. 信息接受者

信息接受者是沟通的另一方。个体在接受带有信息的各种音形符号后,根据自己的已有经验把它"转译"为沟通者试图发送的信息或态度、情感。

5. 反馈

反馈使沟通成为一个双向的过程。在沟通中,双方都不断把信息回送给对方,这种信息回返过程叫反馈。反馈可告知发送者、接受者所接受与理解信息的状态。

6. 障碍

人际沟通常常发生障碍。例如,信息源的信息不充分或不明确,编码不正确,信息没有正确转化为沟通信号,误用载体及沟通方式,接受者的误解以及信息自然增强或衰减等。此外,沟通双方的主观因素也可能造成障碍,如果彼此缺乏共同经验,也难以沟通。

7. 背景

背景是沟通发生时的情境。它可能影响沟通的每个因素以及整个沟通过程。不仅许多意义是背景提供的,而且甚至词语意义也会随背景不同而改变。

四、沟通的过程

沟通的过程包括信息策划、信息编码、信息传输、信息解码、信息反馈和沟通干扰。其过程如图 1-1 所示。

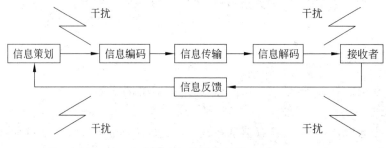

图 1-1　沟通的过程

(一) 信息策划

1. 信息策划的重要性

信息是沟通的基础,在头脑中形成清晰、完整、有条理的信息是良好沟通的开始。信息策划就是对信息进行收集、整理、分析的过程,信息策划过程反映着信息发出者的逻辑思维能力的高低和信息量的多少。很多人在沟通过程中或过程后经常会感到"我都不知道自己说了什么",这种情况多半是由于信息质量不高造成的。

按照信息能否被很容易地理解和掌握,可以将其区分为明示信息和默示信息。明示信息是指那些很容易被理解和掌握的信息,例如,火可以灼伤人的身体,这一信息即使是几岁的小孩子也很容易理解和掌握。默示信息则是指不容易被理解和掌握的信息,例如,一个熟练的厨师可以很清楚地向别人讲解和展示一道菜的做法,而初学者往往感到很难掌握。

一般来说,信息越明确、标准化程度越高,其明示程度越强,越有利于沟通。

2. 信息策划的步骤

如果想要成为一个具备良好沟通能力的人,首先必须提高信息策划能力。信息策划包括:确定信息范围、收集信息、信息评估、信息整理和分析。

（1）确定信息范围

确定信息范围是信息策划的第一步,也是决定信息策划质量的关键一步。确定信息范围的实质是确定信息策划的目的,对要获得信息的性质、质量和内容进行初步判断,从而确定收集信息的范围。

（2）收集信息

根据确定的信息范围搜寻符合要求的信息以备整理、分析。一位专家专门对美国罗斯福、杜鲁门和艾森豪威尔总统的信息收集习惯做过研究,他说真正帮助总统分清问题利弊的并不是普通、综合性的信息,也不是摘要、概要等经过咀嚼的信息,而是一些琐碎的、但同时包含了大量重要细节的信息,这些信息在他们的头脑中拼装起来,显示出要处理的事件底层的东西。为了寻找答案,他们必须尽可能广泛地接触与总统有关的信息的片断,各种观点甚至闲谈,他们必须是自己情报中心的总指挥。

（3）信息评估

信息评估是指对信息数据的真伪、准确与否等方面进行的评估。信息评估质量的高低直接影响信息策划结果的有效性。

（4）信息整理和分析

信息整理和分析是对收集到的合格信息进行加工、整理,其目的是从中获得一些有价值的结论。

（二）信息编码

信息编码就是将信息以某种形式表达出来。沟通过程是从信息的发出开始的,而信息要纳入一定的形式之中才能予以传送,这称为编码。编码最常用的是口头语言和书面语言,除此之外还要借助于面部表情、声调、手势等身体语言和动作语言（这些被称为非语言沟通）。

信息编码在两个方面对沟通效果产生重要影响。一方面,编码方式会影响到信息占用信息载体的容量,例如,书籍的字数、计算机文件的字节数等。一般来说占用信息载体的容量越少,越有利于提高沟通的效果。例如,要实现视频文件的网上适时传输和播放,一是要提高网络信息传输速度;二是要利用数据压缩技术降低信息占用信息载体的容量。另一方面,编码方式影响到信息还原的质量,因为任何一种编码方式都会导致信息的损失,即失真,从而影响信息的接收者对信息的接收。

根据信息编码符号的不同,信息沟通分为口头沟通、书面沟通及非语言沟通等形式。非语言沟通补充和支持了语言沟通,但有时非语言沟通也可能弱化或抵消语言沟通,如言行不一致的做法,就会影响语言沟通的效果。另外在使用口头或书面语言来编码时,由于发送者自身语言表达能力的限制、语意模糊不清,或者有意过滤信息(如报喜不报忧)等原因,往往会造成信息沟通的障碍。

(三) 信息传输

信息传输,即通过一定的传输媒介将信息从一个主体传递到另一个主体。

传递信息可以通过一席谈话、一次演讲、一封信函、一份报纸、一个电视节目等来实现。不同的沟通渠道适用于传递不同的信息。例如,大楼着火,需要打电话紧急传输信息,用书面方式传递这一信息显然就不合适。

沟通过程有时需要使用两条甚至更多方式的沟通渠道。例如,对员工工作绩效的评价,管理者在作了口头评估之后可以再提供一份书面材料。再如,面对面交谈,实际上是同时使用口头语言与身体语言两种表达方式。

在通信技术迅速发展的今天,一条沟通渠道常可同时传送多种形式的信息,如电视电话会议和其他多媒体技术可把语言、文字、图像、数字等融合在一起传送,方便了复杂信息的传递。但也应当看到,信息传递中的障碍也是经常出现的,如沟通渠道选择不当或者沟通渠道超载,以及沟通手段出现问题,都可能导致信息传递中断、失真或无法传递至接收者。因此有效的沟通离不开可靠的信息传递渠道。

信息传输过程通常会造成信息损耗,例如,在古代社会,各种书籍主要是通过手抄的形式来传播,手写字体不像现在的印刷体那样统一、易于辨认,而且当时的书写材料很容易损坏。因此,在文献的传承过程中就会出现遗漏和错误。再如,在面对面的口头沟通中,信息传输的媒介是声音,音量、音调、语速、距离、环境等因素都会影响到沟通的效果。

冰墩墩如何定稿?多亏了这位"信息传输员"

北京冬奥会赛事如火如荼地进行着,各国运动员在赛场上挥洒汗水,赛场内外的"冰墩墩"憨厚可爱,冰墩墩相关纪念品更是出现了"一墩难求"的现象。

可爱的冰墩墩的定稿过程要从一位"空中飞人"说起。他就是冰墩墩团队设计人之一何格。

生于1995年的何格是湖北天门人,大学毕业后考取广州美术学院艺术设计硕士,师从曹雪教授,也就是此次北京冬奥会吉祥物设计团队负责人。2018年,广美团队启动冬奥会吉祥物设计工作,何格随导师进入设计团队。

由于项目保密度非常高,不能通过互联网传输内容,冰墩墩的每次修改都需要人工传输。作为研究生里唯一的男生,何格被委以"人肉信息传输员"的重任。每次,都由他将资料拷贝到电脑后,早上飞去北京征求组委会专家组意见,下午又带着修改意见飞回广州。频繁往返北京和广州,何格被团队笑称"空中飞人"。

"为了让设计更逼真,团队成员会到滑雪场体验滑雪运动,进行沉浸式创作。"何格说。不仅如此,设计团队还特意去四川大熊猫基地,认真捕捉熊猫的动作,完善冰墩墩造型,"在大熊猫基地,我们发现熊猫走路是'内八字',所以你们现在看到的冰墩墩也都是'内八字'。"

创作过程中,团队还收集了上万个不同的大熊猫形象,每天观摩,目的就是为了规避已有形象。何格坦言,近一年的创作过程中,团队成员都脱了几层皮。当冬奥会开幕那天,看着冰墩墩闪亮登场,感觉自己做了一点微不足道的贡献,所有辛苦都值得了。

随着冬奥会的开幕,冰墩墩火了!何格的手机不停有电话、信息打听冰墩墩的购买渠道,"我目前只有一个原始签名版的冰墩墩,有点后悔没有提前多买一点。"

冰墩墩爆红之后,何格坦言感受到了一定的压力,但更多是动力。目前,何格就职于广州美院广州国家广告产业园区。据他介绍,广州美院成立了冬奥视觉文化设计中心,对冰墩墩进行相关延伸研究,持续助力冬奥。

资料来源:http://hb.people.com.cn/n2/2022/0217/c194063-35137732.html. 2022-02-17.

(四)信息解码

解码,即将收到的信息符号理解、恢复为思想,然后用自己的思维方式去理解这一信息。信息解码包含两个层次,一是还原为信息发出者的信息表达方式,二是正确理解信息的真实含义。例如,电报是采用莫尔斯电码传输的,发报人首先要把电报内容翻译成莫尔斯电码,收报人则要把收到的莫尔斯电码还原为原来的电报内容,这是技术上的解码过程。阅读电报的人还面临着正确理解电报内容的问题。对于同样的文字内容,不同的人往往会有不同的理解,这属于解码方式上的差异。

只有当信息接收者对信息的理解与信息发送者传递的信息的含义相同或近似时,才可能进行正确的信息沟通。缺乏共同语言、先入为主和心理恐惧等,都可能导致接收者对信息的错误理解。所以在沟通过程中,由于不同个人、不同组织解码方式不同会直接影响到沟通的效果。

(五)信息反馈

信息传递并不是沟通最重要的目的,沟通的核心在于理解、说服和采取行动。信息接收者在获得信息后,或根据信息采取行动后会根据自己的理解、感受和经验提出看法和建议,这就是信息反馈。信息反馈在连续的沟通中具有非常重要的作用,它既是对上一次沟通结果进行评价的重要依据,也是进一步改进沟通效果的重要参考资料。

(六) 沟通干扰

人们在沟通过程中都可能面临一些干扰因素。这些干扰因素可能来自于沟通本身,也可能来自于外部环境。

沟通者之间的干扰有些是非故意的,有些则是故意的。例如,沟通者的语言表达能力比较差,说话不流畅或者不自觉地频繁出现一些干扰对方注意力的身体姿势、表情、眼神,这些都属于非故意干扰。而有些时候,沟通一方为达到自己的目的会故意给对方制造沟通障碍,例如,故意把某些内容说得含糊不清,用身体语言分散对方的注意力等。

外部环境的干扰比较常见,例如,沟通场所的噪音、强光、行人等,对沟通双方都可能产生干扰。信息传输工具的质量也会对沟通效果产生影响,例如,通信信号不够清晰等。

亲子沟通存在冲突?与孩子沟通要注意这3点

最近,你有没有关注到这样一则新闻,14岁男孩被母亲扇打后跳楼。对于这个事件,我们深感惋惜,谈及这个话题并不是想争论对错,而是想让身为父母的我们警醒,认识到与孩子沟通的重要性。让我们来谈一谈亲子沟通的一些内容,学会与孩子的内心世界搭建一座桥梁!

亲子沟通是家长与子女之间交换信息、观点、情感的过程,既是父母了解子女行为与心理的重要手段,也是影响子女认知和情感发展的重要因素。良好的亲子沟通有利于家庭成员之间的亲密程度,对家庭的每个成员的身心健康起到积极的作用。不良的亲子沟通关系会阻塞家庭成员之间的交流从而带来亲子冲突,并且会造成子女的一些行为问题。

亲子沟通的影响因素有哪些?

调查研究表明,亲子沟通的影响因素主要与性别、父母的教养方式、家庭环境系统有关。女生与父母的沟通优于男生,女孩通常是用更积极和放松的方式表达自己的想法。母子的沟通情况优于父子的沟通情况,子女与母亲沟通的动机和能力都强于父亲。随着子女年龄的增长,自我意识的发展,会把自己的想法放在心里或与同伴倾诉。

很多的研究表明,父母的教养方式对亲子沟通具有重要影响。民主型的教养方式更有利于亲子沟通,因为民主的教养方式下成长起来的孩子,适应能力更强,与其周围的环境更加地和谐,因此与父母的冲突更少,更有利于表达自己的思想和情感。专制型教养方式下成长起来的孩子,易形成焦虑、恐惧、自卑、消极的性格特征,不能良好的适应环境,在这样的情况下,亲子之间更容易发生冲突。

良好的家庭功能对亲子沟通有重要的作用,主要体现在家庭成员的情绪调节的能力。如果家庭成员,特别是父母擅于控制自己的情绪,家庭成员之间相互支持,形成民主和谐的氛围,那么亲子沟通会更顺畅,更有利于子女的成长。反之,家庭成员易产生愤怒情绪和冲动行为,家庭氛围不和谐,成员之间不愿意表达自己的想法,家庭成员之间缺乏关爱,亲子沟通的问题就会非常的突出。

我们能做些什么来加强亲子沟通呢?

(1) 学会倾听孩子的心声。作为父母的我们时常会认为我们是成年人,成年人想的事情就比孩子更聪明更对,总是打着"为你好"的旗号来管束子女,却忽略了他们的心声。没有及时有效地了解子女内心中的真实的想法和需求,这样会引发孩子的不满情绪,导致亲子沟通不良。作为父母,我们要以尊重和民主的态度对待我们的子女,学会做他们的朋友,以对方的角度来想问题,这样亲子沟通会更顺利,也更有利于孩子的健康成长。

(2) 学会调节情绪的方法。我们知道父母是孩子的第一任老师,学会控制情绪,为孩子提供良好的家庭氛围对孩子的身心发展非常有利。父母拥有良好的情绪调节能力,给孩子做示范作用,那么孩子才能拥有良好的情绪状态和情绪调节能力,在这样的前提下,亲子沟通才能更有效。

(3) 学会接纳和认同孩子。我们也曾是子女,也会被父母期望,而如今我们似乎也在复制父母的方式,把自己理想的部分强加给孩子,当孩子达不到要求,没有预想的优秀的时候,你就会发脾气不接纳和认同他们。我们应从客观的事实出发,接纳孩子的不完美才能看见真实的他,发现他的优点,这样孩子才能打开心扉,与父母建立良好的亲子关系,更有利于亲子沟通。

资料来源:http://lxjk.people.cn/n1/2020/1116/c404177-31932100.html. 2020-11-16.

第二节　沟通的特点、原则及基本内容

一、沟通的特点

如何与人沟通和交谈,这是人生一个很重要的课题。有的人不善于与人沟通,走到哪里都不受欢迎,甚至还到处受人排挤,障碍重重,自然感到凡事都不能顺心如意;反之,善于与人沟通的人,处处逢源,处处方便,到处都有贵人相助。所以,如何与人沟通,每个人都应该用心学习。

沟通具有以下特点:

1. 信息的积极交流和理解

在沟通中,沟通双方都有各自的动机、目的和立场,都设想和预判自己发出的信息会得到什么样的回答。因此,沟通的双方都处于积极主动的状态,在沟通过程中发生的不是

简单的信息运动,而是信息的积极交流和理解。

2. 沟通的形式多样

从形式上看,沟通一般采用语言沟通和非语言沟通。从内容上看,沟通的内容不外乎交流信息、情感、思想、观点、态度等。沟通过程往往受到沟通双方心理因素的制约,因此,在沟通中心理因素发挥着很重要的作用。

由于沟通主客体和外部环境等因素影响,沟通过程中会出现各种各样的沟通障碍,例如,倾听障碍、情绪、噪音、信息超载等。因此,为了达到沟通的目的,我们必须首先认识到沟通中可能存在的障碍,然后采取适当的措施避免障碍,从而实现建设性的沟通。

3. 沟通是一种动态系统

沟通的双方都处于不断地相互作用中,刺激与反应互为因果,如乙的言语是对甲的言语的反应,同时也是对甲的刺激。假设甲和乙是进行人际沟通的双方,当甲发出一个信息给乙时,甲就是沟通的主体,乙则是沟通的客体;乙收到甲发来的信息后也会发出一个信息(反馈信息)给甲,此时乙就变成了沟通的主体,甲就变成了沟通的客体。

由此可见,在人际沟通过程中,沟通的双方互为沟通的主体和客体。

4. 沟通的双方应有统一或近似的编码系统和译码系统

这不仅指双方应有相同的词汇和语法体系,而且要对语义有相同或近似的理解。语义在很大程度上依赖于沟通情境和社会背景。沟通场合以及沟通者的社会、政治、宗教、职业和地位等背景差异都会对语义的理解产生影响。

二、沟通的原则

任何沟通都是有目的的,沟通双方都希望通过沟通来满足自己某方面的需要。如果沟通双方在沟通中能够清楚地了解对方的沟通目的,沟通时站在对方的角度,在不损害自身利益的前提下提供对方期待得到的东西,那么沟通就会实现双赢。

(一)信息组织原则

所谓信息组织原则就是沟通双方在沟通之前应该尽可能地掌握相关的信息,在向对方传递这些信息时应尽可能地简明、清晰、具体。

1. 全面对称

全面对称是指在沟通中是否提供了全部的必要信息;是否完整回答了询问的全部问题;是否在需要时提供了额外的信息;是否根据沟通环境和对象,采用了相应的语言表达方式、正确的数据资料。

例如,一位年轻的人口普查员问一位农村老大娘:"您的配偶呢?"大娘不知所云。普查员赶紧补充说:"就是您的老伴啊!"大娘笑着说:"你说老伴不就成了?"这个案例中普查员第一次的沟通就是没有选择准确的表达方式,才导致沟通的失败。

2. 简明清晰

我们要用尽量少的语言传达尽量丰富的内容,清晰思考、清晰表达。因此在沟通时要尽量避免乏味冗长的语言表达;避免不必要的重复;使所组织、传递的信息中只包含相关的信息。在语句的构筑上,选用日常、具体、精确的词语,避免晦涩、深奥的语言,构筑有效的语句和段落。一般一个句子以大于10个字少于40个字为佳。

3. 具体生动

幽默向来都是良好沟通的润滑剂,因此在沟通中应尽量采用幽默风趣、具体活泼的语言。例如,有人这么形容爱情:"看了《神雕侠侣》知道年龄不是问题;看了《断背山》知道性别不是问题;看了《金刚》发现原来物种也不是问题;看了《人鬼情未了》才知道连死活都不是问题!"

(二)真诚礼貌原则

"沟通从心开始",因此在沟通中要做到真诚、礼貌,发自内心地使用礼貌用语,用尊重的语气讲话,选用非歧视性的表达方式。

冬奥会上的志愿者:真诚坚守,传递温暖

[人民网重庆2022年2月12日电] 当前,北京冬奥会正在火热进行中。赛场上,运动员挥洒汗水、努力拼搏,赛场外,志愿者们真诚坚守、用心服务。

来自金科服务的冯诗诗和张璐瑶,是本次冬奥会中国体育代表团赛时保障营负责外事接待的工作人员。在北京保障营闭环外支持中心、延庆,也都有金科服务志愿者的身影。

"每天都很充实,觉得很自豪"

1月30日晚7点,冬奥会中国体育代表团赛时保障营正式启动,冯诗诗也就此开始了每天的工作。"这里每天都有外事接待,多的话一天是四场,忙的时候可能要到凌晨才能收工,但是每天都很充实,觉得很自豪。"冯诗诗表示。

本次冬奥会赛时保障营随赛区分布在北京、延庆和张家口三地的闭环内基地和酒店以及闭环外转运支持中心。保障营内除了有运动员、教练外,还承担了许多国际重要嘉宾的接待工作,这对志愿者的要求是极高的。

"我们的主要任务就是提供全方位、精细化保障服务,为代表团参赛筑起坚强的后盾,为北京冬奥会发挥积极作用。"冯诗诗介绍。作为金科服务酒店管理板块的员工,她平时主要负责重要客户接待服务工作。在此之前,她曾在新加坡留学,拥有熟练的英语口语能力和外交能力。

在冬奥会期间,冯诗诗每每接到任务后表现出该有的沉稳和冷静。过往的接待经验让她对自己充满信心:"冬奥会是一次国际体育盛事,所以每一项接待服务都必须高标准、高要求,同时也要有亲和力。"在这之前,冯诗诗也积极学习冬奥赛事知识,并对外事接待礼仪进行了全面的了解和学习。

"哪怕是在幕后,家人也为我骄傲"

大年三十晚上,冬奥会"北京保障营闭环外支持中心"的志愿者孙宁在与94岁的姥姥通电话时,姥姥特意叮嘱:"你能有这个参与冬奥会保障工作的机会,一定要尽心尽力,不要怕吃苦。"

孙宁主要负责支持中心场馆的消杀、保障营闭环内的物资补给、运输车辆的消杀以及整理库房等工作。"要保证进入闭环内的物资和食物是安全的,我们要对全车进行消杀,只要车辆去了闭环内,回来第一时间我都要做消杀处理。"

每天早上9点到晚上8点,孙宁的这项工作单一而繁重,但她乐在其中。"我本身的工作是金科服务的客服管家,消杀、巡检工作对于我来说是非常熟悉的,在这里,我每隔两小时,都要对四个展馆进行全面酒精消杀。"

得益于此前的工作经验,让孙宁在冬奥会保障工作中更加认真负责。孙宁说:"能够运用到自己的专业能力来为冬奥会作出贡献,哪怕是在幕后,我也非常自豪,家人也为我骄傲。"

"能服务冬奥,是值得骄傲一辈子的事情"

今年5月,25岁的张璐瑶将迎来人生的重要时刻——披上美丽的婚纱。原本该为自己的婚礼而忙碌着的张璐瑶此刻正在中国体育代表团赛时保障营,全力服务冬奥。

张璐瑶是金科服务合肥美科公馆的案场管理人员,丰富的客户服务经验和优秀的应变能力让她在此次冬奥会志愿者选拔中脱颖而出。"刚开始,我的未婚夫不同意我去,志愿者工作4月份才完全结束,他一个人搞不定婚礼那些烦琐的事情,想让我好好把婚礼的事情准备好。"面对家人的忧虑,张璐瑶心底有过犹豫。"毕竟拥有一场完美婚礼是每个女孩的梦想"。但很快,她便说服了自己和家人,"婚礼是很重要,但服务冬奥会的机会对于我来说这辈子可能也只有这一次了。"

有了家人的理解和支持,1月25日,张璐瑶便和志愿者同事们正式入驻中国体育代表团赛时保障营,负责各类接待和会务服务工作。从各国运动员及随行工作人员到重要贵宾再到各种会议,张璐瑶的一天被安排得满满当当。

"虽然比平时工作要辛苦,但觉得很值得。"张璐瑶说:"现在婚纱照都还没拍,婚礼很多事情都还没来得及准备,但能有机会服务冬奥,也是值得骄傲一辈子的事情。"

赛场上每一个精彩瞬间都少不了志愿者背后的默默付出。在冬奥会赛场精彩之下,除了有常规的志愿者们挥洒青春的汗水,也有来自像金科服务这样的社会企业的志愿者们为保障营、支持中心提供暖心服务。他们响应号召,义无反顾地加入志愿者队伍,为冬奥会的顺利开展默默贡献自己的力量,对他们来说,这是国家大事,贡献力量深感荣幸,于自己而言,又是成长路上最难得的美好体验。

资料来源:http://cq.people.com.cn/n2/2022/0215/c367657-35134799.html. 2022-02-15.

(三)连贯谈话原则

在沟通过程中,为使沟通能达到较好的效果,我们必须遵从连贯谈话原则。即交谈的双方应轮流讲话以保持谈话的连贯性,应学会多提问以避免长时间停顿。同时要注意主题和时间的把握,不能出现"一言堂"现象。

(四)对事不对人原则

沟通的目的是为了解决问题,因此,沟通中要把注意点集中在事情上、结果上,而不是对某个人人品、智力的评价上。例如,小王上班迟到,你说:"小王,你真懒!"这样的话就是对人格的侮辱,很可能造成对方的反感,甚至是对立的态度。而像"小王,你这几天上班都迟到了,是不是家里有事情,需要帮忙吗?"这样的表达既能说明你对他这几天迟到的关注,也表达了对他的关心,其效果是不言而喻的。

(五)积极倾听原则

沟通的过程也是倾听的过程。研究表明,在沟通中倾听比表达更重要。

埃里希·弗洛姆(Erich Fromm)在他的名著《爱的艺术》中曾大段论述沟通中学会倾听的重要性:"在与人相处中,要训练自己专心投入的品格,很重要的一环是学会聆听。所谓聆听就意味着要有听别人说话的耐心。有许多人正是由于缺乏这种聆听的耐性,不虚心接受别人的教诲而失败。即使听别人说些什么,他们也总要把自己摆在为帮别人出主意的位置上,可实际上他们根本没把别人的话听进去。他们不重视别人讲话的真正内容,漫不经心地回答对方,结果使这样的谈话越谈越乏味。"

在沟通中我们要培养良好的倾听习惯,摒弃不良的倾听习惯,具体如表1-1所示。

表1-1 不良的倾听习惯与良好的倾听习惯

不良的倾听习惯	良好的倾听习惯
喜欢批评、打断对方的谈话	了解对方的心理
倾听时注意力不集中	倾听时集中注意力

续表

不良的倾听习惯	良好的倾听习惯
表现出对话题没有兴趣	创造谈话的兴趣
没有眼睛的交流	观察对方的身体语言
反应过于情绪化	辨析对方的意思并给予反馈
只为了解事实而听	听取谈话者的全部意思

三、沟通的基本内容

有效地沟通,不仅要遵循若干原则,还要明了沟通的基本内容,并进行细致地分析和准备。概括起来,沟通的基本内容可以归结为 6 个方面的问题,即何因(why)、何人(who)、何事(what)、何地(where)、何时(when)、如何(how)。

(一) 何因

"何因"也就是沟通的目标、目的。沟通的目标是沟通的灵魂,是所有沟通计划、准备和实施过程都必须围绕的主题。如果目标不明确,整个沟通过程就会南辕北辙。

确定沟通目标是一件非常重要,同时也是比较困难的事情。我们经常讲到的成语"与虎谋皮"就是一个不恰当的沟通目标的典型例子。确定沟通目标首要确定沟通各方的底线,包括沟通双方的沟通理解能力、态度转变、行动能力和意愿的空间,在谈判中也称为可谈判空间。确定这一点是十分重要的,因为,如果将沟通目标确定在了底线之外,就相当于去做不可能实现的事情。

例如,一个幼儿园的老师对一个两三岁的孩子讲要学好文化、造福社会,这就超出了这个年龄的孩子的理解范围,恐怕是不会有什么结果的。但是如果这个幼儿园的老师用一种这个年龄的孩子喜欢的食物或玩具作为奖赏要求这个孩子去背一首唐诗或英文单词则是可能实现的。

在大部分的商务活动中,沟通各方的底线不是很容易摸清的,需要收集大量的信息并做好调研工作。有时这个底线是在沟通过程中逐步了解和确定的,需要采取试探的方法,逐步摸清对方的意图和态度。这就要求沟通双方具有根据实际情况不断调整沟通目标的能力和技巧。

在沟通过程中,我们要注意区分主动沟通方、被沟通方和对等沟通方。主动沟通方是指在沟通过程中事先经过计划、具有明确沟通目标的一方;被沟通方是指事先没有计划,也没有明确的沟通目标,只是被动卷入沟通过程的一方。

一般说来,主动沟通方在沟通中处于有利地位,但有时也会遭到被沟通方的拒绝。对于主动沟通方而言,只要能够避免被另一方完全终止沟通,就可以通过不断调整具体的沟通目标和范围而获得利益。对等沟通是指在沟通之前各方都具有一定计划和目的的沟通过程。谈判就是一种典型的对等沟通。在对等沟通中由于双方都具有一定的目标,就会产生双方目标的冲突和协调问题。

(二) 何人

"何人"指的就是沟通的对象。使用同样的沟通信息、方法和过程对不同沟通对象产生的沟通效果是不一样的。在沟通过程中,很多人把注意力只集中在自身的沟通目标和沟通信息是否清晰、简明、准确和完整上,而忽略了沟通的另一方的感受,这样的沟通必然是失败的。实际上,评价沟通效果的最终标准是接收信息一方对信息的理解和接受程度,而不是信息传递一方表达的清晰程度。

汉朝的牟融在《理惑论》中讲到:"公明仪为牛弹清角之操,伏食如故,非牛不闻,不合其耳矣。"意思是古代有个很有名的音乐家公明仪,弹得一手好琴,但轻易不给人弹。他在城里住着嫌太过嘈杂,便搬到农村幽静处,饮酒弹琴,好不痛快。

一天,他见牧童骑牛放牧,吹着竹笛,悠闲自在,便突发奇想:"人们都说我弹琴到深处,听者都想翩翩起舞,我何不弹奏一首欢快的曲子,让牛给我跳舞呢?"于是公明仪就认真地弹奏起来,弹得满头大汗,但牛只是低头吃草无动于衷。

公明仪很是沮丧,手按在琴上,无意间发出"哞哞"之声,那牛立即竖起耳朵,抬头望来。公明仪自觉可笑,"牛把我的琴所发出的声音当成是小牛叫了"。这就是"对牛弹琴"这个成语的由来,用来讽刺说话的人不看对象,白费口舌。

比如,同样是对一个科学原理的介绍,提供给专业人士使用的科学著作和提供给大众的科普书籍在写法上就存在很大的差异。前者的基本准则是尽量使用专业术语,力求逻辑和论证严谨;后者的基本原则是尽量减少专业术语,更讲究通俗易懂。如果我们说"鼻黏膜受到某种刺激而引起的防御性反射动作"大家可能不太明白这种专业的说法,但如果说"打喷嚏"就无人不晓了。

在沟通之前,有必要搞清楚以下问题:

(1) 沟通的对象是谁?
(2) 他们属于哪一类人群?
(3) 他们的性别、年龄、种族、民族、受教育程度、地位、身份、经历如何?
(4) 沟通对象对沟通信息了解多少?
(5) 沟通对象对沟通本身和沟通信息的内容持什么态度?会如何反应?

(三) 何事

"何事"指的是沟通的主题。主题是指沟通活动紧密围绕的核心问题或话题。在沟通活动中,主题是串起所有相关信息的线索。主题作为基本的背景和对象,是帮助沟通者理解和记忆沟通内容并做出反馈的主要依据。

在时间比较长的沟通中,特别是作演讲和报告时,听众很难长时间全神贯注地倾听,会出现走神或中途退场的现象,如何才能继续下去呢?这时如果主题很清晰,听众就比较容易把新接收的信息与前面的信息联系起来,否则就会不知所云。

另外,有时由于交流过程中的不确定性和随意性,沟通过程随时可能转入细节或一个不相关的话题,确定明确的主题并保持主题意识,是实现高效沟通的重要途径。

(四)何地

"何地"是指沟通活动发生的空间范围,包括地理区域、特定场所和室内布置等。

大的地理区域往往暗示着某种文化背景和区域特征。例如,法国常使人联想到浪漫、精致、富裕、艺术;非洲则容易使人联想到干旱、豪放、自然。尽管实际情况不一定如此或者不一定当地的每一处都是这样,但是还是有一定的代表性。在购买商品的过程中,人们也往往会根据产品的产地来判断产品的质量、价值。

特定场所往往暗示着一定的身份和地位。例如,同样一场商务洽谈,如果安排在一家五星级饭店,则暗示着主办方对此事非常重视;如果是在公司的普通会客室举办,则可能被理解为接待方对此事不很重视。很多擅长沟通的人往往选择某些特定的场所作为见面或谈话的地点,以显示自己的特殊背景或关系。例如,一些商业掮客往往选择政府机构内部附设的营业场所或附近的地点作为与委托人见面的地点,以暗示自己与政府机构的关系密切。

室内场所的布局和陈设对沟通双方的心理也有影响。试想,如果一个企业的老板坐在硕大的老板桌后面的老板椅上,桌前放了一张很小的椅子给员工或者干脆让员工站着,那么,员工在与老板沟通的过程中一定会感觉到紧张和压力。反之,如果在办公室内呈垂直角度摆放两张完全相同的沙发或椅子,分别供老板和员工使用,那么员工在与老板的交流中就会感受到较小的地位差距和压力,沟通起来会更加充分。

沟通的地点常常被称为场合。场合在沟通中的重要性主要在于场合决定着人们对信息的解读方式。人们通常会根据经验形成一些思维定式或习惯,这些思维定式和习惯是人们快速解读信息的线索。大多数人都知道,同样的信息或词汇在不同场合的含义是不同的,因此,场合决定着人们如何理解信息的含义。在沟通过程中,必须注意沟通的场合,错误的场合与含混不清、不合时宜的表达相比,其后果更加严重,因为信息会被严重的误解。

(五)何时

时间对沟通效果的影响非常复杂,是多方面的。

(1)不同的人在作息规律上存在很大差异。在同一时间不同沟通对象在情绪、体力、注意力等方面差异很大,如果时间选择不当就会影响沟通效果。

(2) 不同的人具有不同的时间观念。在很多的沟通场合,当事各方并不一定能够准时到达约定地点,有时还会出现迟到问题。在通常情况下,迟到的一方会给另一方造成对方不尊重、不重视自己和心情烦躁的感觉,影响沟通的顺利进行。但是,迟到可能有多种原因,如遗忘、临时变故、交通堵塞、时间安排不当等,并不一定都是出于轻视。即使是迟到相同的时间,由于不同的人具有不同的时间观念和生活、工作节奏,对此问题的理解和看法也会不同。

(3) 时间的长度对沟通效率也有很大的影响。一般来说,交谈、谈判的时间越长,人们的注意力越差,头脑反应越慢。有些时候,也有人利用拖延时间的战术来麻痹对方,在谈判中达到自己的目标。欧美国家的人士就经常抱怨与日本人进行谈判时对方总是不停地重复类似的内容,令人产生厌倦感,最后不堪重负而做出让步。

(4) 不同的时间段会影响人们对信息的理解。例如,同事之间在工作时间所讲的内容往往被理解为正式的沟通,需要为此承担责任,而在休息时间或下班以后所讲的话常常被理解为非正式的私人沟通,不需要为此承担责任。

【小贴士】

一个人必须知道该说什么,一个人必须知道什么时候说,一个人必须知道对谁说,一个人必须知道怎么说。

——德鲁克

(六) 如何

"如何"是指实现沟通目标的手段,也是最复杂、最困难的要素。

有效地组织和实施沟通,需要考虑以下主要因素:

(1) 选择什么样的信息表现形式,如文字、图片、多媒体、身体语言、符号标志、模型等。

(2) 采用什么样的沟通媒介,分为口头和书面两大类形式。口头形式包括面对面交谈、不见面的语音交谈、远程多媒体视频交谈等;书面形式包括信件、备忘录、通知等。

(3) 信息的组织形式,可分为归纳法和演绎法。归纳法是从一个个具体的事例出发,经过分析、解释,得出一般性结论或主要观点;演绎法则从一个一般性结论或主要观点出发,对具体的事例进行解释、分析和说明。

(4) 采取什么样的语气和表达风格,如庄重、轻松、戏谑等。

(5) 如何布置和安排沟通的场所。

(6) 在沟通的时间选择上要注意哪些问题。

在对沟通过程进行计划时,要特别注意,并不存在放之四海而皆准的最佳表达方式,应该根据不同的情况选择最合适的表达方式,特别是要根据沟通的需要营造出恰当的沟通气氛。

正确沟通的三个要素：目标、渠道和共识

尽管有效沟通是众所周知的常识，但许多人并没有掌握沟通的基本要素。从字面上看，沟通指彼此的相连相通。在人际交往中，它具体体现为个人和群体之间信息、思想和情感的传递。

既然是彼此，就说明沟通至少有两个主体，需要一来一回，让两条或多条信息、思想、情感的"沟"相"通"。人与人沟通往往有一个设定的目标，目的在于在信息、思想和情感传递之后，彼此能达成共同的协议或意见。在这里，我们需要强调三个关于沟通的重要元素：

目标：一个既定的目标。

渠道：将信息、思想和情感通过不同媒介进行传递。

共识：沟通的最后，就是要达成对目标的共识。

目标，很容易理解。例如，你希望经理批复你的休假申请，这就是你跟经理沟通的目标。

渠道，你可以通过电子邮件发送休假申请，或者发微信告诉经理你突发疾病，需要就医。

共识，经理批准了你的休假，或者拒绝了你的休假，都是你们关于这件事情共同认识的明确结果。

沟通是达成共识的一个必经程序，在人际交往和工作中每天都需要进行很多"达成共识"的活动。

"爸，你早餐吃鸡蛋还是吃油条？""吃油条！"

"经理，今天晨会需要邀请销售经理吗？""不需要！"

"老婆，周五晚上的电影定几点的票？""8点以后！"

沟通有多种多样的渠道。语言和肢体表达是沟通最基本的渠道，现代科技的发展也给沟通创造了许多新的媒介，比如微信创造了朋友间紧密的强沟通连接，微博创造了粉丝和博主的弱沟通连接。这些媒介因为形式的不同，也会对沟通产生不同的影响。每一种沟通渠道，都会造成不同程度的信息损失。比如文字沟通，因为无法看到对方的表情和肢体语言，会平均损失30%的信息。因此，沟通偏差就成了沟通中常见的问题，需要你在工作和生活中多加注意。

消除沟通偏差

有效沟通中的最大敌人一定是沟通偏差。虽然每个人都在沟通中竭力表达自己，但

很多时候听者并不能百分之百地接收并理解沟通对象想要传达的信息。

有一个关于沟通的实验可以帮你理解沟通偏差。在这个实验中，教授让20人站成一排，进行传声筒游戏。教授用悄悄话告诉第一个学生一句话，然后第一个学生同样用悄悄话传递给第二个学生，后面的学生依次传递下去。游戏结束，最后一个学生大声地说出他从上一位同学那听到的悄悄话。

实验开始了，教授对第一个学生悄悄地说："昨天的作业，有个同学做得不好。"

……

最后一位同学大声说出了他听到的话："校长要开除王某某，因为他和李某某早恋。"

乍一听，这两句话有天壤之别，但仔细回顾这个传递的过程，你就能明白偏差是如何产生的。

教授说："昨天的作业，有个同学做得不好。"

然后，第一个学生小声转述给第二个学生说："昨天的作业，有几个同学做得很不好，老师很生气。"

第二个学生小声转述给第三个学生："最近的作业，有很多同学都做得不好，老师很生气。"

"好多同学都不做作业，老师要惩罚学生。"

"王某某和陈某某，总不做作业，老师要告诉校长。"

"王某某总不做作业，光顾着谈恋爱，校长找他的家长谈话了。"

最后一个学生大声说出来的是："校长要开除王某某，因为他和李某某早恋。"

很多电视节目都设计这个传声游戏，沟通偏差往往成为其中的笑点。其实，在日常沟通中，我们很多时候像游戏中的那些人。但是当我们置身其中时，这种沟通偏差却一点也不好笑了，因为它会导致很实际的问题，比如我，就耽误了部门的报销。

很多时候，你想到的内容很多，但由于语言表达能力和媒介传播时损失的内容，你实际上根本无法100%表达出内心所想。对方其实也有同样的问题，无法100%地表达他的想法。并且由于正确接收的信息也在逐步减少，因此，最后达成共识的区域，其实只是你大脑里所想内容的很小一部分。

沟通的共识

很多时候人们在接受信息之后，并不能完全理解或完全接受信息，而是会根据自己的经验，在接收到的信息中加入主观的理解，这就在无形中改变了本来的信息。因此，主观理解是人们有效沟通中的一个"劲敌"，也是沟通偏差的一个主要来源。

资料来源：http://www.sohu.com/a/516048618_120012602.2022-01-12.

第三节 沟通的形式

按照不同的标准,沟通可以分为不同的类型和形式。按沟通的组织系统可分为正式沟通、非正式沟通;按沟通信息的流动方向可分为纵向沟通、横向沟通、斜向沟通;按沟通的方法可分为语言和非语言的沟通;按沟通方向的可逆性可分为单向沟通、双向沟通;按照沟通主体的文化背景是否相同可分为同文化沟通和跨文化沟通。

一、正式沟通和非正式沟通

沟通按组织系统可分为正式沟通、非正式沟通。

(一)正式沟通

正式沟通是通过正式的组织程序,依照组织结构进行的信息沟通。这种沟通的媒介物和线路都是事先安排的,因而被认为是正式且合法的。在正式组织中,个体之间信息交流与传递的结构被称为正式沟通网络。美国学者哈罗德·莱维特把这种网络分为五种形式。即:链式、环式、Y式、轮式、全通道式。具体如图1-2所示。

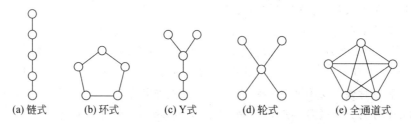

(a) 链式　　(b) 环式　　(c) Y式　　(d) 轮式　　(e) 全通道式

图1-2　正式沟通网络

1. 链式沟通

这是一个平行网络,其中居于两端的人只能与内侧的一个成员联系,居中的人则可分别与两人沟通信息。在一个组织系统中,它相当于一个纵向沟通网络,代表一个五级层次,逐渐传递,信息可自上而下或自下而上进行传递。在这个网络中信息经层层传递筛选,容易失真,各个信息传递者所接收的信息差异很大,平均满意程度有较大差距。

此外,这种网络还可表示组织中主管人员和下级部属之间中间管理者的组织系统,属控制型结构。在管理中,如果某一组织系统过于庞大,需要实行分权管理,那么,链式沟通网络是一种行之有效的方法。

2. 环式沟通

此形态可以看成是链式形态的一个封闭式控制结构,表示5个人之间依次联络和沟通。其中，每个人都可同时与两侧的人沟通信息。在这个网络中，组织的集中化程度和领导人员的预测程度都较低；沟通渠道不多，组织中成员具有比较一致的满意度，组织士气高昂。如果在组织中需要营造出一种高昂的士气来实现组织目标，环式沟通网络是一种行之有效的措施。

3. Y 式沟通

这是一个纵向沟通网络，其中只有一个成员位于沟通网络内的中心，成为沟通的媒介。这种网络集中化程度高，解决问题速度快，组织中领导人员预测程度较高。

但除中心人员外，组织成员的平均满意程度较低。此网络适用于主管人员的工作任务十分繁重，需要有人选择信息，提供决策依据，节省时间，同时又要对组织实行有效的控制的情况。不过此网络易导致信息曲解或失真，影响组织中成员的士气，阻碍组织提高工作效率。

4. 轮式沟通

这种网络属于控制型网络，其中只有一个成员是各种信息的汇集点与传递中心。在组织中，大体相当于一个主管直接管理几个部门的权威控制系统。此网络集中化程度高，解决问题的速度快。主管人员的预测程度很高，但沟通的渠道很少，组织成员的满意程度低，士气低落。轮式沟通网络是加强组织控制、争时间、抢速度的一个有效方法。如果组织接受紧急任务，要求进行严密控制，则可采取这种网络。

5. 全通道式沟通

这是一个开放式的网络系统，其中每个成员之间都有一定的联系，彼此了解。此网络中组织的集中化程度及主管人员的预测程度均很低。由于沟通渠道很多，组织成员的平均满意程度高且差异小，所以士气高昂，合作气氛浓厚。

这对解决复杂问题，培养组织合作精神，提高士气均有很大作用。但是，由于这种网络沟通渠道太多，易造成混乱，且又费时，会影响工作效率。在实际正式沟通的网络中，组织主要使用的是在其基础之上的变形网络，具体如图 1-3 所示。

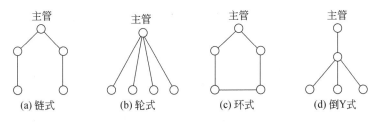

图 1-3　组织中的信息沟通网络

（二）非正式沟通

所谓非正式沟通，就是不按照正式的组织程序进行的沟通，其信息传递的媒介和路线均未经过事先安排,具有很强的随意性、自发性。在非正式组织中,其成员间的社会交往就主要采用非正式的沟通渠道,具体表现也往往是各种传闻或小道消息。

非正式沟通的明显特点是信息传递速度快,但失真比较严重。对非正式沟通可以采取"管理"的态度,以便更好地扬长避短。具体的特点为:

(1) 消息越新鲜,人们谈论的就越多。
(2) 对人们工作有影响的人或事,最容易引起人们的谈论。
(3) 最为人们所熟悉的,最多为人们谈论。
(4) 在工作中有关系的人,往往容易被牵扯到同一传闻中去。
(5) 在工作上接触多的人,最可能被牵扯到同一传闻中去。

非正式沟通主要分成四种沟通方式:单线式、流言式、集束式、偶然式。具体如图 1-4 所示。在现实中主要以集束式沟通方式为主。

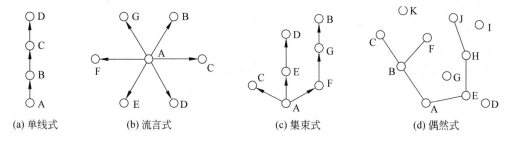

图 1-4 非正式沟通方式

区分正式与非正式沟通的标准有很多。可以按照职位身份和个人身份来划分正式沟通和非正式沟通,如某位官员以自己的公职身份与媒体沟通属于正式沟通,以自己的私人身份与某位记者交流属于非正式沟通;也可以按照一方或双方的重视程度来划分,例如,一位经理与一位员工在就餐时随意的闲谈则属于非正式沟通;按照沟通内容的效力进行区分,如果沟通双方对沟通内容的准确性十分确认,并准备受其约束,则为正式沟通,如果双方只是对内容进行简略的探讨则为非正式沟通;按照沟通方式、仪式、重要性的不同也可以划分为正式沟通和非正式沟通,例如,国家元首正式出访和非正式出访其他国家,在接待仪式上就有严格的差别。

一般说来,正式沟通由于双方都比较重视,沟通内容的约束性比较强,仪式较为正规,因而沟通各方在沟通过程中都较为谨慎,一般适合于简单、初步的沟通和总结性的沟通;而非正式沟通则比较适合于深入沟通信息、探讨各种可能性的沟通阶段。

二、纵向沟通、横向沟通和斜向沟通

按沟通信息的流动方向分为纵向沟通、横向沟通、斜向沟通。

1. 纵向沟通

纵向信息沟通指沿着组织的指挥链在上下级之间进行的信息沟通。它可以区分为自上而下和自下而上两种形式。自上而下的沟通亦称为下行沟通，指组织内部同一系统内的较高层次人员对较低层次人员的沟通，如命令的传达、计划的布置和程序规则的颁布等。自下而上的沟通亦称上行沟通，指组织内部同一系统内的较低层次人员向较高层次人员的沟通，如请示、汇报、要求和意见申诉等。

2. 横向沟通

横向信息沟通指组织内部同一层次人员之间的沟通，也称为平行沟通。这种沟通主要是为了促成不同系统（部门、单位）之间的协调配合和相互了解。例如，高层管理者之间、中层管理者之间、支线人员与参谋人员之间、生产工人与设备修理工之间，以及任务小组和专项小组内部所发生的沟通，都属于这类沟通。

3. 斜向沟通

斜向信息沟通指发生在组织内部既不同系统又不同层次的人员之间的沟通。斜向沟通对组织中的其他正式沟通渠道会起到一定的补充作用。例如，公司开发部，倘若以设计师与试制车间主管之间的直接沟通取代传统的由生产经理传递信息的方式，则沟通的线路和传递的时间会大大缩短。但是斜向沟通容易在部门之间尤其在实现职权与参谋权之间造成矛盾。

以上的横向沟通和斜向沟通是脱离组织的指挥链而跨系统发生的。在一些严格、正规的机械式组织中，它们并不被认为是正式的、法定的沟通形式，而常常被作为非正式的沟通渠道来看待。

三、语言沟通和非语言沟通

按沟通的方法可分为语言和非语言的沟通。

1. 语言沟通

语言是人类交流沟通的基本工具，很难想象没有语言，人们的生活会变得怎样。语言包括词汇和语法两个部分。词汇是语言的基本构成要素，每个词汇都代表着某一类特定的事物、动作、情感、特征或者关系。从沟通的角度看，词汇实际上是人们表达思想的一种代码或编码形式。只有沟通双方赋予词汇相同的含义，沟通才得以顺畅进行。

由于词汇的有限性，以及很多词汇都存在多种含义，因此在每一个具体的语句中首先必须搞清楚每个词汇的含义，否则就会出现误解。

语言、词汇不仅存在多义性，而且随着时间的推移含义也会发生变化。例如汉语中的"汤"字在古代汉语中是热水的意思，而在现代汉语中则一般是指汁液状态的一种食品。此外，不同国家、不同地区甚至不同的个人对同一词汇的理解也不尽相同。很多国家都说英语，但同一词汇的用法和含义则可能有很大差别。例如，对于社会上很流行的"酷"

(cool)这个词,有人理解为新潮、前卫,是中性偏褒义的词汇,而有人则理解为"怪异",是中性偏贬义的词汇。因此,在沟通时,必须首先弄清楚沟通对象的语言习惯,否则就会词不达意或误会不断。

语言沟通的形式可以分为两大类,即口头语言和书面语言。前者是面对面的口头交流,如会谈、讨论、会议、演说等;后者是文字形式的沟通,如布告、通知、报刊等。

2. 非语言沟通

非语言沟通,就是指用语言以外的,即非语言符号系统进行的信息交流。非语言沟通形式是最古老的沟通形式,早在人类诞生以前就产生了,如各种动物的沟通都具有自己的非语言表达形式。只不过与动物相比,人类的身体语言、表情等更加丰富。如今,人类已经创造了非常发达的标志符号体系,如红绿灯、交通标志、危险标志等。

比起语言沟通形式,非语言沟通形式更加直观、迅速、具有个性。按沟通的方法具体分类如图 1-5 所示。

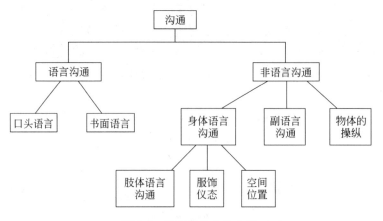

图 1-5　按沟通的方法分类

四、单向沟通与双向沟通

沟通按方向的可逆性分为单向沟通、双向沟通。这是以信息源及信息接收人的位置来区分的,二者位置不变的是单向沟通,而不断变化位置的是双向沟通。

单向沟通和双向沟通相比具有如下不同:

(1) 从沟通的速度来说,单向沟通比双向沟通快。

(2) 从内容的正确性来说,双向沟通比单向沟通正确性高。

(3) 从工作秩序来说,单向沟通显得安静规矩,双向沟通则较吵闹而无秩序。

(4) 从接收者来说,双向沟通易于知道正确与错误,对自己的行为较有把握。

(5) 从发信人来说,在双向沟通时感到较大的心理压力,因为随时会受到接收者的质问和批评。

具体比较,如表 1-2 所示。

表 1-2　单向沟通与双向沟通的比较

因　素	结　果
时间	双向沟通比单向沟通需要更多的时间
信息和理解的准确程度	在双向沟通中,接收者理解信息和发送信息者意图的准确程度大大提高
接收者和发送者置信程度	在双向沟通中,接收者和发送者都比较相信自己对信息的理解
噪声	由于与问题无关的信息较易进入沟通过程,双向沟通的噪声比单向沟通要大

五、同文化沟通和跨文化沟通

按照沟通主体的文化背景是否相同,沟通可以分为同文化沟通和跨文化沟通。不同文化背景的人在历史传统、思维方式、思想观念、生活环境、生活习惯、禁忌喜好、宗教信仰、工作理念、商业伦理、经济状况、受教育水平等方面存在明显的差异。

随着经济全球化的发展,不同文化之间的沟通更为密切和频繁,同时,文化上的差异表现得更为明显。这种文化背景的差异使得人们在沟通过程中对同一现象或表达方式的解读上会产生明显的差异。为了更好地进行跨文化沟通,人们必须以一种更加开放的心态去努力了解不同文化背景的人群。

【复习思考题】

1. 简述沟通的过程?
2. 简述沟通的基本内容?
3. 沟通的形式有哪些?

【情景模拟】

1. 汽车销售实战模拟

现在有一款新上市的白云小轿车,假如你是一名汽车销售人员,需要你与客户沟通,请你设计一个具体方案,使客户接受你的建议,购买这款轿车。

提示:可以把沟通的过程采用小品或者短剧等形式进行演示。

请各小组进行讨论、演习,将选取小组上台演示。

2. "听与说"游戏

分组进行游戏,六个人一组,分别扮演以下角色:

角色分配:

(1) 孕妇:怀胎八月

(2) 发明家:正在研究新能源(可再生、无污染)汽车

(3) 医学家:长年研究艾滋病的治疗方案,已取得突破性进展

(4) 宇航员:即将远征火星,寻找适合人类居住的新星球

(5) 生态学家:负责热带雨林抢救工作

(6) 流浪汉

游戏背景: 私人飞机坠落在荒岛上,只有6人存活。这时逃生工具只有一个只能容纳一人的橡皮气球吊篮,没有水和食物。

游戏方法: 针对由谁乘坐气球先行离岛的问题,各自陈述理由。先复述前一人的理由再申述自己的理由。最后,由大家根据复述别人逃生理由完整与陈述自身理由充分的标准,自行决定可先行离岛的人。

游戏说明的道理:

(1) 认真聆听别人的话,记住别人的想法,这样别人才会相信你,才会让你去求救。由此可见,聆听非常重要。

(2) 根据学员的表现评价:好的表达/坏的表达。

拓展阅读 1.1
王岚的困惑

第二章

语言与非语言沟通

【学习目标】

1. 明确语言沟通和非语言沟通的异同。
2. 了解语言沟通技巧在沟通中的合理运用,领会什么是有效的表达。
3. 重点掌握如何正确解读和运用非语言沟通的方法,以及明确使用范围。

【技能要求】

1. 学会针对客体运用适当的语言沟通方法,熟练运用两种以上非语言沟通的方法。
2. 学会根据情况选择适当的非语言沟通方法。

"雪如意"语言业务领域志愿者顾世荣:努力当好沟通的桥梁

2月11日晚,北京冬奥会跳台滑雪男子个人大跳台资格赛在国家跳台滑雪中心"雪如意"精彩上演。

在比赛场边的混合采访区,国际关系学院大三学生、"雪如意"语言业务领域志愿者顾世荣,协助着来自各个国家的记者进行采访。

"由于采访时间非常宝贵,因此沟通必须准确而及时。"顾世荣说。

了解采访意图、确认受访运动员、传递采访设备、进行同声传译……在崇礼的寒风中,顾世荣忙个不停。

混合采访区是各国记者采访运动员的核心区域,顾世荣的志愿服务面临多方面挑战。

"除了语言上必须过关,我们还要熟悉赛场设置和比赛信息,这样才能确保及时解决记者遇到的问题。"顾世荣介绍。

为此,他在赛前认真接受了每一次培训,很好地掌握了记忆关键术语、固定表达等相关技巧。赛时的空余时间,他也不忘熟悉场馆内各个区域的分布情况,并提前了解各参赛国家的运动员信息。

在一次赛事中,一位瑞典记者来找顾世荣,他想采访一名本国运动员,但不确定该运动员的参赛号码。在仔细询问了该运动员的面部特征后,顾世荣与其他志愿者迅速锁定了这名运动员,并将其相关信息提供给记者。

不一会,该名瑞典运动员结束比赛,朝场边走去。顾世荣看到后赶忙走到瑞典记者身前,引导其上前进行采访。

"当时这名瑞典记者十分惊讶,说'你是在帮我吗?没想到你还记得'。"顾世荣说,采访结束后,这名记者还特意找到他表示感谢,"当时我觉得特别有成就感,之前的努力没有白费。"

除了做好混合采访区域内的工作,顾世荣有时也会协助其他志愿者做好语言沟通服务。

几天前,有两名德国记者想要进入混合采访区采访,但是没有佩戴相关证件。入口处的志愿者在与其沟通时出现不畅,便向顾世荣求助。简单沟通后,顾世荣向这两名德国记者转达了进入采访区域的相关规定,并给出了解决办法。

得到满意答复,两名德国记者向顾世荣竖起了大拇指。但在他看来,这种认可更像是一种激励。

顾世荣喜欢德国选手卡尔·盖格尔。盖格尔性格沉稳冷静,并且技术动作很有特点。四年前在平昌冬奥会上,他还与队友共同获得了跳台滑雪男子团体亚军。2月11日是盖格尔的生日,当晚,顾世荣见到了盖格尔。

"我用英语向他表示了生日祝福,并预祝他在决赛上取得好成绩。"顾世荣说,"可以看出来他当时很感动。我想这就是沟通的魅力。"

资料来源:http://he.people.com.cn/n2/2022/0214/c192235-35132824.html,2022-02-14。

根据信息载体的异同,沟通可以分为语言沟通和非语言沟通。语言沟通通常是指建立在语言文字基础上的沟通方式,它又可以细分为口头沟通和书面沟通。口头沟通也就是我们通常所说的交谈,是人们最常用的交流方式。

常见的口头沟通包括演说、正式的一对一讨论或小组讨论、非正式的讨论以及传闻或小道消息传播。书面沟通包括信件、电子邮件、传真、备忘录、组织内发行的期刊、布告栏及其他任何传递书面文字或符号的手段。

非语言沟通指的是那些不是通过讲话或文字而是通过某些媒介来传递信息的沟通方式。非语言沟通的内涵十分丰富,包括身体语言沟通、面部表情、服饰仪态、副语言、环境沟通和空间距离等多种形式。一个人的衣着打扮、谈话时的一举一动无不向别人传递着某种信息。

第一节 语言沟通

一、语言沟通的类型

1. 口头沟通

在现实生活中,绝大部分的信息都是通过口头传递的。口头沟通的方式是灵活多样的。它既可以是正式的商谈,也可以是非正式的闲聊;既可以是群体中的雄辩,也可以是两人之间的谈心;既可以是有备而来,也可以是即兴发挥。

口头沟通是所有沟通形式中最直接的方式。口头沟通的最大优点是信息传递速度快,并且能即时反馈。也就是说,这种沟通方式可以使信息在最短的时间内被传递,并且能够在最短的时间内得到对方的回复。所以,这种沟通方式可以立即澄清信息传递中的含糊之处,即如果接收方对发送方所传递的信息有所怀疑时,可以迅速反馈给发送方,使发送者及时检查其中表达不够明确的地方并予以改正。

这样,可以将误解发生的可能性降至最低限度。同时,口头沟通可以使沟通者清楚地看到对方的面部表情,听到语调的变化,从而提高沟通的效果。此外,在上级与下属的面谈中,这种沟通方式也可以使下属感到被尊重、被重视。因此,口头沟通有助于对问题的了解。

但是,口头沟通也并不是完美无缺的,它自身也存在着缺陷。例如,在信息"接力"中,每个人都可以根据自己的偏好增删信息,以自己的方式诠释信息。所以,当信息从发送者传递到终点时,其内容往往与最初的含义存在重大偏差,偏离信息发送者的初衷。由此可见,在口头沟通中,信息失真的可能性相当大。另外,口头沟通通常无法留下书面记录,有时还会浪费时间甚至很不方便。

2. 书面沟通

书面沟通能保持长久的书面记录,书面记录具有有形展示、长期保存、法律保护依据等特点,对于现在日益增加的诉讼问题和广泛的政府、组织的工作来说,这类沟通都是必需的。因为一般情况下,信息的发送者与接收者都有沟通的记录,沟通的信息可以长期保存下去,如果双方对信息的内容有疑问,过后完全可以查询。

书面沟通的方式,还可以使沟通者对自己所要传达的信息更加认真地思考,精心组织;在正式发表之前可以反复修改,以减少情绪干扰,使所要表达的内容更加周密,逻辑性更强,条理更清楚。这样,作者所想表达的信息就能被充分、完整地表达出来。

书面沟通也有自己的缺陷,首先是准备起来比较麻烦,这需要良好的写作技能,而这个技能又不是天生的,需要沟通者通过学习来掌握。其次,书面沟通需要精心准备,并对沟通可能出现的结果有预期准备,这又增加了准备的复杂性。相对于口头沟通而言,书面沟通的另一个缺点是不能及时提供信息反馈,也无法确保发出的信息被接收到,即使是接收到,也无法确保接收者对信息的解读正好是发送者的本意。发送者往往要花很长的时间去了解信息是否已被接收并被准确地理解。

二、语言沟通的特点

1. 语言沟通是人们相互联系、相互合作的一种手段和方式

从本质上看,语言沟通是一种社会现象,具有社会性;从形式上看,语言沟通是个体之间的具体行为,因此具有个体性;从过程上看,语言沟通是不能单独由一方完成的,即使直接面对的语言沟通对象不是人,它也必定存在着一个客体。

比如阅读,我们阅读的过程也是一种语言沟通的过程,在这一过程中我们直接面对的沟通对象或者说沟通的客体是语言文字,但实际上我们的真正沟通对象仍旧是隐藏在语言文字背后或者说存在于语言文字中的人(该语言文字的作者)。由于时空的限制,我们只能以这种中介的方式与作者进行语言沟通,进行信息交流、思想交流或情感交流。

2. 语言沟通具有社会性

语言沟通的社会性表现为:

(1) 人类的沟通都是在一定的社会条件和时空场合下进行的,不同的社会条件和时空场合决定着语言沟通的具体方式和风格。

(2) 语言的社会性决定了语言沟通的社会性特点,语言随着社会的产生而产生,随着社会的发展而发展,社会性是语言的本质特点之一。

(3) 语言沟通的双方(人)具有社会性,这也就决定了语言沟通的社会性特点。人要生存就要创造生存条件,以求得物质生活和精神生活的满足。所以,人与人之间势必会发生互助、合作、竞争、敌对等各种关系,单个人是无法生存的。在原始社会人们以打猎为生,如果相互之间不沟通联系,就会被野兽侵袭;在现代社会分工越来越细,如果人们不互相往来,生活就难以进行,生产就无法发展。事实上正是由于语言沟通,人们才互相联系起来,形成不同的群体,从而形成人类社会。

语言沟通具有社会性的特点,这是从本质上对语言沟通进行分析得出的结论。

3. 语言沟通的个体性特点

从语言沟通的具体形式上看,任何语言沟通都有个体性特点。

首先,语言沟通中无论是哪种形式的沟通都是通过个体来实现的,离开了个体的脑力和体力劳动,任何沟通都无法进行。

其次,任何语言沟通最终都要落实在具体的个体之间。无论是国家间的、民族间的还是党派之间的沟通活动,也都是通过个体之间的语言沟通来实现的。分别属于不同群体的某两个人,常常会因为他们之间频繁的语言沟通以及良好人际关系的建立,使两个群体之间的关系得到改善或发展。

再次,语言沟通的出发点和归宿是个人的需要和对需要的满足。很多社会需要归根结底是由个人需要产生的,最终需要的满足也要落实到具体的个人身上。

语言沟通的个体性最终需要的满足还体现在不同个体语言沟通能力的差异上。个人在社会经历、文化素质、从事职业以及气质、性格、教养等方面的不同,所形成的思想意识、价值观念、生活习惯、兴趣爱好等就会有所差异,人与人之间的语言沟通也会表现出各自不同的特点和水平。

4. 语言沟通的双向性

语言沟通还有双向性特点,这是由沟通的特点决定的。沟通说到底是一种交流、交换,要做到交换必须有交换的双方或者两端,他们是对立统一的两方。

一般意义上的沟通就是你说我听,然后我说你听,这是一种最显在的交换。它有时是信息交换,有时是情感交换,实质上都是能量交换。自言自语也是语言沟通,只不过此时信息的发出者和信息的接收者合二为一,两端归为一体,主客集于一身,是一种自我交换。

三、语言沟通的原则

语言作为沟通的工具,最重要的就是表达得是否有效。无论你出于怎样的目的,都不希望自己的讲话没有效果,甚至适得其反。不论说话者是否意识到,说话一定具有以下四个目的中的一个或几个:引起听者行动;提供知识或信息;引起共鸣、感动与了解;让听众感到快乐。

要进行有效的语言沟通,培养良好的口才,必须遵循以下语言沟通的基本原则:

(一)实效性原则

古人认为文贵简明,崇尚"文约而事丰"。现代社会,生活节奏越来越快,提倡写短文,说短话,比任何时代都讲究实效,注重简明。说话要简明,语言要精练,就是以最经济的语言手段表达出丰富的思想内容,使听众在较短的时间内与说话者进行有效的交流。

1. 抓住重点,理清思路

我们平时与人寒暄或简短的交谈时,是比较随便的,谈不上条理清晰。但在正式场合,比如主持会议、讨论问题、开会发言、作报告、演讲等情况下就不一样了,它要求说话者对所说的内容有深刻的理解,并对整个讲话过程做出周密的安排。一般说来,有以下三点要求。

(1)把握中心

说话最忌离题胡扯、不着边际。说话与写文章一样,要紧扣中心。而说话扣题,首先要明确中心是什么,定了中心,也就确定了说话材料的取舍。围绕中心,对杂乱的材料整理、归类,从中找出材料间的内部联系,能说明中心的留下,不能说明中心的去掉,这样才能保证说话扣题。

(2) 言之有序

说话不能靠堆积材料吸引人,而要靠内在的逻辑力量吸引人,这样才有深度。要尽量地采用由近及远、由浅入深、由已知到未知的顺序安排。当然,时间顺序最好按过去、现在、未来进行安排,这样听众容易记住。

(3) 前后连贯,首尾相接

说话的开头至关重要,它的好坏直接影响说话的进程和效果,因而一定要有一个引人注意的开场白,迅速引起听众对你的兴趣和好感,并及时切入正题;多层意思之间过渡要灵活、自然;结尾时应进行归纳,简明扼要地突出主题,以加深听众的印象。

2. 遣词贴切,表达清楚

讲究语言的准确性,是语言实效性的基本要求。说话交往中,如果措辞不当或对交际对象缺乏了解,就会引起对方的误解或反感,达不到沟通的效果。这时需要加以控制调节,换一种说法,选用恰当的词语,使对方易于理解,乐于接受。那么,怎样才能做到选词准确呢?

(1) 用词认真推敲斟酌

要精选最能反映说话要旨的词语,使之"以一当十""言"半功倍,以求辞约义丰。

(2) 要注意辨析词义,说话达意、恰当

词义有轻重之别,例如,"损坏""毁坏"和"破坏";词义也有范围大小之别,例如,"边疆"和"边境";词义的感情色彩更不能忽视,"鼓动"和"煽动""果断"和"武断""保护"和"庇护""团结"和"勾结",其褒贬之别是千万不能混淆的。交往中语言如有误用,其后果是很严重的。

3. 言简意赅,短小精悍

说话应该言简意赅,以少胜多,这样才能引起听众的兴趣,也便于听众理解和记忆说话内容。对于那些与主题无关的废话、言之无物的空话,听众极为厌烦。要达到言简意赅,讲求实效,就应做到以下两点。

(1) 长话短说,避免啰唆

在说话之前,先做到自己心中有数,对讲述内容分清主次,确定详略。别人熟悉的、爱听的多说,别人不熟悉、不关心的少说;事情的重点、要点,要交代清楚,枝节问题则一语带过。

(2) 多用短句,少用长句

这并不是说长句不好,长句有其优点,能够表达缜密的思想、委婉的感情,能够形成一定的讲话气势。但是,由于长句结构比较复杂,如果处理不好停顿,不但讲话者觉得吃力,就是听众听时也要耐着性子。而短句的表达效果是简洁、明快、活泼、有力。当然,长短句的区别是相对的,该长则长,该短则短,短句同样要恰到好处,切中主题。

4. 戒掉口头禅

一些不良的语言习惯，往往不同程度地影响着语言的表达，说话时应加以注意。口头禅是一种语病，原指人们不懂禅理，却喜欢以僧人常用的禅语作为说话的辅助性语言，后来泛指经常在说话中反复出现的无实际意义的词语。其表现形式多种多样，如"是不是""对不对""是吧""对吧""反正""这个""那个"等。

这些口头禅为简洁、流畅的说话带来阻力，更重要的是某些口头禅还可能伤害对方的情感，如有人喜欢说"我告诉你""你得了吧""你懂吗"等口头禅，给人自以为是、盛气凌人之感，令人感觉不快，从而影响人际关系。因此，有口头禅语病的人，必须针对具体情况，有意克服，认真矫正。

（二）对象性原则

话是说给人听的。正所谓"射箭要看靶子，弹琴要看听众"，语言表达也要看交际对象，要受对象的身份、职业、经历、文化教养、思想、性格、处境、心情等因素的制约。

1. 根据对象人数的多少，决定说话时应采取的方法

如果你说话的对象是多数人，那么，你首先要了解那一群人的基本情况，掌握群体心理。所谓群体心理，就是某些身份、处境、工作相同的人群的共同心理。因此，对多数人说话就要找出他们共同关心的问题来谈；对多数人说话，必须照顾全面，最忌讳的是把一部分人冷落了。

2. 根据不同对象的文化修养，运用不同的语言

一个人的谈吐与他的文化修养是密切相关的。因此，对文化高一点的人，语言可以文雅一点，如果太俗气，他会觉得你不尊重他；对于文化低的人，语言可通俗一些，如果太文雅，他会觉得你在耍弄他。

3. 根据不同对象的接受能力，运用不同的语言

如果对方资格较老、阅历较深，或接受能力较强，则谈话的哲理可以深一点，引用的例子可以广一点，可以以理释事；如果对方年幼识浅、思想单纯，或接受能力较差，应以事悟理。

4. 根据不同对象的气质和性格特点，运用不同的语言

在现实生活中，每个人都有自己特有的个性，有的人活泼热情，有的人沉着冷静，这是由个人的气质和性格决定的。了解、注意人的气质和性格，对于交谈得体是十分有益的。那么怎样根据不同对象的气质和性格特点使用不同的语言呢？我们不妨说得再具体些：对于性格孤僻、心胸狭窄的人，使用的语言要柔和一些，像春风化雨滴滴入土那样沁人心脾。在交谈过程中，要特别潜心听取他的讲话，仔细品味其中的含义，以便寻找话题。对于心胸豁达、直爽开朗的人，如果谈话拐弯抹角，对方就会感到别扭，甚至不耐烦，因此应该把话说得坦率而富有情趣。对于讷于言辞、见闻少、思路窄的人，要善于启发、引导，和

他们谈话要由浅而深、循序渐进。

在批评时,更应该区分对象,讲究方法。一般说来,年轻人气盛,先让他冷静下来,批评时的谈话要用"温火";女同志自尊心强,批评时要格外谨慎;对年纪大的人,指出其缺点时,口吻要尊重;对缺点较多的青年进行批评时,不要"倾盆大雨",要求过高过急,而要"和风细雨",要有耐心。

5. 根据不同对象的兴趣爱好和习惯,运用不同的语言,说不同的话题

对于一个球迷,谈些"球经"是再好不过的话题;对于一个戏迷,谈论各种戏剧艺术的欣赏以及各种流派的风格也许会越谈越投机。

6. 根据对象的职业特点以及他们的个性,运用不同的语言

一般说来,科学家、学者比较严谨、纯真,"书卷气"重;演员、艺术家比较开朗、活跃,反应灵敏;运动员比较豪爽、耿直;等等。与这些人谈话要特别注意他们的职业特质和个性特点。

除此之外,对于沉默寡言的人,应讲究交谈艺术,在语言上要热烈些,多方面激发或挑起他发言的兴趣,不然,与他交谈不得不在"五里雾中"摸索;对于性情急躁的人,应干脆利索,长篇大论会惹人讨厌;对于屡受挫折的人,应该同情、安慰、鼓励,这将使他产生"得一知己,可以无憾"的感觉,彼此的交谈就会融洽;对于思想固执的人,如果硬攻容易碰壁,不妨多来一点迂回战术;对于思想犹豫不决的人,要说明确的话,否则不能让他拿定主意。

7. 根据性别、年龄、亲疏关系的不同,运用不同的语言

对于女同志,要注意避免讲那些有损女性尊严的话。在话题的选择上,也要注意男女同志的不同兴趣和特点。与孩子说话时,要针对他们年幼单纯、天真活泼的特点,用讲故事、打比方、说笑话等方式,使交谈得以深入;尤其应使自己具有几分"童心",多掌握一点孩子的语言。老年人喜欢追怀往事,喜欢受到年轻人诚心诚意的尊重。如果能引导他谈谈自己的过去,不但对于他是一件很快乐的事,对自己不也是一个难得的了解世事的机会吗?对老年人讲话时音量要放大,速度要缓慢,发音要清楚。

对谈话对象的亲疏关系也是应该注意的。对于关系密切、交情深厚的人,尽可能坦率些,开门见山,过分的客气话反而使双方变得疏远、隔膜;而对初次见面、关系较远的人谈话,如果一见面就显得过分亲密,甚至随便,则会使对方感到不舒服或怀疑。

为共建"一带一路"培养语言人才

语言作为沟通工具,是实现基础设施"硬联通"、规则标准"软联通"、同共建国家人民"心联通"的基础。

习近平总书记强调:"要大力培养掌握党和国家方针政策、具有全球视野、通晓国际规

则、熟练运用外语、精通中外谈判和沟通的国际化人才,有针对性地培养'一带一路'等对外急需的懂外语的各类专业技术和管理人才。"语言作为沟通工具,是实现基础设施"硬联通"、规则标准"软联通"、同共建国家人民"心联通"的基础。推动共建"一带一路"高质量发展,要求我们更加重视外语人才的储备和培养。

"一带一路"沿线国家和地区语言多种、文化多样,很多地方的通用语言或官方语言属于"小语种"。目前,我国的小语种人才储备相对欠缺,加快与优化人才培养的必要性日益凸显。这就要求我们必须更加重视小语种,不仅要在学科建设、专业建设、课程教学等方面持续完善、加大投入,同时要为学习小语种的学生在实习、就业等方面提供更多机遇和更好保障。特别是要为包括小语种在内的外语专业人才更好的参与共建"一带一路"搭建平台、畅通渠道。让外语人才有更大的舞台、更广阔的天地,吸引更多年轻人投身其中,为共建"一带一路"奉献青春和力量。

在共建"一带一路"过程中,无论是推动"硬联通""软联通"还是增进"心联通",都需要以语言服务作为支撑,也离不开建立在语言研究基础上的国别与区域研究。这要求我们培养的外语人才不仅要掌握语言,更要对语言背后的社会文化、风土人情、习俗习惯等加以深入的理解认识与调查研究。特别是在推动规则衔接和加强政策协调方面,语言背后的民族文化、价值观念、思维方式等因素显得更加重要。只有熟悉当地政策与国情、了解当地历史和文化,并通晓国际规则、熟练运用外语、精通中外谈判和沟通,才能在相关领域的合作中发挥更大作用。培养更多具备法律、经贸、金融、管理、科技、历史、新闻等专业背景的复合型、应用型外语人才,已经成为高校外语人才培养的当务之急和重中之重。

培养跨学科的复合型外语人才,不仅是推动具体合作的需要,也是加强我国国际传播能力建设的题中应有之义。精准传播取决于有效叙事,有效叙事依赖于语言通达。面向"一带一路"沿线国家和地区的受众,只有用他们听得懂、能接受的语言深入阐释共建"一带一路"的理念、原则、方式等,才能真正讲好共建"一带一路"故事,传播好中国声音。这就要求外语人才不仅要充当语言的翻译,更要充当文化的使者,以多语种为基本工具实现分众化、精细化、定制化的精准传播,激发情感共鸣和价值共鸣,更好向世界展现可信、可爱、可敬的中国形象,从而增强国际传播的亲和力和实效性。

语言的魅力是巨大的,在达意的同时还可以传情,在通事的同时还可以通心。"一带一路"是推动构建人类命运共同体的重要实践平台,外语人才尤其是小语种人才大有可为。构建与共建"一带一路"相适应的外语教育战略,培养、造就、储备一批掌握党和国家方针政策、具有全球视野的复合型外语人才,必将推动共建"一带一路"高质量发展不断取得新成效,为构建人类命运共同体作出新的更大贡献。

资料来源:http://yn.people.com.cn/n2/2022/0217/c372441-35137502.html.2022-02-17.

(三)时空性原则

任何口才的表达都离不开环境,凡是具有较好口才的人,都有一套适应和善于利用环境的本领。我们知道,人的心理状态是很容易受到环境因素影响的。人们在进行社会交际时,说话既要符合语言规则,又要适应语言环境。

语言环境就是由时间、地点、场合、对象等客观因素以及语言行为者的身份、思想、性格、职业、修养、处境、心情等主观因素所构成的使用语言的环境,简称语境。我们要与人交谈,必须注意语境,利用语境,才能取得最佳的说话效果。

1. 看清场合

生活中有不同的场合,这是多种关系的综合,它包括时间、地点和听众。既然生活场合各不相同,那么每一个说话的场合也不相同。要学好口才,第一步就要先接受每次谈话的具体环境都不同这个事实,以不同的语言去适应。同一席话,在这种场合讲可能赢得满堂喝彩,但在另一种场合讲则可能一败涂地。

一个口才优秀的人应当善于抓住各种不同的场合特点,使自己的讲话发挥最大的效力。因此,墨守成规是不可取的,要时时刻刻注意场合的变化。

2. 把握时机

在各种场合中,时机是极其重要的。一句话什么时候讲最起作用,是大有讲究的。这好比足球比赛中的"临门一脚",只有不早不晚,恰到时机,才能射门破网。说话的时间(或说话的时机)可以从以下两个方面来考虑。

(1) 从说话的目的考虑

例如,为了提醒某人注意某个问题不要发生,就要防患于未然,即在问题未出现的时候就要说出来;为了赞扬某一个人做了一件好事,应当及时说,只有及时,才能起到鼓舞士气的作用。但对某个问题作评价,则应当在事件结束之后再说,不能过早下结论。

(2) 从受话者的心境去考虑

心理学告诉我们,心境是一种使人的一切体验和活动都感染上情绪色彩的、比较持久的情绪状态。引起心境变化的原因是很复杂的,工作的顺逆,事业的成败,人际关系、健康状况及自然环境的影响,甚至无意间的浮想,都会影响心境。如果你说话的对象心境不好,决不能说些让他更为扫兴的话,如埋怨、责怪、质问之类的话。即使对方有不足,也要等他平静之后再说;如果非要立即说,也要先说一些能使他心境向好的方面转化的话。

3. 因地制宜

地点是场合的另一个因素,它对话题、说话内容及表达方式有一定的制约。地点是说话者在对话时所处的特定空间,而这个空间对说话者是有一定心理影响的。语言交际必须注意语言的时空性,不同的地点,要用不同的语言表达,要善于因地制宜。那么,地点的选择要注意哪些方面呢?

(1) 地点的选择,应注意不同的对象

例如,一个领导找部属谈工作,一般来说,应当把部属请到办公室里来。办公室代表了领导者的职责所在,能使谈话更具工作性质。但如果领导为开导某个部属,则可以到部属家里去,这体现领导放下了架子、平等待人的作风。在部属家里,更有利于拉家常,使谈话的气氛轻松,使彼此的心贴得更紧。

(2) 地点的选择,应考虑听者的心理因素

例如,一位同志做错了事,必须批评。作为领导者,是在公开场合批评他,还是通过私下谈心去解决问题呢?公开场合批评,表面上说可以教育大家,但是却使受批评者的自尊心受到打击。因此,除非迫不得已,批评应当严格控制在个别范围内进行。相反,对一些好事的表扬,则应在大范围内进行。

【小贴士】

如果想要改变自己的人生,就必须谨慎选用字眼,因为这些字眼能使你振奋、进取和乐观。

——安东尼·罗宾斯

第二节　非语言沟通

非语言沟通主要是指肢体动作、人际空间距离、超语言和类语言,同时也包括衣着、灯光、颜色、气味等。作为人际沟通的媒介和渠道,非语言沟通具有不同于语言沟通的特点,在人际沟通中发挥着重要的作用。

一、非语言沟通的类型

当一个人摔门而去时,无论他怎样辩解说自己没有生气,都很少会有人相信;一位领导在台上做演讲,虽然下面坐满了听众,但却没有人在认真听,而是窃窃私语或东张西望,由此我们已经知道这并不是一场精彩的报告。理解对方的意思往往不仅仅是通过语言沟通的方式,即不仅仅是听他说了些什么和看他写了些什么,对方的眼神、面部表情、身体语言、空间、时间、距离、外表等,所有这些非语言的因素都会影响信息接受者对信息的理解。

美国研究体态语言的专家伯德惠斯戴尔在一系列研究之后曾断言:在绝大多数的情况下,语言交流仅仅表达了我们思想的30%～35%,而65%以上的信息是由非语言的形式传递的。更有一项关于人际沟通的研究发现,对一些信息的"看法"只有7%来自语言,而另外多达93%的信息内容均来自非语言沟通。

【小贴士】

公式：信息交流的效果＝7％的语言＋38％的语调语速＋55％的表情和动作

——美国著名心理学家艾伯特·赫拉别恩

非语言沟通的内容十分广泛，为我们熟知的领域有以下几个方面。

（一）肢体动作

肢体动作也常被称为体态语言，是非语言沟通中最为人们所熟悉的，肢体动作的主要类型有：眼神、面部表情、手势、坐姿、站姿与空间距离。

1. 眼神

眼睛是"心灵的窗户"。虽然沟通者不能直视对方的灵魂，但眼睛最能准确地流露出一个人的真实情感与态度，信息发送者能够通过与接受者的视线保持接触来了解对方的注意力是否集中、是否表示出真诚、尊敬，以及对自己的观点是否赞同等。相反，对于信息接受者来说，通过目光的碰撞、交流，可以看出说话者是否自信、真诚与可靠。

美国电影《胜利大逃亡》中当轮到德军足球队罚点球时，那位盟军的守门员一语不发，却用一种愤怒、仇恨、无坚不摧的目光直盯着对方，看得德军主罚队员失魂落魄，胆战心惊，因此踢出的球疲软无力，被守门员轻易接到。可见，眼神有时会有一种摄人魂魄的力量，使心虚的人望之丧胆。

一个人的目光游移不定，说明这个人也许心怀鬼胎，也许神志恍惚，也许性格怯懦，缺乏足够的自信心，怀有自卑感；而目光坚定有神，则显示了这个人的自信心或良好的精神状态；突然睁大眼睛，则可能是有什么东西或所谈论的话题激起了他的兴趣、好奇心或对他至关重要；眯起眼睛成一条线，说明有什么东西引起了他的思考或警惕；斜斜地、快速地一扫，说明他对此并不在意甚至瞧不起；等等。

如果你在与人谈话时，希望别人也能参与其中，则可以在你谈话停顿的时候正视一下对方。如果不希望自己的讲话被别人干扰，要么你就此停止发言，要么你可将目光不停地往那些人身上扫视，或者干脆将目光停在那个地方，知趣的人都会马上集中注意力来听你的见解了。有经验的教师都很会用这种目光来对付在课上不认真听讲、小声讲话或者做其他小动作的学生。

2. 面部表情

面部是我们传递感情的主渠道，也是我们分析他人感情的主渠道。这也是为什么一些感人至深的摄影作品或电影电视导演喜欢使用特写镜头的缘故。面部表情是交际过程中加强或削弱谈话内容的基础，也是对外传播内心感觉和感情的主要途径。

例如，在交际中人们的目光交流会受到文化的影响。一般使用英语国家的人比中国人的目光交流时间更长而且更为频繁。他们在讲话时会看着对方的眼睛，以表示对对方的尊重及对对方谈论话题的关注,他们认为缺乏目光交流就是缺乏诚意、为人不诚实不可信赖。而在中国、日本和泰国等国家,人们会尽量避免直接的目光接触,他们认为直视对方的眼睛是不礼貌的行为,只有愤怒时才直视对方的眼睛。通常交谈中人们会看对方的下颌,以表示对对方的尊重。在跨文化交际中要注意文化对目光语的影响。

俗话说:"人逢喜事精神爽。"如果春风得意,必定是双眉舒展并面带笑容;如果内心悲哀,则必定是双眉紧锁、脸带愁云;如果是怒火中烧,一般来说会脸红脖子粗,面部肌肉抽搐不止,双眉竖立、做咬牙切齿状;如果是有愧于心,也许会脸红心跳,呼吸急促,两耳发热,脸上多半会出汗,这就是古人为什么用"汗颜"来形容羞愧的道理;如果是恐惧,通常会脸色苍白,体温下降,呼吸不畅,嘴唇颤抖;等等,不一而足。

第16任美国总统林肯曾说:"一个人到了四十岁以后,就要为他的长相负责。"相貌虽是父母所赐,但一个人的生活经历、学识修养、品格习性,也会在脸上留下痕迹。这也正如俗话说的:"善人有善相,恶人有恶相。"一个人善良宽厚,还是邪恶狡诈,热情随和还是冷漠高傲,是乐于交际还是孤僻不合群,甚至一个人是从事何种职业,很多时候,是可以从面部表情分辨出来的。

人类的笑是面部表情最主要的一种形式。通常一个人在高兴时,嘴角后伸,上唇提升,双眉展开,两眼放光,即所谓笑容满面。

从早到晚,从生到死,一个人在一生中笑过多少次,很难计算。人类笑的种类也有几十种之多,例如,微笑、开怀大笑、甜蜜的笑、愉快的笑、顽皮的笑、嘲讽的笑、含羞的笑、偷偷的笑、神秘的笑、歉意的笑、幽默的笑、自嘲的笑、阴险的笑、伪善的笑、温和的笑、惬意的笑、自满的笑、鄙夷的笑、逗趣的笑、无奈的笑、憨笑、傻笑、强笑、狞笑、冷笑、谄笑、干笑、苦笑,等等。在不同的笑容后面,隐藏着不同的思想信息,具有不同的含义。

心理学家指出:对于那种嘴唇完全向后拉、唇部形成长椭圆形的笑容要留神。这种笑容其实就是所谓的"皮笑肉不笑",这完全不是一种发自内心的笑容。当一位下属不得不向上司献媚、讨好时,当一个人假装欣赏别人的言论或举动时,当一个男人对身边的女性不怀好意时,常常露出的就是这种笑容。

然而,微笑却是一种典型的会心的笑。当我们静坐独处,回想起儿时一件有趣的往事时;当我们对自己所取得的阶段性的进步感到满意时,我们都会情不自禁地微微含笑。微笑也是一种社交的礼貌表示。在初次相识时,在舞会、聚会等社交场所,人们往往用微笑来表示自己的端庄和严肃,以及对别人的接纳和尊重。

在拥挤的餐厅,当你挨着一个陌生人坐下时,你很可能会首先冲他微微点头一笑,意思是说:"对不起,我只能坐在这里了,因为别处没空位。"在公共汽车上,你踩了别人一脚,你会立刻致以歉意的一笑,意思是:"实在对不起,我不是故意的,请你原谅!"当朋友把令他愉悦的事讲述给你时,纵然你当时心境不佳,但是,你也会出于礼貌和友情而为他展露出表示高兴的笑容;同样地,你正处于苦恼之中,但是,当你的上级领导出现在你面前时,你也很可能会赔上笑脸。

笑,能传递愉快;笑,能打破僵局。相比较而言,会笑的人,在社会交往中,比严肃的人有更大的优势,更有利于促进人际关系的和谐和朋友情谊的发展。

运用非语言传播,轻松成为说话高手

我们都知道,人类交际最重要的工具是语言。然而,一个好的传播者也会利用各种非语言的技能表情达意。一般来说,非语言传播就是除了语言传播之外的一切交流形式,是人类沟通的重要工具。

但在日常生活中,我们交流中很大一部分是非语言的。每天,我们都会对上千种非语言暗示和行为做出反应。以下介绍的这些行为都属于非语言传播的范畴。

首先是面部表情:表情在非语言交际中占很大比例,我们在听到别人说话之前,第一眼就能看到他的表情,微笑或皱眉都能传达情绪。其次是动作和手势,较为随意的动作和手势也能传达信息。处于亲密关系中的人,经常会出现抚摸等亲密动作。

还有一种辅助语言,指与实际语言分离的语音交流,包括音调、响度和音高等因素,强烈的语调或犹豫的语调会对句子意义产生很大影响。另外是眼神,眼睛是心灵的窗户,诸如注视、凝视和眨眼等都是非语言行为。当人们遇到自己喜欢的人或事物时,眨眼的频率会增加,瞳孔也会放大。通过眼神,你可以判断别人究竟是喜欢你,还是讨厌你。外观也是属于非语言传播的范畴,颜色、服装、发型以及其他影响外表的因素,也被认为是一种非语言交流的方式。工人戴安全帽,警察穿制服,医生穿白大褂。仅仅看一眼,我们就能分辨他们的职业。外表也会影响人们对你的看法,这也是第一印象很重要的原因。

从握手到发型,非语言细节揭示了我们是谁,并影响着我们与他人的关系。如何提高你的非语言沟通技巧?下面的建议可以帮助你。

首先,注意非语言信号。人们可以通过多种方式交流信息,所以,在和他人交流时,要注意眼神交流、手势、姿势、身体动作和语调等,这些信号都能传达语言无法表达出的重要信息。

其次,注意自己说话的语气。一个人的语气可以传达丰富的信息,你可以试着用语气来强调自己的想法。如果你想吸引人们关注一件事,就用生动的语调展现热情,这样可以使听者对你的话题产生兴趣。

另外,进行良好的眼神交流。逃离别人的目光好像在试图掩饰,而过多的眼神交流可能会显得具有威胁性。事实上,眼神交流的最佳时间间隔为 4 到 5 秒,有效的眼神交流会让你和对方都感到舒服。

最后,使用肢体语言。语言和非语言沟通共同传达信息,肢体语言可以辅助话语,提

高口语交流能力。当你在做演讲时,这一点尤其受用。

良好的沟通技巧,对个人生活和职业生涯会有很大帮助,运用好非语言传播,你才能成为说话高手。

资料来源:http://jysh.people.cn/n1/2019/0718/c404390-31240770.html.2019-07-18.

【小贴士】

要使别人喜欢你,首先你得改变对人的态度,把精神放得轻松一点,表情自然,笑容可掬,这样别人就会对你产生喜爱的感觉了。

——卡耐基

3. 身体姿势

简单的身体姿势和动作也能传达信息。在日常生活中,我们经常采用身体姿势或身体动作来与别人交流信息、传达情感。例如,摆手表示制止或否定;搓手或拽衣领表示紧张;拍脑袋表示自责;耸肩表示不以为然或无可奈何。触摸也能表达一定的情感和信息,因而也常被人们用作沟通的方式。但是,身体的接触或触摸是受一定社会规则和文化习俗限制的。身体语言大致可分为以下四类。

(1) 象征

不同民族、不同文化背景的人们通常对身体姿势和动作有不同的理解,他们约定俗成的身体语言也具有不同的象征意义。例如,有的地方用点头表示不同意,用摇头表示同意,而大多数地区对此的象征意义正好相反。

(2) 说明

身体姿势或身体动作常常作为语言沟通的补充说明。

(3) 调节

身体姿势或身体动作在沟通过程中能够起到调节作用,强化或弱化沟通者传达的意义、节奏和情感。

(4) 情感表露

在沟通中,沟通者的坐姿、站姿、走姿等也传达很多信息,特别是情感信息。例如,情感亲密的人坐在一起的时候就会面对面,形成一个包围的小圈子,以排除外来人的干扰或介入;而相互憎恨的人之间的动作则大大不同,他们往往会有更高的说话声调,动作会比较激烈等。

人们在讲话时常配以手势、表情。如高兴时,手舞足蹈;愤怒时,握紧双拳或拍案而起;表示敢做敢当时,用手拍胸脯;表示懊悔时,拍大腿;手指轻敲桌面是由于内心烦躁不安;手指发颤是内心不安、吃惊的表现;手臂交叉可能是一定程度的警觉、对抗的表示。

在社会生活中,人们还常用一些约定俗成的手势来代替语言行为,例如,招手表示让对方过来;摆手表示不要或禁止;挥手表示再见或致意;竖大拇指表示第一或称赞;伸小指表示最小或厌恶;摊开双手表示无能为力;鼓掌表示赞扬或欢迎;等等。若男性喜欢夹杂着手势说话,说明这个人多少有点骄傲自持,一旦别人持相反意见,便容易生气。若是女性喜欢用手势表达,则一般意味着她个性活泼,喜欢照顾别人。

握手,是人们经常用到的一种手势,由于交际背景不同,彼此关系的性质不同,同样是握手却传递着不同的信息。美国著名盲人女作家海伦·凯勒(Helen Keller)曾写道:"我所接触过的手,虽然无音,却极有表现性。有的人握手能拒人千里,我握着他们冷冰冰的指尖,就像和凛冽的北风握手一样。也有些人的手充满阳光,他们握住你的手,使你感到温暖。"海伦·凯勒把握手带给人的感觉表述得很精彩。事实的确如此,握手的力量、姿势、时间长短能够表达出握手人的不同态度和思想感情。

例如,主动伸出手,显得热情大方,是性格外向的人,可以认为他不仅有丰富的社交经验和交际能力,而且有较强的自信心;相反,出手慢则表示不情愿、冷漠或者害羞。紧握对方的手,眼睛看着他的脸,对方会感到你从心底里尊敬他、欢迎他;相反,如果轻轻握着对方的手,眼睛又看着其他人,如此漫不经心的握手显得轻狂、不真诚,对方会感到难受、不满。握手十分用力,而且时间较长,表明对对方感情很深,或者是有某种需要。

通过握手传递某种微妙的信息,有时甚至胜过有声的语言,具有很强的感染力。例如,朋友的亲属去世了,你前去探望,虽然相对无言,但两手相握(有时甚至是两双手紧紧地握在一起),彼此心照不宣,你对于死者的怀念,对朋友的安慰之情,对方已经心领神会了。再如,与好友离别时,彼此握住对方的手,叮咛、话别,直到列车开动了才依依不舍地松手,这样很自然地就把自己惜别的深情注入对方的心田,留下了永难忘却的美好回忆。

触摸是指通过皮肤的接触进行沟通的一种方式。研究表明,皮肤接触与心理状态有密切关系,接触对方身体可以起到巨大的心理沟通作用。如婴幼儿与母亲的皮肤接触能使婴幼儿有十足的安全感;恋人之间的皮肤接触会产生亲密与爱意感;多年不见的好友不期而遇,双方紧紧地拥抱在一起,充分表达了多年不见的思念、往日的情感、相见的兴奋与激动。

人体触摸所表达的情感归纳起来主要有以下三点。一是表示亲近、关系密切;二是表明一种关怀和服务,如医患之间的触摸;三是表明爱意。当朋友或同事的亲属去世时,如何安慰对方?此时大多通过触摸的方式来进行沟通。通常情况下,都是默默地站在朋友的身旁,紧紧地握住对方的手或双手搭在对方的肩上,这种触摸能使失去亲人的人感受到同情、安慰和关切。一个病人来到门诊部,医生如果在询问病情时用手轻轻地触摸一下病人的额头,既了解了患者的体温,又会使病人感到关切和良好的服务。

以上罗列了一些常见的肢体动作及其象征意义。人的体态语言并不神秘,其实,在日常生活中,有许多体态语言是我们所熟知的,只不过我们很多人只是无意识地做出反应而没有认真想过。

🛎 【小贴士】

实验发现,肢体语言通常是一个人下意识的举动,很少具有欺骗性。

眯着眼:不同意,厌恶,发怒,不欣赏,蔑视,鄙夷

来回走动:发脾气,受挫,不安

扭绞双手:紧张,不安或害怕

向前倾:注意或感兴趣

懒散地坐在椅中:无聊或轻松一下

抬头挺胸:自信,果断

坐在椅子边上:不安,厌烦,或提高警觉

坐不安稳:不安,厌烦,紧张或者是提高警觉

正视对方:友善,诚恳,外向,有安全感,自信,笃定,期待

避免目光接触:冷漠,逃避,漠视,没有安全感,消极,恐惧或紧张等

点头:同意或者表示明白了,听懂了

摇头:不同意,震惊或不相信

晃动拳头:愤怒或富攻击性

鼓掌:赞成或高兴,兴奋

打呵欠:厌烦,无聊

手指交叉:好运

轻拍肩背:鼓励,恭喜或安慰

搔头:困惑或急躁

笑:同意或满意,肯定,默许

咬嘴唇:紧张,害怕或焦虑,忍耐

抖脚:紧张,困惑,忐忑

抱臂:漠视,不欣赏,旁观心态

眉毛上扬:不相信或惊讶,蔑视,意外

(二) 交际空间

在非语言符号系统中,交际空间是一种特殊的无声语言,对人们传达情感和思想、建立关系具有重要的作用。若想与他人顺利交往,懂得对方的空间语言是十分必要的。缺乏对他人空间语言的了解,势必会引起误会和争执。例如,在阅览室里,当你发现某个座位上放着一块手帕或一本书时,你就会自动地寻找另一个座位,因为那个座位上的东西无声地暗示了已有人占用了这个座位,如果你视而不见硬去强占,定会引起物主的反感与

恼怒。

　　交际空间的远近受文化背景的影响。一般而言，在个人要求的空间范围方面，中国人和日本人(甚至大多数亚洲人)要比西方人小得多。中国人在与西方人交往时，总认为西方人与他们的身体距离拉得过大，使人感到不好接触，不那么友善。

　　交际空间的远近因性别而异。男人需要的"安全圈"要比女人大一些，特别是同性之间更是如此。相形之下，女人的"戒心"不强，在大街上她们更喜欢拉手搭肩而行，甚至是陌生人之间，都可以表现得亲亲热热。若干男人处于一间小屋里，会令他们焦躁不安，情绪易于冲动；而同等数目的女性，依然在那间屋子里，反而会使她们的关系更加亲密融洽。女性往往靠在她喜欢的人的旁边，而男性则选择在他喜欢的人对面坐着；女性最反感陌生人坐在自己旁边，男性则最不喜欢陌生人占据自己对面的位置。

　　交际空间的远近受到场所的制约。例如，在非常拥挤的公共汽车上或繁华的闹市中，人们不存在私有和公有空间，素不相识的人挤挨在一起。但是，此时人们常常会把视线转移到别的地方，一般不会四目相对，从而达到自己心理上自我意识的空间。

　　最主要的是，人与人之间的交际空间远近因双方关系亲疏不同而各异。两个陌生人之间的交际空间比两个熟人之间的交际空间远；关系一般的人交往比好朋友会站得远；一般同志关系的人交往会比情人幽会站得远。此外，两个人的关系不同，选择的方位也不一样。两个人如果是合作办事，往往会站在一边；相反，两个竞争者往往是面对面站立的。在谈判中，双方代表总是分别坐在桌子的两边。

　　美国心理学家霍尔教授把一般人常用距离划分为亲密的距离、私人的距离、社会的距离、一般的距离四种不同情况。

1. 亲密的距离

　　亲密的距离、即亲昵区，在0～0.45米之间，这种距离通常是在极亲密的亲人和朋友之间。

2. 私人的距离

　　私人的距离、即亲近区，在0.45～1.20米之间，朋友间非正式接触，两个熟人在街上遇到停下来聊聊天，常采用这种距离。

3. 社会的距离

　　社会的距离、即社会区，在1.20～3.00米之间，这种距离通常在人们处理非个人事务时采用，例如，接见外来的并不很熟的客人，家庭主妇礼貌地见店员或送货员；这种距离也用于较正式的社交和业务往来，一个公司经理常用一张大办公桌与职员保持这种距离，表示高人一等。在办公室中接待来宾也常保持这种距离。

　　一般的距离(即公众区)是正式场合公开讲话的距离，如老师对学生讲话，或者领导人对部下讲话，常采用这种距离。

(三)辅助语言和类语言

辅助语言或称副语言,是指语言的非词语方面,它包括发声系统的各个要素:音质、音量、声调、语速、节奏等。它所关心的是事物如何被说出来,而不是说什么。它是语言表达的一部分,不是语言的词语本身。在人际沟通中,辅助语言对于提高语言表述的意义和艺术性具有十分明显的作用,它可以表达语言本身所不能表达的情绪状态和态度。

在日常生活中,有时我们要形成对于一个人的印象,在很大程度上是根据对他的讲话声音的感知,特别是在缺乏视觉信息时。打电话就是很典型的情境。打电话时,对方的声音是决定我们对他印象的关键。这时,对方说什么固然重要,但是他怎么说,如他的音调、节奏、音量大小以及语气等,同样对印象的形成具有很大影响。我们可以从他的声音中判断出他的性别、年龄、当时的情绪状态,甚至判断出他的才能、兴趣、外貌和人格特质。虽然这种判断常常不够准确,但是,当我们接触陌生人时,还是会不由自主地从他的声音来评价这个人。

一般来讲,人们会放大声音谈话,以便在远处或吵闹场合能被听到;在生气时人们会大声讲话;在充满爱意时则轻声低语,在悲哀时音调低沉、吐字慢;在快乐、害怕或紧张时可能语速比较快;而在不确定或强调重点时,语速比较慢。一个人在想掩饰什么时,有时会不由自主地降低声音或故意说得含糊不清;有时则故作镇静,反而提高声音。

在什么场合,同什么人谈话,应采用什么语调,是快是慢,是高是低,是缓和是犀利,产生的效果会很不相同。请看下面几句话,其中划线处表示重音。

我知道你会唱歌(别人不知道你会唱歌)。

我知道你会唱歌(你不要瞒着我了)。

我知道你会唱歌(别人会不会唱歌我不知道)。

我知道你会唱歌(你怎么说不会呢)。

我知道你会唱歌(会不会唱戏我不知道)。

由上述可见,不同的重音表达着不同的含义。

类语言是指无固定意义的发音。如说话中的停顿、咳嗽、哭声、笑声、叹息、呻吟以及各种叫声。类语言对于语言意义的表达和情感意义的表露影响很大。

(四)装饰性符号系统

装饰性符号系统主要包括衣着、颜色、气味等方面。俗话说:"人凭衣裳马凭鞍"。同样一个人,穿着粗俗不堪不会给人以美感,而针对自己的身材、年龄、性别、身份等特点精心选择合适的服饰,会使人平添几分风采,在交往中留下良好的第一印象。

衣着的选择会传达出某种信息,在人际沟通中,人们会根据一个人穿着的方式来辨别一个人的职业、出身、家境,而且还通过衣着来判断对方的性格、人品、情绪和作风。过去,人们往往认为穿西装、佩领带的人很风流,穿牛仔裤的人十分开放,穿所谓奇装异服的人不正经。

当然,衣着确实具有一定的心理学与美学意义。一般来说,深沉、稳重的人,穿戴比较庄重、大方;活泼开放的人,穿戴往往新颖别致。但是,没有绝对的标准,人们根据自己所处的文化背景、生活条件,个人的审美价值定向和爱好做出不同的选择。无论如何,衣着都在一定程度上反映着人的心理特征和社会特征,在一定程度上影响着人际沟通。

颜色在人际沟通中也有一定的作用。颜色包括人的肤色、装饰物的色泽和环境的色调。在种族歧视的社会里,肤色是影响人际沟通的一个重要因素。不同肤色的人种沟通的效果与同一肤色的人种沟通的效果很不相同。

不仅如此,由于受社会文化和个人理解的影响,人们还给不同颜色赋予了不同的含义。如在我国,红色是吉庆、热情的象征,同时,因为血是红色,红色意味着流血,引申为革命。绿色一般是生长中的植物的主色,因此绿色代表着活力、生长、宁静、青春。蓝色是天空和深水的颜色,能给人静止、平缓、安定、忧郁等感觉,同时因为冰雪常给人以浅蓝色的错觉,蓝色也有冰凉的含义。而黑色来自黑暗体验,使人感到神秘、恐怖、空虚、绝望,有精神压抑感。

与颜色相联系的光线,对人际沟通也有一定的影响。在不同的色泽、光强度下,人们的心理反应是不同的,沟通行为和效果也就不同。一般而言,选择在光线柔和之处并搭配优美轻松的音乐,其沟通效果最佳。

在人际沟通中,交际者身上的气味对对方的心理感受也有很大影响。人们往往对狐臭者、口臭者、汗味重者,或者口中散发大蒜、生葱味道的人敬而远之。在人际沟通中的自我修饰也是必要的,庄重得体、适合时宜的化妆修饰既显示自尊自爱,也是对对方友好尊重的表示。

"爱美之心,人皆有之。"人际沟通中,美感是第一吸引因素。沟通者都希望对方是完美的,无论是容貌服饰、言谈举止,还是个人道德修养。然而事实并非如此,世上才高八斗、貌若潘安的人毕竟是少而又少,大多数人都是普通人。要符合大众审美标准,被别人接受和欢迎,就要加强自我修饰,不断完善自己。

容貌修饰一般有两种方法,一种是整容,一种是化妆。整容效果显著,一劳永逸,但是风险大,费用高,个人不能完成。化妆则简单易行,成本较低,又无毁容风险,是广大女士喜欢采用的一种自我修饰方法。

化妆的目的是为了使自己容貌更美丽,所以要扬长避短,突出优点,修饰不足。化妆的基本原则是和谐自然,整洁雅致,要符合自己的年龄、身份、职业,要考虑妆后参与的场合。如果是日妆或者是工作妆,宜淡不宜浓,宜自然不宜夸张,不能浓妆艳抹,弄得面目全非。唐人"却嫌脂粉污颜色,淡扫蛾眉朝至尊"之说就是对淡妆的肯定,化妆的最高境界就是了无痕迹。

一般而言,非语言沟通比语言沟通能更丰富、自然、亲切、准确、细微地反映出表达者的心理状态。两者在不同的场合和条件下,各自的重要性是不同的。在需要用语言交流的情境中,如阐述思想、传递信息和传授知识时,唯有语言才能够准确、详细、深刻和明晰地表达所要传递的信息。但要自然、亲切、真实、丰富、细致入微和感人肺腑地表达某种情感、态度、需要时,非语言的形式则更为合适。不过,在更多的情况下,语言沟通和非语言沟通是彼此配合、相得益彰的。严格说来,两者是不能截然分开的。在语言沟通过程中,必然伴随着非语言沟通,不论是有意还是无意。

二、非语言沟通的运用

非语言沟通在沟通中的所占比例较大,表明了非语言行为比语言本身传递的信息量更大,而且更可信、更有效。那么在实际交往中,准确解读和运用好非语言沟通以达到最佳的沟通效果就显得十分重要了。

(一)非语言沟通的态度要求

非语言沟通在整个人际沟通中占有十分重要的地位,即使是语言沟通,有时也要通过表情、动作等非语言行为来体现沟通内容。为了达到更好的沟通效果应采取以下态度。

1. 自然、放松、大方

非语言行为的运用,说到底是为了配合语言进行更好的沟通。要达到这个目的,沟通时首先应做到自然、放松、大方。只有这样,才能使信息、情感真实地流露出来,沟通双方也才能较准确地捕获和把握彼此的信息和情感。如果非语言行为运用的扭曲变形,或装腔作势,该用时不用,不该用时乱用,那都将会是滑稽可笑的。

2. 相互尊重、礼貌待人

我国古代思想家墨子提出过"兼相爱,交相利"的交往原则,意思就是说,人们在交往中要相互尊重、互惠互利。人作为社会的主体,展现自我、追求认同的欲望是普遍存在的心理需求,但展现自我需要控制在大家的自尊心能够承受的限度之内,也就是说,要想展现自我、追求认同,必须尊重他人,以礼相待。只有这样,才能更好地展现自我,追求他人的认同,以实现有效沟通。因此,在沟通中,不管用何种非语言行为,都应以相互尊重、礼貌待人为基础。

3. 坦诚、平等

美国社会心理学家曾以问卷的形式做过社会调查,问卷结果表明,人们评价最集中、也最喜欢的人是真诚的人。这个实验的普遍意义在于,它揭示了在社会活动中,人们总是喜爱那些坦诚可靠的人这个心理规律。也就是说在人际交往中,我们运用非语言行为进行沟通时,应该做到坦率、真诚,把自己真实的需要传递给对方。

沟通双方要坦率相待。因为就沟通本身来讲,沟通双方的地位都是平等的。要想运用非语言行为达到预期的沟通效果,就要把心态放正,以平等的态度对待沟通的对象,才能实现有效沟通;盛气凌人,欲把自己的信息、情感强加于沟通对象,都是不利于沟通的。

李可:足球是最好的沟通语言

昨天 26 岁的入籍球员李可首次以"国脚"身份出现在媒体记者面前,他也成为第一位操着英语接受记者采访的中国国脚。关于与球队其他成员的交流问题成为媒体关注的热点,李可的回答充满智慧,他说,"足球是世界上最好的语言。我和队友、教练间没有沟通的障碍。"

在 4 日国足本期集训首堂公开训练课开始前,里皮按惯例成为全队首个接受媒体采访的代表。而次日,接受采访的换成了李可。李可是中国男足历史上首位入籍球员,他也由此成为足记们追逐的"焦点"。

被新闻官召唤到媒体区域前,李可一面小跑一面整理训练服的衣领。很显然,他格外重视此次在媒体面前亮相的机会——这是 26 岁的后腰球员首次身披中国队队服接受媒体采访。而从对话内容来看,李可做了精心准备。

在被问及首披中国队球衣的感受时,李可回答说,"我感到非常荣幸,非常骄傲。穿上这件球衣让我和我的家人无比骄傲。"

尽管中、英两国有 7 个小时时差,但在确认入选中国队后,李可仍迫不及待地将喜讯通过电话告诉远在英国的母亲,毕竟他的终极目标是代表国足参加世界杯。李可说,"对我来说,我的第一步梦想的确实现了。"

在 5 日的采访过程中,国足意大利语翻译吴扬彬始终陪伴在李可身旁。算上吴扬彬,国足共有 4 名意大利语翻译。球队虽然没有特聘英语翻译,但因为 4 名意大利语翻译本身的语言天赋出众,且吴扬彬也能熟练掌握包括英语等多种外语,因此有他相伴,李可能够对媒体清晰表达自己的所思所想所感。

那么,在平日的训练、生活中,李可与国足团队成员有没有交流障碍呢?李可给出了否定的答案。他解释说,"足球本身就是一种语言。在俱乐部和国家队,我可以用英语与队友交流。而在场上,我们都可以利用足球来进行沟通。"

李可对于国足的训练氛围也非常满意。他还回忆说,在 5 日上午的球队首度合练中,里皮安排他到自己喜欢的场上位置上。对于里皮,李可也是格外钦佩。他说,"和主教练已经有了很好的交流。今天上午是第一次合练,主教练给我安排的位置很熟悉。每场训练,我都希望有所进步,也希望从队友身上学到东西。"李可还透露,他个人最中意的球衣号码是 8 号,那是一个标准的主力中场号码。

资料来源:http://www.sohu.com/a/318838019_148781.2019-06-06.

(二) 如何给对方留下美好的第一印象

好的第一印象会赢得对方的信任并愿意以合作的态度与你沟通。故此,初次沟通时应注意以下几点。

(1) 表情热情诚恳、自然大方,切忌大大咧咧或漫不经心,或紧张局促。
(2) 通常坐姿是两膝靠拢,切忌两腿叉开或跷"二郎腿"。
(3) 谈话时眼睛直视对方,切忌东张西望。
(4) 说话时音量应柔和而低沉,尽可能不要高亢、激昂。
(5) 用语言交谈时应偶尔做些自然的手势,切忌指手画脚,更不能指着对方鼻子说话。
(6) 说话的语速要适中。
(7) 衣着要得体,颜色搭配适宜,装束要符合沟通场合。

(三) 说话语气及音色的运用

在人际沟通过程中,语言传递的信息、思想、情感所占的比例是不同的,更多的信息、情感是通过肢体语言传递给对方的。所谓的肢体语言不仅包括动作、表情等,还反映在你说话的音色和音量及必要的抑扬顿挫上。如一句话中你想突出某一地方或某一内容,就应强调其中的一个字,加重其语气;还可以把这个字说得时间长些,如"他不会这样做的",把"他"读的时间长些并重读,表达的意思是:他不会这样做,别人有可能这样做。

(四) 眼睛的表情达意

眼睛是"心灵的窗户",是内心的透视镜。人际沟通中肯定要有目光的接触和交流,如何运用眼睛表情达意进行沟通呢?应根据沟通对象和沟通场合的不同,决定沟通时用什么方式注视对方的恰当部位。

1. 商务式

商务式沟通一般都很正规,故此目光要注视对方的双眼以上到额头的三角区域内。这样表明了既在认真听,又不失威严。

2. 社交式

社交式沟通大多发生在礼仪式场合。这种场合下的沟通,目光一般应注视对方的嘴与双眼之间的三角区域。这种目光给人一种平和的姿态,很容易被对方接受。

3. 亲密式

亲密式沟通,主要发生在感情亲密的人之间。这时的沟通目光大多停留在眼睛至胸部之间的区域内,过高或过低都会使对方不好意思或不知所措。

(五)如何运用面部表情进行沟通

运用好面部表情有助于沟通的顺利进行,达到预期的沟通效果。通常面部表情主要有喜、怒、哀、乐四种。一般情况下,把握好这四种面部表情就能应对大多的沟通场合。

1. 喜的面部表情的运用

喜的面部表情是极易在面部表现出来的。俗话说:"人逢喜事精神爽",说的就是当人遇到喜事时,面部显现出的轻松、愉快、精神十足。在实际沟通中,要想表现欢喜的内心,首先要放松面部肌肉,舒展额头,眉毛轻轻上扬,眼睛微眯,嘴角微微上翘。当然,这几种面部动作的运用有一个幅度问题,一般情况下幅度越大,表情越丰富,表现出的内心喜悦情绪越强烈,具体应该用多大的幅度来表现内心的喜悦应根据情景来确定。

2. 怒的面部表情的运用

生气时,人们常常会表现出愤怒的面部表情。像面部肌肉紧张、额眉紧锁,怒目圆睁、嘴微微张开、喘息急促、嘴角微微颤动等都属于发怒的面部表情。在实际沟通中,我们应尽可能地降低怒的幅度,以实现顺利沟通。

3. 哀的面部表情的运用

当人们遇到悲痛、伤心之事或遇有挫折时,如背上了十分沉重的负担。这时,在其脸部就会自然而然地表现出一种悲哀的面部表情,如眉毛、眼角、嘴角都微微下垂,面部肌肉也呈松懈状态。在实际沟通中遇有这类场景时,要根据沟通的目的,灵活运用哀的面部表情。

4. 乐的面部表情的运用

喜到了一定的程度就会成为乐。当你遇到特别高兴的事,仅仅用喜很难表现这种激动的心情时,在你的脸部就会"喜笑颜开",肌肉会更加放松,额眉更加舒展,双眼会眯成一道细缝,嘴半张开,嘴角也会上扬。要根据沟通实际情况,适度运用乐的面部表情。

(六)手的动作语言的运用

在沟通中,手的动作运用十分普遍。要恰当地运用好各种手势以达到顺利沟通的目的,必须掌握以下几点。

1. 了解手掌行为沟通的作用

手掌的行为是一种沟通作用很强的肢体语言,一般表现为掌心向上、掌心向下和手掌合拢伸出食指三种情况。

(1)掌心向上,表示坦诚、服从,不会给沟通对象任何压力和威胁感。

(2)掌心向下,表示一种优越感和控制欲,易给沟通对象造成高高在上或命令的感觉。

(3)手掌合拢伸出食指,代表指责、压制或者命令。这种手掌行为易使对方自尊心受到伤害,在沟通中慎用。

以上三种手掌行为的运用要根据不同的沟通对象和沟通目的来选择。

2. 正确运用大拇指

(1) 手臂交叉于胸前,大拇指朝上,表示既有防卫意识,又很高傲的感觉,易给对方造成保持较大距离的感觉。

(2) 双手插兜,拇指外露,表示有主见,不会轻易被对方所左右,并且有支配和操纵他人的欲望。

(3) 拇指指向身旁或身后的人或物时,含有嘲弄的意味,有时有人谈到自己高兴的事情时,也会以此手势来表示个人的荣耀。

(4) 拇指和食指相捻,并且不断地摩擦,是谈论金钱时常见的一种信号。一般情况下,很少使用这种盲目的非语言动作。

3. 掌握握手的技巧

握手是最常见的非语言沟通方式,不同的握手方式表示了不同的沟通目的。沟通中要依据不同情况和对象,选择与之相应的、恰当的握手方式。

4. 其他手部姿势的灵活运用

(1) 摩拳擦掌,表示一种急切的心情,是一种积极期待的肢体语言。

(2) 双手交叉相握,掌心相扣,是克服负面影响的一种非语言信号。两手相抵,呈塔形,是一种自信的心理暗示。塔形向上,一般用于发表意见时;塔形向下,一般用于倾听时。

(3) 倒背双手,双手在背后交叉相握,一般表现为自信、狂妄。一只手握住另一只手的腕、肘、臂部,表示自己极力克制着某种感情;握的部位越高,表示心情越紧张。

(4) 双手抱头,双手交叉放于脑后,表示某种强烈的优越感或者自信心。

(5) 掳起手腕,露出腕部,是一种积极的心理暗示,以显示自己的实力或威信。

【小贴士】

下面介绍一些手势的含义,在讲话时穿插一些正确的手势,可以为你增添几分风采。

仰手式。即掌心向上,拇指张开,其余几指微曲。手抬高表示欢欣赞美,手部平放表示诚恳地征求听众意见,手部降低表示无可奈何。

覆手式。即掌心向下,这是在有必要抑制听众情绪时以达到控制场面的目的而做的手势。

切手式。即手掌挺直全部展开,手指并拢,像斧子劈,表示果断、坚决、快刀斩乱麻等。

啄手式。即手指并拢呈簸箕形,指尖向着听众。这种手势具有强烈针对性、暗示性,但容易形成挑衅、威胁,一般只有演说某种关联时才使用。

剪手式。五指并拢,手掌挺直,掌心向下,左右两手同时运用,随着有声语言左右分开,表示强烈拒绝。

手抓式。五指稍弯、分开、开口向上,这种手势主要用来吸引听众,控制大厅气氛。

手压式。手臂自然伸直,掌心向下,手掌一下一下向下压去。当听众情绪激动时,可用这种手势平息。

抚身式,五指自然并拢,抚摸自己身体的某一部分。以这种手势把手放在胸前,往往成为一些演讲者的习惯手势。双手抚胸表示沉思、谦逊、反躬自问。如果抚头表示懊恼、回忆等。

挥手式。手举过头挥动,表示兴奋、致意,双手同时挥动表示热情致意。

拳举式。单手或双手握拳,平举胸前,表示示威、报复。高举过肩或挥动、或直捶、或斜击,表示愤怒、呐喊等。这种手势有较大的排他性,演讲中不宜多用。

资料来源:http://www.docin.com/p-1837738829.html. 2017-01-20。

(七)选择恰当的礼品

馈赠是人际交往中表达感情的常用方式。一份得体的礼品,可以传递对他人的尊重、祝福、关心、喜爱和谢意等多种信息。人与人之间,单位与单位之间,国家与国家之间,馈赠都是必不可少的。从传情达意到扶贫济困,从人际沟通到国际关系,馈赠起着十分重要的作用。如何馈赠才能达到最佳效果呢?

"宝剑赠英雄,红粉赠佳人"。赠送礼品要根据不同对象进行精心挑选或制作。只有礼品选择的合适,才能让受礼者感觉愉快幸福,从而达到馈赠的目的。

1. 选择恰当的礼品和赠送方式

要注意对方的品位和兴趣。如果对方爱好收藏,可以为其选择一些精美独特、别具一格的礼品,或者直接赠送收藏品;如果对方喜欢体育运动,可以赠送一些体育用品,也可以赠送有品牌或有纪念意义的运动服装。若对方是一位绝对的音乐发烧友的话,不妨选几张精品光碟赠之。如有可能,赠音乐会的门票也是很不错的,但一定要品位高。总之要投其所好、物予识家。否则,给从不喝茶的人送碧螺春,给从不沾酒的人送人头马,把姚明的球衣给从来不看篮球的人,馈赠的意义就不大了。虽然馈赠是一种礼仪形式,但毕竟也是传情达意的手段。

赠送礼品的方式有四种:当面赠送、邮寄赠送、托礼品公司赠送、托别人赠送。

2. 馈赠应该注意的问题

(1) 赠送别人礼品应该包装起来,而且要尽量精美一些,既显示出赠送者的精心细致,又显示出对受赠者的重视,让对方感到馈赠的情谊。

(2) 赠送物品时一定要把礼品上的价格标签除去。现在有人赠送礼品不但不去除标签,而且还带上发票,或者告诉对方"不适合可以去换",这样的做法是失礼的。

(3) 赠送礼品时要采用站姿，双手递送，面带微笑。如果用一只手塞过去，或者扔过去，看也不看对方会让对方感到被轻视。

　　(4) 语言要得体。"这是我家里多余的""没花几个钱也不是什么好东西"，这样的说法极不合适。

　　(5) 礼金最好用专用袋或信封装起来，不能当面清点。

　　(6) 不要将自己不喜欢的物品赠送他人。

　　(7) 送鲜花要注意花语。我国常见的花语有：红玫瑰象征爱情，水仙花象征吉祥如意，牡丹花象征富贵，康乃馨象征母爱、健康，满天星表示纯真、幸运，白百合表示纯洁、可爱，金百合表示信赖、安全、幸福，百合花还有百年好合之意。萱草表示勿忘我，梅花象征坚强、刚毅，向日葵象征光明、自由，荷花象征高洁、纯真，兰花表示正气，海棠花表示苦恋，万年青表示友谊长存，杜鹃花表示前程万里……懂得了花语，送鲜花时才不会闹出误会。

　　(8) 注意谐音禁忌。不要给年长多病之人送钟表，"钟"与"终"谐音；不要给参加比赛的人送书，"书"与"输"谐音；不要给新婚夫妇送梨，"梨"与"离"谐音；不要给好朋友送伞，"伞"与"散"谐音。

　　(9) 不要给有生理缺陷的人送他们无法使用的东西，这样会伤害他人。不要送带有威胁之意的物品，如刀、剪刀之类。

　　(10) 送礼时不要超越与对方的实际关系。如果男性上司给女秘书送上一套法兰绒内衣，就显得暧昧。

【复习思考题】

　　1. 如何恰当地选用空间和距离进行沟通？
　　2. 结合实际谈谈非语言沟通的态度要求。

【情景模拟】

　　(1) 将学员分成两人一组，让他们互相介绍自己，但是整个介绍期间不得有任何语言形式的交流。学员们可以使用非语言类的一切形式，比如动作、表情、手势、画图、目光，等等。就这样交谈2分钟，然后让双方口头介绍一下采用肢体语言了解到的对方的情况，与实际情况相对照，看看是否属实。

　　(2) 请一位学员来协助游戏，给他看事前准备好的一张图。告诉其他学员，这个学员将为他们描述这张图的内容，请他们按照这个学员的描述把内容画出来。

　　要求：

　　① 请学员背向大家站立，避免与别人的眼神和表情进行交流。他只能做出口头描述，不能有任何手势或动作。其他学员也不能提问，一切听从上面学员的指挥。游戏完毕后将图片展示给大家看，让大家校对自己的图画得是否正确。

② 请另一位学员上台做这个游戏,但这次允许大家双向交流,看看结果怎么样。

(3) 将同学分为两人一组,每组自行设计话题和自己扮演角色的身份及两个人之间的关系。话题时间不超过 5 分钟,但要在教室前方公开进行。其他同学从专业的角度对参与者的站姿、手势、表情、眼神、交际空间、辅助语言等方面进行分析与探讨。

拓展阅读 2.1
表情包沟通,尽在不言中

第三章

人际沟通的基本原则与技巧

【学习目标】
1. 掌握人际交往的基本原则,掌握最基本的人际沟通技巧。
2. 能够运用有效的方法克服自身人际沟通的障碍。

【技能要求】
1. 能够对自身进行合理客观的分析,总结出个人在人际沟通上存在的障碍。
2. 以自身为样本运用书中所陈述的方法尝试克服自身所存在的障碍。

党员干部要守住"交往关"

"近朱者赤,近墨者黑。"作为一名党员干部,要守住自身的交往关,交际交往中必须要坚持原则、讲究规矩,要不断净化、纯洁自己的社交圈、生活圈、朋友圈。

人际交往贯穿于党员干部生活工作中的方方面面,交往的对象来自社会的各个阶层,交往圈子会不断影响着党员干部的思想和行为,交往过程也会充斥各种各样的诱惑和陷阱,这就要求党员干部要不忘初心、牢记使命,坚定理想信念,坚持原则,守住底线,正确处理交往中所遇到的问题,避免掉进利益权势制造的"关系网"。

党员干部在交往中要谨言慎行,慎独慎微,防患于未然。党员干部要具备正确处理各种交往关系的能力,不要随意发表不符合自己身份的言论,不要碍于情面而放弃自己的原则,不因小利而放松警惕;坚持从群众中来,到群众中去,当好人民的公仆,全心全意为人民服务。

党员干部在交往中要养成良好的交往习惯,以正能量影响和引导他人。正常健康的人际交往会让党员干部获益良多,要勤于学习与思考,和外界保持对话和沟通,开阔自己的眼界,避免故步自封。善于与人打交道,善于结交朋友,与正直诚信的人交朋友,与光明磊落的人交朋友,与积极上进的人交朋友,真正做到守住党员干部的"交往关"。

资料来源:http://yn.people.com.cn/n2/2022/0312/c212284-35171082.html. 2022-03-12.

第一节 人际沟通原则的内涵和意义

沟通(Communication),指的是人们相互分享信息、思想以及情感的过程。这种沟通过程不仅包含了口头语言及书面语言,同时还包含了人的肢体语言,个人生活习惯和生活方式及不同的生活环境等这些能够赋予信息含义的任何东西。

沟通是一种相互作用,不仅仅包括身体方面的相互沟通,还包括心灵方面的相互沟通:相互之间的印象是在参与沟通者的头脑中通过沟通形成的,人们对另一个人的所思和所想直接影响着他们之间的沟通。人际沟通的原则简单的概括起来是六个词,分别是:清晰、简明、准确、完整、有建设性和礼貌。

一、人际沟通原则的内涵

(一)人际之间相互作用的沟通

1. 沟通的过程具有连贯性

当我们对某个人有着非常深入的了解时,我们会在对他过去了解的基础上对他将来的所作所为进行预测。例如,皮特和马克从小便在一起,皮特非常了解马克,因此皮特不需要去向马克询问,他就知道马克一定会去听城里的歌剧,听歌剧只会坐在同一家剧院的同一个位子上;他知道马克的生活习惯不会缺席任何一场新剧的演出,因此当他听说城里的剧院要演出新剧的时候,皮特直接购买了那个座位的票送给马克,因为皮特知道马克一定会去听的,他们从来都是一起去的。

当我们在生活中初次见到某人时,我们会根据过去在脑中留下的记忆形成经验来对眼前的人形成初次评估,从而做出相应的反应。观察他的外表及长相;从他的穿着来对其职业进行猜测;甚至因为听到相熟的名字而对眼前某人的评价产生影响。

对将来的期待会影响你与他人的沟通。当你希望与某人的关系能够继续时,你会表达一些你的想法或者做出一些行为举止,用来确保你们之间的关系将会得到继续和保持。当你不想再与某人有任何瓜葛或者希望限制相互之间对彼此的影响时,你会更加倾向于公事公办的处理方式并且将个人生活完全从你们的交集中剔除出去。

2. 参与沟通的过程是同步并且相互连续的

沟通的过程并不在乎你是否发出声音从而寻求回应以及帮助,无论何时何地何种情形,你都参与到了信息的相互沟通中。例如,挑选衣物时举棋不定的眼神,略显慌乱和怀疑的表情都在向销售员表示出你的犹豫,你在寻找能够帮助你做决定的人。而销售员接收到了你的求助,他看见了你并向你走来,询问你是否需要他的帮助,当倾听意见的时候,可以通过语言以及肢体的动作表明是否接受。当销售员推荐其他款式和颜色的时候,你所想到的是整套衣物穿在身上的整体效果,朋友的评价,父母的看法以及是否会在路上遇见撞衫,等等。人在相当复杂的条件下不间断地进行着同步且连续的沟通。

【小贴士】

将自己的热忱与经验融入谈话中,是打动人的速简方法,也是必然要件。如果你对自己的话不感兴趣,怎能期望他人感动。

——戴尔·卡内基

3. 沟通中我们所扮演的不同角色

在沟通面前,所有的人都是角色的扮演者。例如,你扮演着女儿的角色,父母眼里你乖巧懂事,循规蹈矩;在朋友眼里你幽默诙谐;在老师眼里你是他的学生,你可能认真上进;在老板眼里,你可能是优秀的员工,努力并且值得信赖和托付。

角色关系在相互沟通中并非是一成不变的,角色会因为周遭环境的变化而变化,但是,我们在沟通中所扮演的某些角色会对自身行为习惯产生一定的影响。

例如,杰克的职业是律师,这使他高效严格的要求自己的工作并且控制自己的言行。回到家后杰克同样是三个孩子的父亲,孩子们非常了解他们的父亲,因此在家时,孩子们礼貌而规矩,很少打闹,孩子有时甚至会躲开他们的父亲,这样的情况与家庭环境格格不入。

(二)人际之间文化上的沟通

文化是精神窗口,不仅仅只是物质上所带来的不同,也不仅仅是地理位置上所带来的不同,那些文化含义中所包含的因素组合成相互影响的方式,不断地对一个人社会背景及经济地位进行影响,它们明确了你的生活方式,形成了你的认知和观念。

明白了文化的含义,便很容易理解文化之间的沟通是十分必要的。当两种不相同的文化遇见相互碰撞在一起的时候,其中产生的大量的信息需要被双方文化成员进行修饰加工,最后能够做到相互尊重以及理解和包容。这时,跨文化沟通就是非常必要的。

1. 认识并且理解自己的文化归属

如今绝大多数大学里的学生成长在纯粹的东方家庭里面,除了偶尔能在街上遇见来自不同国度的人,不过基本上没有与他们进行私人沟通。但是,随着社会的不断发展,科技的不断进步,我们拥有越来越多的机会接触其他文化。网络世界使人之间的距离越来越小,我们可以通过电话、传真、电子邮件、互联网等媒介与整个世界进行联系。

在这样的情形下,你是否仍要坚持自己原有的价值观以及生活方式,又或者你渴望着另一种完全不同的生活方式,进入一种完全不同生活环境,接受一种完全不同的宗教信仰,甚至你想结交的朋友、更改的专业、渴慕的行业,这些决定都受到你种族以及文化社会地位层次的影响,这些因素在不断地影响着你,决定着你的个人定位。

2. 正确的解决沟通的不信任问题和误解、错误问题

在跨文化沟通中,国家与国家之间因为历史的原因会形成不同的生活习惯,当两个不同甚至可能相反的文化相互碰撞时难免会出现沟通上的误解或错误。这些误解和错误又造成了双方之间的不信任,这些问题的起因都根源于相互之间的恐惧和陌生。

想要跨越文化障碍的沟通,必须用真诚、积极、开放的心去解决因误解和错误导致的不信任问题,这样便有助于建立一个从尊重、容忍、接受、改变到信任的框架,想要获得信任必须通过对知识的理解才能得到。

3. 不断对自身文明的品质以及文化进行提升

想要真正了解外来文化首先要让自身具有良好的文化素养。在面对外来文化时,既不需要妄自菲薄,也不能够骄傲自大。正确而良好的沟通必须建立在相互尊重的基础上,因为相互尊重所以公平,因为公平所以信任。当你对展现在面前的新的文化有了独到的见解或者领悟到其中独有的智慧时,你的文明品质就有了相应的提升。

(三) 人际之间道德上的沟通

诚实、令人欢喜和为他人的权利着想的沟通就是道德上的沟通。想要诚实的沟通,沟通者必须讲述真相;想要令人欢喜的沟通,沟通者则必须考虑到对方的情感;想要成功的沟通,就必须尊重对方应得的权利。但是,在某些时候,诚实和令人欢喜的沟通是相互矛盾的。

例如,珍妮今天穿上了一件新买的昂贵的裙子,她问好朋友莉莉:"我穿上好看吗?"即便这条裙子真的不适合她,莉莉同样认为不好看,也不应当直接告诉她。这种沟通被称为"善意的谎言",即为了不伤害另一方感情而选择不告知或者换一种方式告知对方实情。

如果莉莉说"非常好看",这便是撒谎,若是说"不好看"会伤害对方的感情。这种情况下,我们可以换一种方式告知珍妮,可以说:"珍妮,你真的非常有眼光,裙子真不错,不过可能不太适合现在的你。"这样一来,我们既表达出了裙子不适合珍妮,也没有撒谎来伤害朋友的感情。

二、坚持人际沟通原则的意义

人际沟通的原则就如同人生理想的指路牌,指引着我们用不同的生活习惯、待人处事的方法为自身在社会中开拓生存空间。正确有效地建立沟通有利于我们在人际沟通中规范自身的言谈举止,不断地对自身人格进行完善;更有利于我们对不同沟通对象进行正确的鉴别,寻找到适合自己的朋友,从而确定自己人生的道路。

第二节　人际沟通的主要原则

一、自我尊重原则

自我，指的是如何看待和感受自己。我是谁？我是否是他人说的那样？我是否在肯定或者否定自己？这些是最困难也是最深刻的能够自问的问题。我们对这些问题的回答取决于我们如何看待自己，同样取决于他人如何看待我们。

人们也许并不了解完整、真实的你，人们了解的或许只是我们扮演的一部分角色。对于不同的人我们会得到不同的评价，人们只是按照其所关心或者需要的条件来相互评价。而我们对于自我的感觉则来自于与他人的沟通，你所属的团体会告诉你什么才是合乎规范的行为。

你接受的文化态度和信念程度将决定你怎样看待自己。在庞杂的社会环境中不要迷失了自我，尊重自身文化修养，尊重自身文化价值观，尊重自身所处环境，这样才能公平地进行人际沟通。因此，对自我的尊重是人际交往原则中最重要的一点。

📌【小贴士】

尊重生命、尊重他人、也尊重自己的生命，是生命进程中的伴随物，也是心理健康的一个条件。

——弗洛姆

二、尊重他人原则

要想得到他人的尊重就必须尊重他人。尊重他人、获得他人的认可也是人际沟通的原则之一。所有人都会有偏见，这是与生俱来的特性，人在不同的环境中长大会有不同的价值观及人生体验。想要进行正确有效的人际沟通，我们就必须设法改善自己，提高自己了解他人、接受他人、包容他人的能力。尊重他人、获得他人认可可以从以下几个方面出发。

1. 尊重他人的价值观

例如，在少数民族地区，我们应当尊重当地人民的信仰和宗教，尊重少数民族的生活习惯以及文化风俗，从而建立良好的沟通，获得认可。

2. 尊重他人应有的权利

如在司法体系中，受害人有通过上诉维护自身利益的权利，而嫌疑人同样有进行辩护的权利，这在沟通中体现了公平的效力。

3. 接受多元化的存在，减少人群中不必要的误解

通过不同的媒介尽可能多地摄取多元化的知识，从而减少误解，增加沟通的顺畅。

4. 沟通时使用包容性而不是排外的语言

例如，使用"各位来宾"作为开头来称呼到场的每一位嘉宾，而不是使用大多数出席者的性别或者国籍和种族来进行称呼。

5. 反省不经意间对他人表达出的偏见以及世俗观念和行为方式

跨越障碍，建立健康人际关系

近日，联勤保障部队峨眉康复疗养中心组织心理专家走进驻地周边部队，为官兵普及心理健康知识，针对性进行心理疏导。心理专家根据访谈情况，总结了几条建议，分享给战友们。

在人际交往中提升幸福感

【镜头回放】 心理专家在某部宣讲时，年轻的机关干部小王说，他不知道如何更好地与人相处，感觉自己在单位没有知心朋友。

【心理解码】 心理咨询师孙小英通过《人际交往能力自测量表》，对小王进行了测试，结果显示小王人际交往能力较低，社交质量不高，主要表现在人际交往关系界限不清、不善于表达。孙小英介绍，良好的人际关系能满足个体的情感需求，有助于提升个人安全感，强化工作幸福感。官兵在与人交往时，可注意以下几点：

培养积极的交流心态。有的战友在人际交往中容易出现"你行，我不行"的自卑心理。这种消极心理不仅会打击自信心，还可能影响战友关系和团队凝聚力。官兵在交往过程中，应互相尊重、互相欣赏，树立"你行，我也行"的积极心态，建立良性的交往关系。可以通过自我暗示的方法提升自信心，如面对镜子用简洁有力的语言肯定自己。

掌握一定的交流技巧。人际交往应以尊重对方意愿为前提。官兵在交往中要掌握分寸，多站在对方的角度思考问题。和战友沟通交流时，集中精力倾听对方的谈话内容，并适当做出回应。同时，注意控制关系界限，在交流中"自我暴露"要适当。"自我暴露"就是向别人说心里话。如果不顾对方的情绪，不分时间、场合倾诉，会给对方带来心理压力。

构建合理的情绪宣泄渠道。长时间大量积压负性情绪，会减弱心理的"天然抵抗力"。当官兵出现愤怒等不良情绪时，可以通过运动、听音乐、读书等方式，将注意力从不良情绪中转移出来。还可尝试"延迟愤怒法"，深吸一口气，心中默数5秒，待心情平静后再解决问题。如果立即发泄怒气，会使愤怒情绪延长。

在自我成长中增强自信心

【镜头回放】 某旅战士小刘在个体访谈中说，父母在他读小学时离婚了，他从小和母亲一起生活,几乎所有事情都由母亲决定。来到军营后,他感觉自己什么都做不好,总是在心里反复责备自己。

【心理解码】 心理咨询师王丽峰说,小刘的成长过程缺失父亲的责任教育,在母亲无微不至地关爱下,他的自我成长欲望没有得到满足,缺少成就感的积累,遇到困难时容易产生挫败感,久而久之便萌发出"自己什么都做不好"的不合理认知。

王丽峰介绍,在父爱缺失或过度溺爱家庭中长大的孩子,可能会缺少勇敢、自信的品质。这种情况下,可以尝试用"空椅子倾诉"模拟自己和他人的对话,卸下心理负担,勇敢表达内心的真实想法,重拾成长的勇气与自信。模拟对象可以是父母、朋友、战友,甚至是想象中的自己。

具体做法是:面对面摆放两张空椅子,坐在一张椅子上扮演现实中的自己,坐在另一张椅子上扮演他人,让自己与他人展开对话。通过扮演不同的角色,站在不同角度考虑问题,从而更好地认识自己、理解他人。

性格偏内向、不善于表达的战友还可以写"成长日记",在日记本上记录每天发生的事情或引起情绪波动的内容,以及自己的内心感受。这种方式有助于宣泄负性情绪,比较客观地分析自己的心理状态,进而培养积极的心态。

在团队协作中建立归属感

【镜头回放】 在个体访谈中,大学生士兵小张说自己来到军营一段时间后,还没有很好地适应新的环境,感觉自己缺乏归属感。

【心理解码】 心理咨询师周佳俊对小张进行心理咨询后得知,小张经常因为一些小事与战友发生冲突,遇到问题时,不是想办法和大家一起解决,而是先找别人的错误。长期如此,战友们渐渐疏远了他。访谈过程中,周佳俊通过认知疗法让小张意识到自己的问题,感悟集体的重要性,并建议小张多参加集体活动,培养合作意识。

周佳俊介绍,归属感是人们希望被群体接纳的情感需求,能提供积极的心理支持。缺乏归属感易引发焦虑情绪,不利于个体成长和集体凝聚力培养。战友们可通过以下措施强化归属感:

善于发现战友的闪光点。寻找别人的优势,并真诚表达出来,有助于拉近人与人之间的距离,建立良好的人际关系。

遇到难题主动想办法解决。如果与战友产生分歧,甚至出现冲突,可以先深吸一口气,屏气4秒后再呼气。通过反复深呼吸,将注意力从关注情绪状态转移到思考解决办法上来。

建立稳定的情感联结。学会共情式沟通,即能理解他人的情绪、情感,并做出恰当的回应。交往时要坦诚相待,在互帮互助过程中建立信任联结和情感联结,从而强化集体归属感。

资料来源:http://military.people.com.cn/n1/2021/0523/c1011-32110848.html. 2021-05-23.

【小贴士】

施于人，但不要使对方有受施的感觉。帮助人，但给予对方最高的尊重。这是助人的艺术，也是仁爱的情操。

——刘墉

三、诚实守信原则

诚实与真诚，就是自身的想法和言行保持一致，不弄虚作假，不两面三刀，真诚地面对与他人之间的沟通，诚实地交换相互之间的信息，遵守与他人之间的承诺，使之不受外力的影响，加深人际沟通之间的信任。诚信有以下现实意义。

1. 诚信是法律规范出的道德

诚信是由法律所规范出的道德，是纳入法律保护的条件，在特别的环境下因违反诚信而对他人造成伤害要为此承担相应的法律责任。

2. 诚信是支撑整个社会的道德支点

无论是社会交往还是人际沟通，建立的基础就是双方的诚信，在诚信的基础上才能建立良性的人际沟通。

3. 诚信是治国之计

古有"千金难买季布一诺"的故事，如今建立诚信制度也是立国之本。大到国与国之间的交往谈判，小到人与人之间的沟通，只有真诚守信地完成各自应负起的责任和义务，才能增加彼此之间的信任。

大一新生人际交友最担心，师兄师姐教你非暴力沟通

北京师范大学心理学部针对大一新生所做的一项调查显示，在同学们对大学生活最担心和顾虑的话题中，"人际交友"占比最高，达71%。

对于即将踏入大学校园的小萌新生来说，崭新的大学生活帷幕即将拉开，在兴奋、期待之余，是不是也有些小紧张？根据北师大心理学部近日针对大一新生所做的调查问卷显示，在对接下来的大学生活最担心和顾虑的话题中，"人际交友"占比最高，高达71%。

具体来说，大家担心的有：

我能不能和新同学建立友谊？如何和师兄师姐交流？好害怕麻烦到他人。

能否和宿舍室友相处融洽？有分歧怎么办？

不知道怎么开始集体生活，能不能迅速适应新的环境？

更多的同学则是用"宿舍关系""南北差异"这样简单的关键词来表达担心。如果你感

到迷茫和焦虑,不如先看看北师大心理学部即将进入大二、大三的师兄师姐怎么说吧!

李鑫锴(2019级):

初次来到北方,住进集体宿舍,感觉跟我之前的生活差异很大。最有感触的是开空调问题。

9月份,北京还比较燥热,我经常把空调调到21℃,享受最极致的凉爽,而室友中有4个北方人,不适应吹冷风。北京本地室友意见最大,经常在我不注意的时候调高温度,或关闭空调。白天的一丝燥热尚可接受,但到了夜晚,我经常会被热醒。

这样一来,空调问题开始由南北差异升级为宿舍矛盾,困扰了我们很多日日夜夜。最终,我向室友们提议,针对空调的开关以及温度问题制定一个规定。大家相互让步之后得出结果:睡觉前温度开低一点,在21~25℃,整体入睡时开睡眠风,温度开到26℃,在空调风口觉得冷的同学盖被子,远离空调觉得热的同学开静音小风扇。

对于我来说,我合理地表达了我的诉求,问题得到了解决,也不会影响到与室友的关系。

李金娃(2020级):

没上大学前,我感觉自己是个很内向的人,不好意思看别人的眼睛,不好意思请别人帮忙,也有点不好意思跟异性交流。特别是报名参加社团的时候,忐忑不安,心想,我这样的社恐人士真能"存活"下来吗?

事实证明,经过了大一,我不仅"存活"了下来,而且还变得格外开朗和外向,我无比庆幸当初没有回避社交。

在心理热线部门,我遇到了很多与我特质相同的同学,跟他们的日常相处十分温暖而放松,我们会一起共情、研讨来电、关心彼此、分享八卦,相互排忧解难、出谋划策。

在即兴戏剧社"椰丝团",我体会到了即兴创造的魅力,享受大家一起迸发灵感,碰撞火花的过程。每一次都笑到脸痛,意犹未尽,一周的烦心事好像都飞走了。

或许师弟师妹们也会像我之前一样,担心自己在人际交往方面会出现困难,其实看到这里,你可以稍微放心啦!因为很多改变都是悄悄进行的,不妨去尝试迈开第一步,可能会有意料之外的收获。

张海茹(2020级):

关于人际交友,我想强调的是:尊重和别人的差异,允许他人自由表达,也要捍卫自己自由表达的权利。所以,一定要学会感受我们的情绪和需求,并且勇敢地表达出来。

这并不是自私,而是强调每一段关系当中,"自我"都是非常重要的。可能会有不少同学担心:如果我说出自己的不满,会不会影响和室友之间的关系?比如,假如室友经常熬夜,导致我们无法睡觉,那我们就需要表达不满的情绪和需求,而不能因为担心得罪人而不敢说。

除了有勇气,还要采取比较合理的方式说出自己的诉求,而这样的我们因为足够真实,也才能交到真正的朋友。

心理教师反馈:

几位学长现身说法,也是从不同视角证明,无论你是何种个性、特征,可能都会遇到一定程度的人际适应上的挑战,但是只要带着勇气和真诚去面对,最终也能适应。不过,有时候"适应"不意味着按照你的理想方式解决,而只是意味着学会带着问题前进,意味着你能主动为自己负责,承担后果,收获成长。在此可以提取一些共性的经验供大家参考。

如何开始有质量的人际关系?建议同学们尊重自己的节奏,同时适当跳出舒适区。

相对内向的同学,建议从小事做起,慢慢适应,尝试找一个能聊得来的同学去交朋友。在尴尬、胆怯、不知所措的时候,有个小妙方不妨试下:直接表达你的处境"我不知道该怎么说好""我有点紧张""我可能需要一点时间想想再说",附加上万能的语气词"额""嗯""啊这",还可以加上摸脑袋、绞手指,别忘了,相比于躲在一个没有社交的场合自闭,这样的你已经有很大的进步,也能让他人看见真实而可爱的你。

渐渐地,比较有共同点的同学就可以找到彼此、相互取暖,如果能知道自己不孤独、不是唯一的战斗者,这本身就能很好地减缓焦虑。

如何化解冲突和矛盾?以上面李鑫锴和张海茹两位同学为例,展示的是非暴力沟通在解决实际问题的魅力,核心是尊重自己、尊重他人、尊重情境。

我们通常强调在关系中要学会合作、配合,懂得包容、尊重他人,这对很多习惯自我中心的同学,是尤其需要注意和提升的。但对很多害怕冲突的同学,他们往往容易忽略掉的就是尊重自己,不敢或不愿表达自己的真实情绪,这样容易压抑自己的一些正当的需求。如果我们有情绪却总是不及时的表达,可能会积攒成一个大的矛盾,最终也会破坏关系。这里要强调前提是"正当的需求"和"合理的表达"。

学会设立合理的目标。对于人际交往,我们要有合理的期待,不必抱着"和每一个人都无话不谈""每个人都喜欢我"的想法。此外,要学会建立适度的人际边界和空间,比如不必期待所有活动都要拉上你在意的某个人一起去。虽然每个人都有倾诉欲与分享欲,但是其实接受者可以很多,不一定要把所有的期待捆绑在某个人身上。我们要逐渐学会独处与独立生活,认真过好自己的生活。

什么样的人际距离才合适?我感觉这不是预先设想出来的,而是在实际交往中,由双方的感觉、性格决定的。我们越开放、坦诚,关系自然就会相对紧密,完全互不打扰的关系也没啥意义。大家不要害怕求助,在自己感到极度不适应、并且不知道如何应对的时候,可以主动地跟父母师长、师兄师姐或者同学进行沟通交流,感觉严重、紧急的时候,还可以求助学校的咨询中心或热线。

tips:非暴力沟通

美国心理学家马歇尔·卢森堡博士提出的与暴力相对的沟通方式,核心是不被情绪干扰,倾听和理解彼此底层的心理需求,强调表达感受和需求,用情感作联结,让人与人之间自然、本真的关爱在相互理解和尊重中流动,最终突破困难和偏见,推动和达成双方接受的结果。

它包含四个要素,分别是:如实观察、感受情绪、体会需要、表达请求。

非暴力沟通能把人从负面情绪中解脱出来,专注于自己与他人的感受。有个万能的表达公式就是:我感觉(情绪、感受),是因为(观察到的事实),我希望(需求、请求)。这个句式可以随着个人风格和实际情境拆开使用,不必机械照搬,核心是要做到三个尊重,就是尊重自己、尊重他人、尊重情境。

以"开空调"这个冲突为例,沟通者可以这样说:"我感觉有点儿不舒服,是因为你没有和我商量就把空调关了。我理解你可能觉得冷,我怕热,你怕冷……在我看来没有对错,如果不是热得特别难受,我也会尽量不开,尊重你的感受。我希望以后如果是30℃以上的气温,能不能用调节空调温度和风速的方式,来达成我们都能接受的状态,而不是直接关空调,你看可以吗?或者你有更好的解决办法吗?"

资料来源:http://edu.people.com.cn/n1/2021/0924/c1006-32235092.html. 2021-09-24.

【小贴士】
人类最不道德的是不诚实与怯懦。

——高尔基

四、主动沟通原则

在人际交往中,我们总是表现出避免冲突、极容易被说服、容易受到外界威吓、在沟通时过分的注重取悦对方的想法从而隐藏自己对问题的真实想法和感受。这表示我们在沟通中害怕失去对方的关怀,对自己有着过低的评价,在这种情况下人们会采取逃避的姿态被动地面对外界的沟通信息。

我们应当克服上述的弊端,尽自己最大努力勇敢面对冲突,积极寻找解决方案。在争论中坚持自身观点,对自身合理的想法和行为予以肯定;客观地面对外界提供的沟通信息,不刻意为讨好对方而做出与自身意愿相违背的决定;在面对问题及激烈讨论时,大胆主动地提出自身看法和感受,主动地、积极地面对外界给予的沟通,将人际沟通的主动权掌握在自己手里。想培养出主动沟通的习惯有以下几点建议。

(1) 主动向需要帮助的人提供力所能及的帮助。
(2) 主动与想要获得的资源和信息源取得及时的联系。
(3) 主动在自身不懂的前提下询问他人以获得指点。
(4) 主动对他人给予的帮助反馈相应的信息。
(5) 主动承担应当肩负的责任。

别让网络削弱现实社交，如何迈出人际交往第一步？

"我的骨髓里有一种东西，那就是孤独。我的心是结冰的江面，我像孤舟中的老翁，在江面上独钓，其中的滋味，只有我自己能懂。"

这是不久前，本报中学生版收到的一位初中女生的投稿。性格内向、沉默的作者，渴望被集体接纳，却不知如何主动与同学交往。直到在一次月考中取得年级第一的成绩，她才找到了这个突破口。

曾任中国心理协会副理事长的上海师范大学心理学教授卢家楣表示，青少年群体之间的社交是人社会化的重要过程，关系到青少年的身心健康和今后学业、事业发展。

本报编辑部派出记者去采访部分中学生和相关的专家，希望能为遇到人际交往方面压力和困惑的中学生们提供建议，让他们更顺畅地迈出人际交往的第一步。

别让网络交流削弱现实社交的能力

中青报·中青网记者在采访中发现，不少中学生遇到了人际交往方面的压力和困惑。

初二学生小邱注意到，身边不少同学在线上、线下好像两个人。高三学生平平说，有的同学现实中不太主动，但在网上会更"真实"一点，"感觉他们有自己的小圈子，QQ空间出现的评论很多都来自网友"。

高二学生世同也感觉到这种现象比较普遍。大家在"二次元"里更容易找到兴趣相投的人，有的甚至光是追星的粉丝讨论群就有七八个。他觉得，网络社交比起日常交集轻松很多，在社交网络已经可以满足社交需求的情况下，大部分人可能不愿主动迈出舒适区，尤其是性格比较内向的人。"有点像恶性循环，越封闭就越找不到话题。与其难以融入，不如选择自己一个人。"

全民上网的时代，中学生的社交生活正在发生变化。

团中央与中国互联网信息中心2020年5月联合发布的《2019年全国未成年人互联网使用情况研究报告》（下称《报告》）显示，2019年我国未成年人互联网普及率达到93.1%，32.9%的小学生网民在学龄前就开始使用互联网。

《报告》显示，初中是未成年人网络社会属性形成的关键期。初中生在网上聊天、使用社交网站、逛微博、逛论坛、看新闻、购物等各类社会化活动的比例相比小学生显著增长。如初中生上网聊天、使用社交网站查看或回复好友状态的比例，分别比小学生高31.5%和29.8%。

网络社交意味着什么？上海外国语大学附属浦东外国语学校心理教师蔡丹艺分析，网络社交一方面能拉近人际交往的距离，尤其有利于日常生活中不善言辞的人；但人在网络交流时难以注意到别人的感受,如果无所顾忌,还会伤害到他人。

"网络再方便,也不能只通过网络交流。"蔡丹艺说,网络交流只能通过语言文字,而现实交流传递的情感是连贯的,话语、表情和身体语言都能传递情绪,"两个好朋友坐在一起,哪怕不说话,依然感觉状态是美好的"。

曾任中国心理协会副理事长的上海师范大学心理学教授卢家楣表示,青少年产生社交焦虑(或称社交恐惧)可能由内部、外部多个因素导致,网络是外部因素之一。"现在经常出现这种情况:家庭聚会时孩子们都在低头看手机,不愿意和长辈沟通,甚至吃饭还要催着。这是因为青少年习惯于沉浸在网络空间,不自觉地减少了实际交流的兴趣,社交能力在萎缩。"

由卢家楣主编、国内百名心理学专家撰写的《青少年心理十万个为什么》就该问题给出建议:教育者要引导孩子认清网络交友的利弊,关注孩子在现实交往中是否遇到困难。可以鼓励孩子从简单表达内心感受开始,试着渐渐向家人朋友敞开心扉;主动组织家庭间聚会等活动;引导孩子在旅行、兴趣班、社会实践活动中拓展交友圈。

孩子自信心的源泉,是父母发自内心的悦纳

小邱在和同学交流时惊讶地发现,有的成绩非常优秀、被大家所"敬仰"的"学霸",竟然总是觉得自己做得不够好,觉得难以融入集体,主要原因就是缺乏自信。"他们渴望被集体接纳,却不会跟父母或老师说,连跟同学倾诉都很少,好像只能沉浸在网络世界或者学习的海洋中,不知道还能做什么。"

在心理咨询中,蔡丹艺接触过不少这样的孩子。她认为,这与孩子本身性格有关,也与家庭教育情况密不可分。"家长总是期待孩子开朗、外向,比如孩子最好从小就能主动和人打招呼。但人的性格难以彻底改头换面,越是让孩子做违反本性的事,孩子内心越是紧张、有压力,或者即使勉强做了也达不到家长的要求。长此以往,孩子人际交往的自信和底气削弱,更不容易往开朗、外向的方向发展。"

蔡丹艺说,自信是人对自己的肯定和接纳,小学、初中阶段的孩子,自信心建立根本上来自家庭;长大一些以后,可以通过思考自我改善。曾有位各方面都很优秀的学生在心理咨询室告诉她:无论是学习成绩,还是弹琴、画画,总有别人超过我,我觉得自己一无是处;这样的话我只能在这里说,如果在班上说,一定会被认为是在"凡尔赛"式炫耀。

"有这样的思路,就是因为孩子从小总被父母提要求。家长也会鼓励、肯定,但总是悬一个很高的目标,孩子永远都达不成,需要更努力。"蔡丹艺用近期的热门电影《你好,李焕英》打比方:女主角从小成绩不好,也不漂亮,但妈妈只希望她健康、快乐、能过得好,这就是发自内心的欣赏和接纳。"发自内心的悦纳是很难伪装的,而孩子往往敏感,能在父母的评价中觉察到微妙的态度不同。"

卢家楣分析,除了网络因素,学校、家庭教育对孩子分数的过度关注、忽视社交能力培养也是导致其社交障碍的外部原因。同时,这与青少年的经历、认知、情感等内部因素有着千丝万缕的关系。调查显示,社交上不愉快的经历,往往成为青少年社交障碍的诱因和起点;他们也因此容易在认知上产生负性思维,倾向于捕捉到他人言行举止中的负性信息,或作出负面解释。在情感上,有社交障碍的孩子往往自信心不足、有自卑感,或者自尊感过强。

"青少年还有一些特有的思维特点,比如总觉得别人在关注他/她,脸上长了痘痘都很紧张,这是'聚光灯效应';还有'闭锁性',有什么事情总是埋在心里,或者自我强化负性情感体验,久而久之就越来越不自信。"卢家楣说,教育者可以用一些小技巧帮助孩子培养自信,比如教师在课堂上让学生回答有把握的简单问题,多一些口头鼓励,让孩子获得成功体验,并帮助他们不断强化这种正向情感。

卸下压力,允许自己当一个在路边鼓掌的人

中学生应该怎样迈出人际交往的第一步?

小邱说,她向往的社交状态是大家各抒己见,没必要强行跟着某一方的思路走,平等而舒适地交流。两位高中生分享了自己在社交中从不自信到自信的经历,共同点是加强"钝感力"。平平说,她曾经很担心自己说错话,后来读了《被讨厌的勇气》,尝试"假装自己是个很自信的人",结果真的变自信了。

世同则建议,可以在团体中试试做一些意见输出,不必太介意别人的不同看法,"只要自己不尴尬,尴尬的就是别人"。他认为,从习惯性附和到主动输出意见,是一个十分有效的转变,"比如我,一开始都是别人约着出去玩,慢慢也学会自己组织活动了,就像游戏里的小辅助一下子变成输出了。"

卢家楣告诉记者,过分注意周围人的评价,是青少年在认知方面的特点。在中学阶段,孩子在意同伴的看法,甚至超过父母和老师。"比如父母希望孩子多吃一点、身体健壮一些,孩子却追求苗条、要节食,就是因为同伴群体中的外貌评判标准和家长不一样。"

卢家楣说,青少年要走出社交障碍并不困难,可以学习一些普遍性的人际交往技巧。比如,与人交谈态度要大方;对他人善意的表示要积极呼应;在讨论场合不要总是畏缩,找到机会就讲出来,哪怕只讲一小点,也会让人印象"加分"。而教育者可以创造机会,让孩子循序渐进地暴露在让他们害怕的社交场合,比如让上课发言容易紧张的孩子在课堂上讲一两句话,让孩子跟害怕交往的人远距离接触,等等。

蔡丹艺提醒,青少年固然需要培养一定的人际交往能力,家长、教师和社会也应该接纳不同性格的人,青少年则要学会探寻内心、接纳自己。"现代生活节奏快、社会竞争激烈,家长从自己的生活工作体验出发,觉得孩子只有热情外向才能被人看见、才能占优势,但其实很多成功人士都是内向性格的人,他们内心丰富、善于思考,只是表达方式不一样。"

在心理咨询中，蔡丹艺遇到不少对自己社交状态不满的孩子，他们人缘没那么好，羡慕那些落落大方、受欢迎的核心人物，向往受人瞩目的"高光"时刻，自己的性格却是封闭、内向的，所以总有压力。她曾帮一位低年级孩子做沙盘演练，让他发现自己内心真正向往的舒适状态，其实是独处的、安静的，只需要一两个朋友。

"其实，要维持有很多朋友的状态，需要付出大量时间精力，独处思考的时间就少了，那不一定是你内心真正向往的。要找到让自己放松、舒服的状态，允许自己在人群中当一个在路边鼓掌的人，而不是非要当跑道上的第一名。"蔡丹艺说。

资料来源：http://yn.people.com.cn/n2/2021/0419/c378440-34681861.html. 2021-04-19.

【小贴士】
高度的自尊心不是骄傲、自大或缺乏自我批评精神的同义词。自尊心强的人不是认为自己比别人优越，而只是对自己有信心，相信自己能够克服自己的缺点。

——伊·谢·科恩

第三节　影响沟通的主要障碍

一、沟通意识上的障碍

1. 沟通上表现出的成见

成见是对一个群体甚至是一种文化的看法过于简单或扭曲。成见的问题在于，一旦固定的成见在人的脑海中建立起来，就很难将其改变。有时成见的存在并非故意，而是下意识的，这样的成见更难以丢弃，因为它们不容易被我们正常的意识所捕捉，所以很难被发现。

因为存在成见，人们通常会从确定成见的一方提取信息，而不是否定的一方，这样一来使这种成见更加根深蒂固地生长于我们的脑海里。为了改掉它们，应当首先用意识捕捉到它们，然后获得对应的信息进行抵消。

2. 沟通上表达出的偏见

偏见是在极少或者没有经验的基础上对某一种文化群体所保持的否定态度。成见会告诉我们那个群体是什么样的，偏见会告诉我们怎样理解这个群体。在成见和偏见之下，一切都不是从真实的角度出发，而是从外界环境得到的信息甚至是在虚构、幻想的条件下得到错误信息。为了排除偏见，我们应当以事实为行动依据对问题进行感受，从而建立起正确的观念。

3. 沟通上呈现的歧视

歧视是人们排斥、避开其他群体或个人并对其保持距离的公然行为。歧视比成见和偏见更进一步。当你通过肢体或者行为对某个人进行歧视的时候,就是人际间歧视;当大量的个体或者群体进行歧视的时候就是集体歧视;当歧视涉及企业或者机构的时候就是机构歧视。若是某群体不向特定群体提供相应的服务,就是具有代表性的机构歧视。

二、沟通行动上的障碍

1. 有充分的背景信息

绝大部分的倾听者往往都有这样的感受,对于正在进行或者即将开始的对话,自己并没有掌握足够完整的背景信息,所以部分倾听者希望能够从倾听中找出这些信息。

2. 对沟通信息进行选择性记忆

有的人喜欢得到对方的夸奖,却听不进一点批评;有的只听到了对方的抱怨,却过滤掉了对他的表扬。我们的大脑总是趋向记下或听到我们想要的信息,却忽视了更重要的信息。

3. 对获得的信息产生厌烦

大脑思考的水平是平常讲话的 4～5 倍。如果你能在对方讲话的前几秒中猜到对方的讲话内容,你便会对他所讲的心不在焉了。当你回过神来的时候,你已经错过了重要的开头部分,对方已经在讲你没有猜到的部分了,因此你错过了开头,便不能全面地理解对方的观点了。

4. 沟通中进行挑刺儿

有许多人在人际沟通中一边听对方讲话,一边从中寻找例子来对对方的话语进行反驳。如果这样做,我们完全无法真正理解对方的想法。甚至有时候人们会沉浸在这样的反驳中,完全忽视了对方接下来所呈现出的沟通信息,因此会错过重要的内容,对人际沟通产生不利的影响。

5. 语言障碍

因为各种语言差异,以及每个人平日里使用习惯的不同,会给人造成非常严重的障碍。语言的障碍往往使双方产生误解从而引发争执,沟通中可能会因不良的说话习惯再次导致误解和错误,引发双方激烈的抗辩和对立,从而偏离正确的沟通,产生间隙。

人工智能助力冬奥信息沟通无障碍

北京冬残奥会迎来倒计时 100 天,从 2019 年底启动的北京市无障碍环境建设专项行动也进入收官阶段。科大讯飞高级副总裁杜兰透露,和往届奥运会相比,2022 年北京冬奥会及冬残奥会将成为历史上首届沟通无障碍奥运会。

记者了解到,为助力来自世界各地参赛选手语言沟通无障碍,科大讯飞自2019年成为官方自动语音转换与翻译独家供应商后,也一直以AI的名义在无障碍功能建设方面发挥作用,积极提倡以人工智能为冬奥赋能。除了为赛事提供语音识别、语音合成、机器翻译等产品和服务外,科大讯飞也将沟通无障碍作为逐梦冬奥的目标,致力于让视障人士听得见奥运文字,帮助听障人士看得见奥运"声音"。

　　据介绍,让盲人听得见奥运文字将通过科大讯飞虚拟主播来实现。虚拟主播集成多语种识别、自然语言理解、机器翻译、虚拟形象等核心技术,形成一站式视频生产和编辑服务的能力,可以合成世界各国运动员的形象,并可支持31种语种和方言,做到嘴型、面部微表情全对应,替代真人进行全天候播报。

　　另外,冬奥会举办期间,为保障听障人士全程参与本次盛会,讯飞听见将为重大赛事提供全程字幕上屏支持。讯飞听见将赛事现场的声音传输到同传中进行语音转文字的处理,并将最终合成的转写和翻译画面返送回现场公屏,通过调整优化页面布局,帮助听障人士实时了解冬奥现场最新情况。

　　资料来源:http://bj.people.com.cn/n2/2021/1125/c82840-35021564.html.2021-11-25.

6. 怎样合理地处理沟通意识上的障碍

　　为了使沟通能够准确地进行,信息的发送者必须与信息的接受者按照相同的意识进行沟通。你不能只通过阅读、观察或者提问来克服沟通上存在的意识障碍。克服这些障碍的方法有许多种,你可以找一个来自另一种文化的人,询问你们是否能够就克服这些沟通障碍的问题进行一下交谈。以此作为自己的切入点,询问一些提前准备好并且确认的问题,这样能够更好地帮助你对对方有深入的理解,进而能够通过对方初步理解其背后的文化。你所提的问题可以如下。

　　(1) 你(指对方)或者你所在文化中的其他人是如何应对以及适应不熟悉的文化环境的?

　　(2) 拥有其他文化的成员与你所在的文化中的成员能够开展沟通的最好方式是什么?

　　(3) 哪些因素能够提高人际沟通中的有效性?

　　(4) 如果双方因沟通上的障碍发生了冲突,能够最成功地进行调节的方法是什么?

　　(5) 对你来说不同文化之间的沟通所发生的最严重的冲突是什么?

　　(6) 当你已经接受并适应了对方的文化时,你感到自身曾经做过的最严重的冒犯是什么?

　　克服障碍的另一种方法是自愿加入其他文化中,通过身体力行进入他们的团体服务中。一旦处于这样的环境,将会更加愿意去观察不同文化意识的人是如何与他人进行沟通的。你将发现由此获得的知识和理解与自身所付出的努力相比是值得的。

第四节　人际沟通中的技巧

一、做一位善听者

人际沟通是双向的,对其处理的正确,交流就会逐渐地活跃起来。倾听,指的是接受我们听到的信息,并在头脑里进行组织加工用以理解信息的意义的过程。它是沟通过程中极为重要的一部分。如果世上没有倾听,无论讲话者讲得多么透彻明白、幽默诙谐,他都无法和面前的人形成沟通和交流。

大部分人在现实中醉心于演讲和交谈的重要技能,完全忽视了倾听的技巧。有些人认为人天生就能够去倾听,但是在技巧上我们得到最多的评价往往是对方的指责:"你根本没有在听我说话!""你最好听听我想说的话!"

所以,在人际沟通中,我们应当主动倾听对方想要表达的情绪和意愿。主动倾听是倾听的最高层次,对倾听者有着极高的要求。这时沟通成了一种活跃的双向过程,需要倾听者有着高度的注意力、理解力和对获得信息的及时处理能力。倾听者不仅仅要听清倾诉者所讲的话,还要及时地对听到的信息进行复述、确认并给予相应的反馈。倾听者应当遵循"70/30"的原则,这表示的是,一个真正的倾听者要使用 70% 以上的时间进行倾听,使用不到 30% 的时间来进行交谈和反馈。

主动倾听可以促成双方之间深层次的沟通。在单向沟通中,倾听者仅仅是按照字面的意思来对接收到的信息进行理解,不进行处理也不询问澄清;而在主动倾听中,倾听者往往积极地参与对话,并能就对话的细节提出问题,这让倾诉者感觉到被理解和支持,从而愿意与倾听者分享更多的相关信息,这样一来双方就都会对谈论的问题加深认识和记忆。

主动倾听还能够潜移默化地增进人际关系。与被动倾听相比,主动倾听所花费的时间要长一些。认真投入地倾听对方遇上的麻烦,能够极大的增加双方之间的联系,主动倾听能够实现双方的相互支持和共识,能够加深沟通双方间的信任和交流。

你的主动倾听会换来对方对你的倾听。在《高效人才的习惯》一书中提到,"想要得到对方的理解,就首先要去理解别人"。当两个人意见不一致的时候,人们普遍会说:"我们的想法不同。我可以告诉你错在哪里,我有更高明的方法。"这说明人们总是希望自己是对的。但是换一种说法,情况可能就会完全不同:"不!我们有着不同的想法,你能告诉我你的想法吗?你觉得你的想法可行之处是什么呢?"这便说明了主动倾听的好处。只要我们主动倾听对方的话,他人自然也会倾听你的话。

通过一些方法我们可以成为一个主动倾听者。

(1) 倾听时表现出真诚的兴趣。

(2) 如果不完全理解，就要提问。
(3) 尽量避免对倾诉者造成干扰。
(4) 在讲话时直视对方的眼睛。
(5) 听到所有的事实之后再对整件事做出评价。
(6) 不要打断倾诉者的话语。
(7) 正确理解倾诉者向你表达出的语言信息以及非语言信息。
(8) 真诚地投入自身的感情，并对他人的感觉和情感进行辨别。
(9) 对倾诉者的信息予以及时的回应和反馈，确认信息是否准确。

大学生因人际冲突想不开？这4个方法帮助走出心理困境

王慧是一名大四的学生，刚上大学时对自己大学的生活有很多美好的期待。四年的学习生活中，王慧与同学相处时常有摩擦，最近又与相处两年的男朋友不欢而散。她觉得自己很没用，活着很累想结束生命，又想到父母养育自己不容易，应该好好地活着，因此寻求医生的帮助。心理医生诊断，王慧处于抑郁和焦虑的状态，需要服用药物来改善现在的情况。

刚进入大学，很多学生没有独立生活的经历，父母宠爱养成了自我为中心的个性，很难换位思考。来自各地不同家庭的学生住在一起，由于生活习惯和个性的不同，引发人际关系问题是很常见的。一些学生心态失衡，学业、家庭不如别人会产生自卑甚至是嫉妒心理从而引发人际冲突。

部分学生对他人抱有完美的期待，一旦期待落空，就会出现抵触甚至是攻击的行为。一部分学生由于原生家庭的问题，如父母长期关系不和谐，那么学生可能不会处理人际关系，总是以冲突的方式来解决。有的学生性格内向，喜欢独处，不喜欢与人交往。由此看来，大学生的人际冲突的原因有主观的因素，也有客观的因素。

那么，如何提高大学生人际交往能力？

1. 提高自我觉察能力，改善不良的认知

在人际上有冲突的时候，一些人会把情绪都放在争论谁对谁错上，问题就会被激化，但是如果能觉察，不断地认识自己，自我完善，从自己身上找到可能存在的问题，并且主动改善它。那么，自我认识和人际交往的能力也会不断地提高。在人际交往过程中要理解他人，从他人角度出发，学会换位思考、体谅他人。

2. 掌握人际交往的技巧，提升个人心理素质

向身边人际交往能力强的同学学习，观察别人是怎么与人交往的。他们都做了什么是你喜欢的,你应该如何去做。学会赞美他人,赞美不是虚伪,而是以事实为基础的欣赏,没有任何人喜欢被指责,赞美可能会成为成长的动力,赢得良好的人际关系。在人际交往中,尊重、真诚、站在他人的角度理解对方是人际交往的基础,学会尊重他人,以真诚的态度对待他人并且设身处地地为他人着想是需要我们努力学习的。

3. 学会控制自己的情绪,避免冲突的发生

当与他人发生矛盾的时候,要学会不用情绪处理事情。有情绪的时候,说出的话可能是不理智的,也并不是我们想表达的本意,那么学会控制自己的情绪、理智地处理当下很重要,需要在日常的生活当中进行练习。

4. 寻求专业的帮助,改善自己的困难处境

如果因为人际关系问题而对学习生活产生了困扰,可以寻求专业的帮助,学生可以到学校的心理咨询中心寻求专业的帮助。心理咨询也是特殊的人际关系,咨询本身就是人际交往的过程。所以寻求专业人员的帮助会使你摆脱困境,更好地去学习、生活。

资料来源:http://lxjk.people.cn/n1/2021/0514/c404177-32103058.html.2021-05-14.

二、沟通中真诚地表示出兴趣

双方之间的沟通要建立在礼貌互动的基础上,要记住对方的名字;在对方讲述精彩的地方予以赞扬的笑容。

人际交往是思想、情感、态度、信息和学习的交往。交流思想,一个头脑就有了多种思想;分享快乐,快乐就会加倍。在人际交往的过程中,我们给他人的印象是怎样的,以及他人怎样评价我们?认真思考这个问题,比较他人对自己的评价和自己对自己的评价的异同,将有助于我们更好地认识自己。

在我们的交往活动中,有时候两方面的评价会有一定的差距,不少人会因此而产生烦恼。这就要求我们要善于调节两方面的评价,全面提高自己的综合素质。正确的自我认识,有助于我们找到自己的社会位置,扮演好自己的社会角色。

三、人际沟通其他技巧

(一)交谈技巧

1. 言之有物

交谈的双方都想从交谈中获得自己想要的知识,增长见识,提高自身的水平。因此,交谈的内容要有观点、有内涵、有思想,不应让交谈的内容空洞无物、废话连篇,这样的交谈是不受欢迎的。没有材料作依据,没有事实作依托,任何华丽的语言都是苍白无力的。

在交谈时要明确地将自己想要说的表达出来,正确无误地传递到对方大脑里去,如此才能真正地反映出事物的客观性,贴切地表达自身的思想感情。

2. 言之有序

要根据自己想要表达的主题及中心思想,合理地设计讲话次序,安排讲话的层次,使双方的对话建立在良好的逻辑性和科学性之上。在交谈中,应当先讲什么,后讲什么,再讲什么都要提前安排好,使说话的思路清晰,布局合理,内容具有条理性。

3. 言之有礼

相互交谈时要以礼相待。礼貌地进行交谈会为整个谈话创造出愉快、轻松的环境。讲话者应当吐字清晰、态度谦逊,听话者要专心倾听,这样才能为交谈的成功奠定基础。

交谈之中向对方提问的要领。

(1)平等地看待对方,不能问让人难为情的问题。

(2)认真理解信息,不能毫无章法地进行询问。

(3)控制自身的情绪,不能在不恰当的时候提问。

(4)考虑到每个人的不同,不能问没有分寸的问题。

第二次世界大战结束后,日本许多商店人手奇缺,为减少送货任务,有的商店就将问话顺序进行了调整,将"是您自己拿回去呢,还是给您送回去"改为"是给您送回去呢,还是您自己带回去",结果大奏奇效,顾客听到后一种问法,大都说:"我自己拿回去吧。"又如,有一家咖啡店卖的可可饮料中可以加鸡蛋,售货员就常问顾客:"要加鸡蛋吗?"后来在一位人际关系专家的建议下改为:"要加一个鸡蛋,还是加两个鸡蛋?"销售额大增。

点评:在商务活动中所进行的语言沟通具有强烈的目的性,在服务性强的领域要使用易于服务对象所接受和适合服务情景的语言,同时在沟通中要有一定的语言技巧,通过语言指令影响他人行为。在上述两个事例中商家通过把握顾客心理,运用恰当的语言技巧,让顾客能够接受,取得了好的业绩,这是成功的商务沟通事件。

资料来源:http://wenku.baidu.com/view/58eb7fe5b5360b4c2e3f5727a5e9856a57122649.html.2021-08-21.

(二)批评的技巧

1. 私下批评

尽量不要当众多人的面批评对方,私下里可以向对方提出不同的看法。

2. 理解批评

对对方的行为和言语表示理解,但是对其过度的地方表示批评。

3. 安慰批评

对对方所受到的伤害和损失表示真诚的安慰,同时也指出对方的失误并进行批评。

4. 暗示批评

在特定的场合下不直接批评对方,而是以其他的方式暗示其错误及需要改正的地方。

【复习思考题】

1. 请以自己的语言对人际沟通原则的含义进行阐述。
2. 人际沟通常见的障碍有哪些?请做简要说明。
3. 我们应该如何应对人际沟通上出现的障碍?

【情景模拟】

(1) 同学们分成 3~5 人一组,结合所学的人际交往技巧,把自己成功和失败的与各类人接触的过程进行一次交流,共同分析其中的收获和体会。根据小组讨论的结果,进行一次全班性的交流,与大家一起分享。

(2) 同学们组织一次郊游、一次课外体育活动,试着与你原来不熟悉的同学沟通,体会一下你在沟通过程中都运用了哪些原则。

(3) 同学之间 3 人一组,每人列举两到三个古代人际交往的小故事,体会古人在人际交往中的技巧,并结合当代人的交往原则,讨论一下哪些已经过时了,哪些还可以继续发扬光大?

拓展阅读 3.1
虚拟社群人际交往及其互惠行为研究

第四章

良好人际关系的建立

【学习目标】

1. 了解人际关系的含义、特点,理解人际关系与人际沟通的区别与联系。
2. 掌握三种基本人际关系的沟通原则、沟通技巧,并在实际中加以运用。
3. 了解情商的概念。

【技能要求】

1. 运用三种基本人际关系的沟通原则、沟通技巧,建立良好的人际关系。
2. 利用内向性格与外向性格的积极影响,完善自己的性格。
3. 运用情商原理,理解他人情绪,做好个人情绪管理。

哈佛大学历经75年的研究,告诉你什么样的人能够获得幸福?

每个人对幸福的理解都不同,有的人认为吃饱饭就是幸福,有的人认为一家人在一起就是幸福,还有人认为拥有财富就是幸福……每个人的答案都不一样,所以好像判定幸福的方法也就不一样。

哈佛大学做过这样一个调查研究:什么样的人最幸福?这项研究持续了75年,在这期间总共追踪了724个人的人生,从他们的生活、工作、家庭等方面进行调查,虽然我们并没有亲眼看到这些人最后都活成了什么样子,甚至幸福的样子我们也不知道,但是我们可以根据报告结果了解。

在这724个人当中,截至目前为止依然还有人健在,并且他们还一直在参加这项调查。最初在进行调查时总共分为两个组别,第一组是哈佛的学生,之后调查这些学生多为战争工作;第二组是来自波士顿最贫困地区的男孩,后来也都进入了各行各业,有一位成了总统,有的人却截然相反患有精神分裂症,等等。

因为这项研究需要一直得到两组研究对象的最新情况,第一组哈佛大学的学生们能够积极地配合研究人员的调查,而另外一组则有研究对象提出这样的问题:我的生活并没有变化,为什么你们还要一直研究我呢?其实在研究的过程中,不仅只有调查问卷,还有对他们身体检查的医疗记录等,甚至家庭成员也会列入研究当中。现在这一项持续了75年并且还在进行中的研究,最终告诉我们的结果就是想要拥有健康幸福快乐的秘诀就是要有良好的人际关系。

拥有良好的人际关系会带来哪些好处?

良好的人际关系促进身心健康

如果一个人是处于一个快乐、充满爱心、互帮互助的集体当中,那么他不会是一个每天充满压力和负面情绪的人。一个好的人际关系能够让人的心情保持平和,相反不好的人际关系会让人产生焦虑抑郁的情绪,并且对身体健康也会产生不良影响。像是一些慢性病,高血压、心脏病都可能和情绪有关,所以良好的人际关系也能让人拥有愉快的心情。

良好的人际关系事半功倍

都说"众人拾柴火焰高",其实这句话就说明了在生活中你有好的人际关系,有共同帮忙的好朋友。一个人就算再有能力也不可能和一个团队相比较,所以多一个朋友就多一份力量,在你遇到挫折的时候就能就人帮助你。当然这样的人际关系并不是生活上的酒肉朋友,而是能够帮你渡过难关的朋友。

想要建立良好的人际关系,有哪些要求呢?

首先自己一定要愿意与人交流,并且在沟通的过程中能够及时调整自己出现的问题,这样也有利于沟通的继续进行。

其次一定要把握住交流的机会,并且尝试着和每个人进行交流,这样才能多方面地建立人际关系。

在一段关系当中,首先要明确自己的位置,并且在得到帮助的同时也要给予一定的回馈,这样才能维持良好的人际关系。

以上这三点,就是在建立人际关系时最基础的要求。一段好的人际关系能够让我们受益良多,反之一段不好的人际关系很有可能会影响到工作、生活、家庭甚至是身心健康,所以想要拥有幸福的关键就是要有良好的人际关系。当然这里的人际关系并不只是同事之间,也可能是家人之间,还可能是爱人之间。

资料来源:http://page.om.qq.com/page/OhKuorgY0aXNoX-J3IWBXRxw0. 2022-03-14.

第一节　人际关系的内涵

一、人际关系的含义与构成因素

（一）人际关系的含义

人际关系是一个较为复杂的社会现象，不同的学科对人际关系的理解也不同。社会学认为人际关系是指在社会关系总体中人们的直接交往关系；社会心理学认为人际关系是指人与人之间心理上的关系，表示的是心理距离的远近；行为科学认为人际关系是人与人之间的行为关系，体现的是人们社会交往和联系的状况。

（二）人际关系的构成因素

1. 认知是人际关系的前提条件

人际关系是在人与人交往过程中，通过彼此相互感知、识别和理解而建立起来的。人际关系总是从对人的认知开始的，彼此根本不认识，毫无所知，就不可能建立人际关系。人际关系的调节与认知过程是分不开的。

2. 情感是人际关系的调节因素

人际关系在心理上总是以彼此满意或不满意、喜爱或厌恶等情感状态为特征。假如没有情感因素的参与调节，其关系是不可想象的。情感因素是指与人的需要相联系的体验，对满足需要的事物产生积极的情绪体验，而对阻碍满足的事物产生消极的情绪体验。

3. 行为是人际关系的沟通手段

在人际关系中，无论是认知因素还是情感因素，都要通过行为表现出来。行为是指言语、举止、作风、表情、手势等一切表现个性的外部动作，它是建立和发展人际关系的沟通手段。

人际关系的三种构成因素是互相联系的，不是孤立存在的。认知水平的高低和正确与否决定情感的健康与否，并决定行为的导向。

二、人际关系的特点

人际关系不是一种静态的关系，它是一种动态的人际沟通过程，它的特点如下。

1. 互动性

人际关系不是一种虚无的关系，它存在于人与人之间的现实沟通中，它是人际沟通的实质，表现为人们之间的思想和行为的互动过程。

2. 阶段性

人际关系的建立需要一个过程。人际关系的发展也需要经过一系列相当有规律的阶段或顺序。如果一种关系没有按预料的顺序发展，就会引起当事人的惶恐不安。同样，如果某种关系在没有出现任何征兆而突然结束时，双方都会感到震惊和莫名其妙。

3. 动态性

人际关系并不是一成不变的，它同人类的发展过程相似。一个人从出生起，要经过少年、青年、成年等阶段。在此期间，无论是人还是人际关系都不会停滞不前；相反，人在变，他们的人际关系也随时空的变迁而变化。

4. 情意性

人际关系是含有情感和意志的沟通关系，即人际关系中包含着情感和意志等因素。

5. 社会性

人际关系不能离开社会而生存。人际关系也具有社会性，它是人们在社会生活中的交往关系。

6. 复杂性

人际关系的复杂性由其多面性所致，即各方的目的及其对关系本身的看法不尽相同，而且每个方面又都是变化的。

三、人际关系的影响因素

1. 满足需要

人际关系的形成取决于它能满足人们对生存与发展的需要。人与人之间的亲近或疏远、合作或竞争、友好或敌对，都是心理上距离远近的表现形式，具有较强的情感色彩，它反映了人们的需要是否得到满足时的情感体验。

2. 交际准则

人际关系还受到现存的交际准则的影响。例如，办公室的交际准则是工作时间不得谈论私事，你和上司之间就只有正常的业务关系。交际准则也支配着我们对特定人际关系的倾向性看法。许多人对"男人在家做家务，女人外出挣钱"的关系感到好奇。

3. 情绪状态

情绪状态影响着人际关系的亲善或敌对状态。交际的一方表示喜欢另一方，对方往往也会报以同样的反应；如果一方表示敌视另一方，那么对方也会以牙还牙。如果双方感情上和不来，那将意味着关系的终止。

4. 时间与空间

如果与人相处的时间愈长，关系就会变得愈深化与丰富；人际关系是在某个特定的空间环境中发生的。

5. 控制因素

人际关系的控制因素包括支配和服从两个方面，两者相互作用，处于一种互惠关系之中。

6. "自己人"效应

良好的人际关系或"自己人"效应通常表现为交际双方的相互认同、情感相融和行为相似。

四、人际关系与人际沟通的辩证关系

人际关系与人际沟通既有区别,又有联系,两者辩证统一。

1. 研究重点不同

人际沟通研究的重点是人与人之间联系的形式与程序;人际关系则重点研究人与人沟通基础上形成的心理关系。

2. 手段与结果的关系

人际沟通是人际交往的起点,是人际关系建立与发展的前提和基础,是人际关系形成的根本途径;人际关系是在人际沟通中形成和发展起来的,离开人际间的沟通行为,人际关系就不能建立和发展。因此,人际关系是人际沟通的结果。

3. 两者相互作用

人际沟通的状况决定了人际关系的状况。如果人们在思想感情上存在着广泛而持久的沟通联系,就标志着他们之间已经建立了较为密切的人际关系。反之,如果两个人在感情上对立,行为疏远,缺乏沟通,则表明他们之间心理不相容,彼此间的关系紧张。人际关系一旦建立,又会影响和制约着人际沟通的频率、发展和态度。因此,人际沟通又是人际关系在行为上的反映。

第二节　几种基本人际关系沟通

一、人际沟通的基本类型

沟通主要有三种类型,分别为与上级的沟通、与下级的沟通以及平行沟通。各有各的特性,现作如下说明。

1. 与上级沟通

员工向上级陈述意见、提出建议、报告工作进程或提出问题,甚至抱怨、批评或者表达有关意见,都是向上级沟通。

2. 与下级沟通

组织内高层所拟定的政策、目标、计划,必须向下传达,使部属知晓并遵循。另外员工教育训练、业务指导以及激励诱导等,也需要由上向下沟通。

3. 平行沟通

同阶层人员的横向联系,包括各单位或个人在工作上的交互作用以及工作外的来往交谈,都需要平行沟通,以促进彼此的了解、关怀和协调,免得产生隔阂而形成本位意识,影响合作与团结。

这三种沟通类型,对任何人而言,都是常用的。就算是最高领导,有时候也有向上报告的情形;即使是最基层的员工,当情势良好时,也可能感受到向下传达的气氛。这三种流向和身份、职位的关系,并非一成不变。同一个人,三种流向都有可能需要应用,都应该多加练习,以利于沟通。

【小贴士】

最理想的朋友,是气质上互相倾慕,心灵上互相沟通,世界观上互相合拍,事业上目标一致的人。

——周汉晖

二、实现与上级的有效沟通

(一)与上级沟通的十个原则

1. 尊重上司

尊重上司是在工作环境中必须拥有的一种意识和行为。尊重上司,维护他的威信,无论对工作,还是对沟通双方的感情、建立融洽的心理关系,都有很大益处。

周恩来:下级也可以批评上级

周恩来同志是我们党的领袖人物,他平等待人,和蔼可亲,严格要求自己,勇于自我批评,为我党树立了光辉典范,可称得上有口皆碑的楷模。

1949 年 3 月 5 日早晨,党中央结束了辗转农村指挥全党全军的战斗生活,在毛泽东主席率领下,来到了北平。下午,毛主席和党中央其他领导人,将在西苑机场检阅部队,接见工农商学兵各界代表和民主人士。军事、政治、经济一肩担的周恩来同志,工作异常忙碌,快到中午时分,周恩来找当时的察哈尔省社会部部长扬帆(进城时分管安全保卫工作),想了解西苑机场那里的警卫布置情况,一连问了几个人,都说没有见到他。午饭后,周恩来看到了扬帆,批评他说:"你跑到哪里去了?眼下工作这么忙,找都找不到你!"

扬帆究竟到哪里去了呢?他一到颐和园就扎进了厨房,忙着给中央首长准备午饭。扬帆没有忘记,去年毛主席到阜平城南庄,敌特就企图往他的食物里投毒,结果没有得逞。于是,特务就给敌机指示目标,致使主席的住处挨了炸弹,桌上的水杯都震碎了。

这次毛主席率领党中央进北平为避免泄密,一切行动都是临时决定,就连进城后怎样搞庆祝活动这样的大事,都是前一天夜里在涿县研究确定下来的。由于工作急,时间紧,中央首长生活必需品都没有准备,吃的用的都要经过不熟悉人的手。当时北平和平解放,敌特还没有很好地肃清,扬帆怕出现"意外"和"万一"。为此,他对厨房里用的水、米、菜都一一作了检查,从做饭到开饭,一时一刻也没有离开厨房。这些情况,周恩来是不得而知的。扬帆受到了批评,又不便向周恩来解释,只好默认了。

时至下午,毛主席和中央其他首长在西苑机场阅兵完毕,接见结束,按计划到香山住地。扬帆乘一辆吉普车负责在前面开路,后面紧跟着的是主席的吉普车、刘少奇的小卧车等共11辆车,可以说是我党我军有史以来由小车组成的最为壮观的车队了。扬帆担心道路上有敌特埋设的地雷,就让身边的司机把车开得快一些,同毛主席的车拉开距离。没想到,主席的司机和后面其他中央首长的司机,都没有领会其意,也都加速在后面紧跟,一辆接一辆地疾驶在蜿蜒的山路上。

车队到达香山脚下停下后,周恩来叫住了扬帆,批评说:"你在前面是怎么带的车,道路这么窄,又高低不平,车速又那么快,司机都不熟悉路况,如果翻一辆怎么办?你呀,怎么不用脑子想一想!"

扬帆进北平第一天,受到周副主席两次批评,心里压力很大,同时又感到很委屈。因此,一连几天闷闷不乐,思想情绪不高,这一情况,有人告诉了周恩来。周恩来先是一愣,而后醒悟地说:"看来,不是扬帆同志犯了工作不负责的错误,而是我犯了官僚主义的毛病。我找个时间,向他道歉,作检讨。"秘书在一边听了说:"周副主席你工作那么忙,这件小事,将来见面的时候我与他说一声就行了。"周恩来认真地说:"那怎么行,我当面错误地批评了人家,就应该当面去向人家作自我批评。"

在一个月明星稀的夜晚,周恩来找到了扬帆,开口就说:"扬帆同志,对不起,叫你受委屈了!我是来向你作检讨的。"接着又说,"那天我对你的两次批评,是我犯了主观主义的错误,错怪了你,给你思想上造成了负担,请你对我批评帮助。"

扬帆听了周恩来这么一说,不知所措,心里十分不安,惶恐地说:"不,是我做得不好造成的,周副主席您怎能向我作检讨呢?"

周恩来说:"在我们党内,上级可以批评下级,下级也可以批评上级,政治上一律平等,没有高低贵贱之分。"他还说,"批评与自我批评,就像一个人身上沾了尘土,别人发现后,给你指了出来,你自己用手把它拍打掉了,这有多好哇!"

扬帆觉得周恩来的话,声声入耳,句句是理。他心悦诚服地回应说:"周副主席,您的话我一定记一辈子!"

最后周恩来说:"一个政党是在不断改正错误中前进的,一个共产党员是在经常改正缺点毛病中进步的。批评与自我批评,是强党'健体'的法宝,任何时候都不能丢掉它!"周恩来说完,紧紧地握住扬帆同志的手,再一次向他道歉。

资料来源:http://zhouenlai.people.cn/n1/2020/1020/c409117-31898941.html,2020-10-20。

2. 积极工作

成功的领导大都希望下属和他一样,都是乐观主义者。积极的作风并非只是一种策略,而且是一种态度。一位干练的下属很少使用"难题""危机"或"挫折"等字眼,而把他遇到的困难称为"考验""挑战",并制定出解决的办法迎接挑战。

3. 说话简洁

时间是上级最宝贵的东西,所以言简意赅最为重要。办事简洁利索,是每名工作人员的基本素质。简洁,并非急急忙忙将许多事情一口气讲完,而是能选择重点,说得直截了当而又清楚明白。如果必须提出详尽报告,能使上司在较短的时间内,明白你报告的全部内容,最好附上一页摘要。

4. 仔细聆听

善于倾听的人不仅能听见上司说些什么,而且能听懂他的意思。如此才能够把握重点,回答得体中肯。要注意缓解神经紧张,凝神聆听上司说话,眼睛注视着他,必要时做一点笔记。上司说完之后,你要等待一下,用心体会他的意思;也可提出一两个问题,真正弄懂其意图;然后将上司的话扼要复述一遍。切记:上司赏识的是那些不必反复叮嘱的人。

5. 保持适度关系

不要使自己和上司的关系过度紧密,以致卷入他的私人生活之中。你与上司在公司中的地位是不平等的,而亲密的友谊则会产生平等化,这往往会起到有害的作用。因为不同寻常的关系,会使上司过分地要求你,也会导致同事们对你的信任度发生变化,还有可能有人暗中与你作对。尽量做好自己的工作乃是对待上司的最佳办法。

6. 信守诺言

只要你的长处能够抵消短处而有余,上司便会容忍你。他最不能容忍的是言而无信的人。如果你表示能完成某项任务而结果没有做到,你的上司便会怀疑你是否能守信用。

发现自己能力不足时,应尽快向他说明。虽然他会有暂时的不快,但比起最后失望产生的不满会轻微得多。专业管理顾问狄朗尼说:"宁可让人知道自己犯了无意的过错,也不要有意地去犯错。"

7. 解决好自己职责内的难题

下属解决不了自己职责内的困难而把难题上交,会浪费上司的时间,同时也会损害自己在公司的影响力。因此,如果你能解决自己面临的困难问题,不但有助于培养自己的才能和建立必要的人际关系、打开工作局面,而且还可提高你在上司心目中的地位。

8. 周到委婉

如果想提出新建议,应尽量搜集可用作支持的事实,然后将这些事实加以说明,使上司能够接受你的方案。若能提出多种方案供他参考,更是一个良策,你可以列举出各种方案的利弊,供他权衡决策。

9. 勤奋工作

早到而不迟退足以显示你的工作热情与对企业的忠心。想多工作一些时间,应在上班之前,而不应在下班之后。因为早上精力充沛,你不会感到疲乏。而且,早到还表示"急于着手工作",迟退则表示"工作还没有做完"。

10. 维护上司的形象

良好的形象是上司经营管理的核心和灵魂。你应经常向他介绍新的信息,使他掌握自己工作领域的动态和现状。不过,这一切应在开会之前向他汇报,让他在会上说出来,而不是由你在开会时大声炫耀。当上司形象好的时候,你的形象也就好了。

(二) 与上级沟通的几个技巧

1. 处理好与直接上司的关系

(1) 为上级出谋划策

不要以为出谋划策是上级的事,员工只要听从指挥就行了。只要你的意见可行、有利于工作进展,那不妨提出来,只要能对工作起到促进作用,上级就会对你另眼相看。

(2) 勇于为上级作出牺牲

作为上级,也难免遇到棘手的事情,这时往往人人向后躲,生怕撞上"马蜂窝"。作为一个聪明、有魄力的下级,在这种时候,理智的做法不是往后躲,而是站出来为上级作牺牲。上级的眼睛是明亮的,谁付出得多,他心里最清楚。对勇于为他作牺牲的人,他是绝不会亏待的。

2. 让上司关注

(1) 不时向自己的上司"请教"

有些东西明明你懂得比他还多,但你还是要尊重他的职位,和他讨论某项计划,请他"指点指点"。上司看到你如此尊重他,当然就对你放心了。不过,如果你"请教"之后,一个"指教"都没采纳,那也许会得到相反的效果。因此,你的计划与行动要多多少少考虑上司的"指教"。

(2) 不要忘记赞美你的上司

要记住,员工需要上司的夸奖,上司其实也需要下属的赞美,尤其是在上司的领导在场的情况下。你对他的赞美,一方面表明了你对他的服从,另一方面,你也替你的上司做了一次公关活动。

(3) 在上司面前不要计较个人得失

如果你喋喋不休地向上司提出物质利益要求,超过了他的心理承受能力,在感情上,他会觉得压抑、烦躁。如果"利益"是你"争"来的,上司虽做了付出,但并不愉快,心理上会认为你是个"格调"较低的人,觉得你很愚蠢。如果你的上司是个"糊涂虫",与他争利益,反倒会把你的功劳一扫而光,"利"没有得到,"名"也会丧失。最好的办法是让上司主动地给，而不是你去"争"。

3. 处理好上司的发火

（1）先让上司的火气发出来

对待上级领导的发脾气，最好的办法是"以静制动""以柔克刚"，硬起头皮来洗耳恭听，正确则虚心接受，如不对则事后再找机会说明，这比马上辩解，火上浇油要高明得多。因为对情绪尚处于激动状态的上级领导做任何辩白，在效果上都是徒劳的，甚至会适得其反。

（2）事后做好解释工作

当受到上级领导的责备和训斥、在其火气正盛时，解释的话是多余的。但是，这并不等于说你不能找机会在其他时候把问题解释清楚。最好的方法是在上级领导发完脾气、安静下来后，再找个时间来做解释。而且，最好能经过一个黑夜的间隔，使上级领导有机会平息心境，反省自己的态度、措辞和方式方法问题。

不懂和领导沟通交流？把握5点原则，打通领导沟通壁垒，受重视

职场中很多人都害怕和领导交流，甚至是患有权威恐惧症，对领导产生刻意回避心理。公司聚餐铁定坐得离领导最远一桌；平时工作汇报、打交道能尽量不见领导就尽量不见；迫不得已见了领导，大脑空白不知道说啥，可能放下汇报材料让领导自己看就匆匆离开了。

如果公司人少，领导还能记得你是谁，但也不会太重视；公司人多，那领导可能连你是谁都完全不知道，在这种情况下何来被重视，甚至是升职加薪呢？

很多人害怕和领导交流是因为很多时候是不知道要和领导说些啥，或者怕被领导批评，但其实只要知道说什么内容，做到心中也底也不会再害怕和领导汇报工作。我们在和领导交流汇报工作的时候，要把握以下4点原则即可。

一、请示问题时，请准备好方案

职场有些人没有太多主见，一遇到问题就去请示领导，把问题扔给领导去解决，自己只要听领导安排就好。领导工作也很繁忙，如果下属不管遇到大事小事都统统抱着问题去找他，次数多了，领导自然会不高兴。

公司花钱请员工来工作，是想让员工帮忙解决问题的，而不是只懂得把所有大大小小的问题扔给领导，如果用这样方式去请示，自然没有好果子吃。

所以职场人在向领导请示问题的时候，要学会自己先整理出1~3个问题解决方案供领导决策，这样领导通过你的方案从而也能了解你的工作能力。如果你的方案每次都能被领导采用，时间久了，领导就会放权让你解决某些问题，从而受到重用。

二、汇报工作时,理清思路说结果

有些人向领导汇报工作的时候洋洋洒洒说一大堆自己怎么辛苦,半天都没说到结果,会让领导感觉你做事抓不到重点,甚至没耐心听完你的汇报,就让你放下资料,他自己看了。

汇报工作,我们的目的是告诉领导工作的结果,所以说清楚结果才是重点。自己的辛苦、努力不用去说,因为在职场,以完成任务为第一要务,你再辛苦,工作完不成也不行。

职场以成败论英雄,汇报工作直接亮出好成绩,用成绩来表现自己的能力。

三、总结工作别啰唆,把工作流程讲清楚

总结工作的时候也别啰唆,事无巨细全部罗列出来,说了半天也没有说完,会让领导听不到你的工作的重点。

总结工作的时候,我们注意把工作流程讲清楚,如何开展,如何进行,取得成果,简洁明了;和汇报工作不同在于,一个注重流程,一个注重结果,分清各自重点即可。

四、领导关心自己时,讲过程

有时候我们会遇到一些突发事件,比如家人生病之类的,领导会找下属了解情况,以示关心。这种时候我们需要向领导讲一下事件的过程,并且表示对领导的谢意。

五、非工作时间聊兴趣

和领导聊天并不一定全是工作,也会有放松闲聊的时候。这种时候,我们可以聊各种生活中的事件、热点新闻、赛事,等等,然后观察领导的反应,根据领导的反应来推断他的兴趣爱好,找到共同的话题展开聊天。当然这点除了领导,和朋友交流时也一样。

有个同事,开始特别害怕和领导交流,但她特别喜欢打羽毛球。有次她在打羽毛球的时候,发现领导也在另一块场地打球,于是她过去和领导打了招呼,两人聊起了羽毛球,最后成了球友,经常约着一起打,她慢慢也成了领导的心腹。

总的来说,和领导交流,首先不要怕,把他当普通朋友一样看待就好。工作时就聊工作的事情,根据需要汇报的内容来确定交流方式;私下聊天可以聊聊一些共同的兴趣爱好。试着聊一次,后面就会放松很多,自然不再怕领导。

职场中只有多和领导交流,才能向其展现你的工作能力,让其了解你的想法和工作状态,否则"酒香也怕巷子深",能力强,没被看到,也会耽误了职场发展。

资料来源:http://news.sohu.com/a/530751081_120012602. 2022-03-18.

(3)拿出实际行动来

有时候,上级领导干部发脾气,你一言不发也绝非万全之策。当需要解决问题时,面

对上级领导怒气冲冲地质问,你最好的办法是拿出事实和行动来。拿出实际的行动是最好的"败火剂"和"清凉剂"。事实胜于雄辩,行动胜于表白。如果你在工作中的确出现了失误,在上级领导发火之余,你一定要积极地展开行动,使错误得到补救和改正。

4. 学会面对上司的冷落

（1）调整好自己的心态

但凡事业有成者都是调整自我的高手,即使是在逆境中也能把握自我,保持心态的平衡。中层领导受到冷遇时,最高明的办法莫过于坦然地接受它,并努力使自己的心态做到平和,不为逆境所困扰、所挫伤,使自己的精神永远不被打败。调整心态,不是一时的权宜之策,是今后做好工作所不可或缺的修行。失意会给你一个使自己更加坚强的机会,而这种坚强又是事业有成的重要因素。

（2）不断"充电"武装自己

受上级领导的冷落,并不意味着就失去了发展的机会,中层领导应该认识到这点。同时,应该为迎接这种发展机遇而做好最充分的准备。而其中,最好的准备莫过于武装自己,充实自己,增长自己的才干。因为万事都在变,养精蓄锐等待时机,是成大事之人应有的心态。

（3）增加与领导的接触

有许多时候,上级领导冷落某一个中层领导,是因为上级领导不大了解他,没有深入地知道他的才干,或者对他的忠诚没有把握。因此,在中层领导尚未得到重视之前,是很难得到上级领导的重用的。在很多时候,这就是中层领导被上级冷落的原因。属于这种情况的中层领导就应该主动采取措施加强与上级领导的沟通接触,或者注重提高自己的知名度。

5. 巧妙地拒绝上级

（1）以委婉的方式表达自己的立场

在拒绝、反驳上级的时候,应委婉地提出自己的观点,这样既可维护上司的面子,也能让他感觉你说得很有道理,从而使上级改变原来的主张。

（2）借助于他人的力量

当上级要求你做某件事,你想拒绝但又不好说出口时,不妨请来两位同事和你一起到上级那里去,借助他人达到拒绝的目的。

领导说话总是模棱两可、表达不清怎么办？聪明人这样与领导沟通

沟通在职场上是要放在首位的,工作中很多事情都是需要通过沟通来解决的,不管大事还是小事,如果沟通不到位,就会造成很多的麻烦事。

王欢刚刚入职新公司,在工作上表现很不错,领导看到了她的能力,就直接交代了一个工作任务给她。可是领导在交代任务的时候,表达的模棱两可,并没有给出一个清楚的方向,这让她捉摸不透,不知道要怎么做。

在职场中,很多领导在给员工交代工作的时候,都是这样,并不会明确说出自己的想法和思路,这就导致很多员工没有办法理解领导的意思,最后工作任务执行的结果领导并不满意,甚至还会因此被领导批评。

那么,当遇到领导模棱两可的表达时,要怎么做呢?是主动直接询问领导,还是自己一个人埋头苦想呢?聪明人都是这样与领导进行沟通的。

1. 重复领导的话,更好地理解

有些领导在给员工安排工作的时候,虽然惜字如金,不愿意说很多,可是字里行间却已经包含了大量的信息,只要你好好地理解就可以。

如果你的领导是这样的人,那么每次与领导沟通最好带着一个小本子或者是用手机记录一下。这样即使你当下没有办法理解领导的话,等到与领导沟通结束,也可以反复回看,重复领导的话,反复琢磨领导话里面的含义,更好地理解。

通常领导在交代完工作后,都会问你"说了这么多,听懂了吗?"如果你对领导说的话总是记不住,左耳听右耳出,那么你肯定没有办法理解领导的意思;或者领导让你重复一下,如果你无法表述清楚,领导一定会对你大失所望。

所以,当领导在表述的时候,自己在心里一定要默念,并且试着理解领导的意思,当领导问你是否听懂的时候,可以简单明了的说一下你对领导表述内容的大致理解。

如果你的表达有误,领导会给你纠正,如果正确了,领导也会给你肯定,那么只要按照要求去执行就好,这大大提高了你与领导之间的沟通效率。

2. 向公司前辈打听,明白领导意思

如果在和领导沟通的时候,领导总是模棱两可,不清楚领导的意思究竟是什么,那么你可能对领导的了解比较少,很多人也不好意思很直接的问领导,那要怎么做呢?

你需要多向公司的前辈打听,增加你对领导的了解。知道领导的为人处世风格,有一定的了解后,经过几次与领导的沟通,你就能够清楚领导的思路,抓住领导的心思。

另外,如果你实在有无法理解的,也可以向身边关系比较好的同事请教;但是要注意,防人之心不可无,也要有所防范,避免被身边的小人坑害。

与领导多几次沟通,私下多向公司的前辈请教,可以帮助你更快地融入公司,清楚领导的处事风格,明白领导的意思。

3. 多和领导沟通，清楚领导思路

每个人在表达的时候，都有自己的思路，如果你没有办法理解领导的意思，说明你与领导的沟通频率并不高。想要更快、更准确的理解领导的思路，那么就要多和领导沟通。

在沟通的过程中，你可以从领导表达的语气、表情、肢体动作来观察领导的变化，清楚领导的意思，了解领导的思路。

多与领导沟通，不仅能够增加你对领导的理解，还能够在领导面前刷存在感，增加领导对你的印象。

另外，沟通多了，你就能够摸清楚领导说话的思路，更深刻的理解领导的意思，提高沟通的效率。

所以，还是要尽可能地多和领导沟通，多和领导交流，当你对领导有了一定程度的了解，不管领导表达什么，你都能够第一时间清楚领导的意思。

职场中，高效沟通是很重要的，能提高你的沟通能力，对你未来的职业发展也会有好处的。领导都喜欢高效沟通，没有人愿意一遍遍的重复。所以，增加你对领导的了解，不管领导说什么，第一时间能够领悟，那么你也能够在领导心中占有一席之地，逐渐被领导器重。

资料来源：http://news.sohu.com/a/531033830_120012602. 2022-03-19.

三、实现与下级的有效沟通

（一）与下级成功沟通的六个原则

1. 发挥下属的能力

在企业面临激烈竞争、既定目标总达不到的情形下，如果想让组织活跃起来，就需要每位职员在自己的岗位上勤奋地工作。能否使下级有这种干劲，是领导者的首要任务。

2. 调整自己的态度

领导者只有保持冷静沉着的态度，才能做出精确的决断，《孙子兵法》中说："主不可怒以兴师，将不可愠以致战"。荣辱不惊才是大将风度。

3. 对下属要宽严相济

上级对于下级，应是慈母的手紧握钟馗的剑，平时关怀备至，犯错误时严加惩罚，恩威并施，宽严相济，这样方可成功领导。

4. 与下属要坦诚交流

近年来，一些竞争力强的美国公司纷纷成立"员工协助"单位，目的在于提供员工心理保险，以待解决员工的个人与家庭问题。

无论你的公司是否有这种管理制度，关心员工的心理健康已成为现代管理趋势中较

重要的一环。要做好这种心理辅导的工作,管理者首先应同员工坦诚交流。

5. 让下属发表意见

一个听得进意见的领导,才能真正将企业做大。让下属发表意见,既是对下属的一种尊重,也是从下属中挖掘有责任心的人的一种方法。

这才是管理思维!分享给我最好的朋友!

【一】

白雁经常聚集到湖边,许多白雁常在那里挑选合适的地方栖息。雁群头领还安排了一只白雁守夜放哨,看见有人来了就鸣叫报警。湖区的猎人熟悉了白雁的生活习性。一到晚上,他们就有意点亮火把,放哨的雁看见了火光,就嘎嘎地叫了起来,猎人又把火弄灭了。等到雁群受惊飞起来时,什么动静也没有了,雁群又放心地落回原处休息。这样反复三四次后,群雁以为是放哨的雁有意欺骗它们,就都去啄它。这时,猎人举着火把向雁群靠近,放哨的雁怕群雁啄它,不敢再叫。酣睡中的雁群被猎人一网捕捉,没有一只逃脱。

任何一个企业都会面临市场的考验,当竞争对手第一次试探的时候,企业建立起的预警系统——"放哨的白雁"起到了作用,企业严阵以待,却不见对手有什么反应。但是经过反复试探之后,连企业自己也逐渐放松了警惕,致使竞争对手不战而胜。

【二】

上古时代,黄帝带领了六位随从到具茨山见大傀,在半途上迷路了。他们巧遇一位放牛的牧童。

黄帝上前问道:"小孩,具茨山要往哪个方向走,你知道吗?"

牧童说:"知道呀!"于是便指点他们路向。

黄帝又问:"你知道大傀住哪里吗?"

他说:"知道啊!"

黄帝吃了一惊,便随口问道:"看你年纪小小,好像什么事你都知道不少啊!"接着又问道:"你知道如何治国平天下吗?"

那牧童说:"知道,就像我放牧的方法一样,只要把牛的劣性去除了,那一切就平定了呀!治天下不也是一样吗?"

黄帝听后,非常佩服:"真是后生可畏,原以为他什么都不懂,却没想到这小孩通过从日常生活中得来的道理,就能理解治国平天下的方法。"

在现实中,有许多领导或者"老前辈",总喜欢倚老卖老,开口闭口:"以我十几年的经验……",来否定新人的创见,以为后辈太嫩,社会阅历不多,绝对要对他们服从。其实,领导或"老前辈"的经验值得后辈学习,但年轻一代的新见解、新创见,不也值得领导或"老前辈"研究及重视吗?正所谓:活到老,学到老。两代人的思想交流,一定可以惠及大家。

【三】

一位著名企业家在作报告,一位听众问:"你在事业上取得了巨大的成功,请问,对你来说,最重要的是什么?"

企业家没有直接回答,他拿起粉笔在黑板上画了一个圈,只是并没有画圆满,留下一个缺口。他反问道:"这是什么?""零""圈""未完成的事业""成功",台下的听众七嘴八舌地答道。

他对这些回答未置可否:"其实,这只是一个未画完整的句号。你们问我为什么会取得辉煌的业绩,道理很简单:我不会把事情做得很圆满,就像画个句号,一定要留个缺口,让我的下属去填满它。"

留个缺口给他人,并不说明自己的能力不强。实际上,这是一种管理的智慧,是一种更高层次上带有全局性的圆满。给猴子一棵树,让它不停地攀登;给老虎一座山,让它自由纵横。也许,这就是企业管理用人的最高境界。

【四】

一天,一个客户写信给美国通用汽车公司的庞帝雅克部门,抱怨道:他家习惯每天在饭后吃冰淇淋。最近买了一部新的庞帝雅克后,每次只要他买的冰淇淋是香草口味,从店里出来车子就发不动。但如果买的是其他口味,车子发动就很顺利。

庞帝雅克派一位工程师去查看究竟,发现确实是这样。这位工程师当然不相信这辆车子对香草过敏。他经过深入了解后得出结论,这位车主买香草冰淇淋所花的时间比其他口味的要少。原来,香草冰淇淋最畅销,为便利顾客选购,店家就将香草口味的特别分开,陈列在单独的冰柜,并将冰柜放置在店的前端;而将其他口味的冰淇淋放置在离收银台较远的地方。

深入查究,发现问题出在"蒸气锁"上。当这位车主买其他口味时,由于时间较长,引擎有足够的时间散热,重新发动时就没有太大的问题。买香草冰淇淋由于花费的时间短,引擎还无法让"蒸气锁"有足够的散热时间。

对待用户所反映的问题,最关键的是我们的"态度"和"理解力"。当碰到问题时,不要直接就说"那是不可能的",而是投入我们真诚的努力,冷静地思考问题的症结,积极地寻求解决问题的方法。只要我们真诚和用心,问题就会迎刃而解。

【五】

一天早晨,一个牧师正在准备明天的讲道词。太太出去买东西了,小儿子约翰哭着嚷着要去迪斯尼乐园。为了转移儿子的注意力,牧师将一幅彩色缤纷的世界地图,撕成许多小碎片,对儿子说:"小约翰,你如果能把这张世界地图拼起来,我就带你去迪斯尼乐园。"

牧师以为这件事会使约翰花费大半个上午时间,但不到十分钟,小约翰便拼好了。每一片碎纸片都整整齐齐地排列在一起,整张世界地图又恢复了原状。

牧师很吃惊,问道:"孩子,你怎么拼得这么快?"

小约翰回答:"很简单呀!地图的另一面是一个人的照片,我先把这个人的照片拼到一块,然后把它翻过来。我想,如果这个人拼对了,那么,这张世界地图也该是对的。"

牧师忍不住笑了起来,决定马上带儿子去迪斯尼乐园,因为儿子给了他明天讲道的题目:人对了,世界就对了。

企业的基本资源是人、财、物、信息和时间,但就其性质而言就是两大类:人的资源和物的资源。人是活的,能动的;物是死的,被动的。"一切物的因素只有通过人的因素才能加以开发利用。"在一定的生产力条件下,人是企业生存和发展的决定性因素。从这个意义上说,人力资源是一个企业的第一资源。

资料来源:http://news.sohu.com/a/530355745_121124348.2022-03-16.

6. 让下属大胆去做

作为领导者,你不要过多干涉员工去做自己的工作,放手让他们去做。只有在一个目标明确,又有充分自由空间去实现目标的环境下,员工才有可能最大限度地发挥自己的才智。如果你规定了他们的工作目标,又为他们划定了许多做事的条条框框,那他们当然就失去了行为的主观能动性。所以培养员工拥有自己的头脑,发挥员工的智慧是大有必要的。

离开员工是检验领导者是否成功的最好方式。如果你已经能够培养员工按照你所构想的方式去做,如果你让他们真正承担起自己的责任,如果你能让他们各行其是。那么,当你离开的时候,所有的一切可以照样圆满地成功完成。

(二)与下级沟通的几个技巧

1. 让下级知道你关心他们

每个人都有自己的尊严,都希望得到别人的认可。而上级对下级的关心,对下级倾注的感情,尤其是对下级生活方面的关怀与照顾,可以使他们的这种尊严得到满足。有许多身居高位的大人物,总会记得只见过一两次面的下级的名字。如果在电梯或门口遇见时,点头微笑之余,叫出下级的名字,就会令下级受宠若惊,感到被重视。

领导对于下属,不仅仅是在工作上的领导,还应在下级的生活方面给予一定的关爱。特别是下级碰到一些特殊的困难时(如意外事故、家庭问题、重大疾病、婚丧大事等),作为领导,此时应伸出温暖的手,那才是雪中送炭。这时候下级会对你产生一种刻骨铭心的感激之情,并且会时刻想着要如何报效于你。他就会时刻像一名鼓足劲的运动员,只要你需要他效力的发令枪一响,就会冲向前去。这时的"雪中送炭"比"锦上添花"更有价值。

我是重要的

一位在纽约任教的老师决定告诉她的学生,他们是如何重要,来表达对他们的赞许。

她决定将学生逐一叫到讲台上,然后告诉大家这位同学对整个班级和对她的重要性,再给每人一条蓝色缎带,上面以金色的字写着:"我是重要的。"

之后那位老师想做一个班上的研究计划,来看看这样的行动对一个社区会造成什么样的冲击。她给每个学生3个缎带别针,教他们出去给别人相同的感谢仪式,然后观察所产生的结果,一个星期后回到班级报告。

班上一个男孩子到邻近的公司去找一位年轻的主管,将一条蓝色缎带别在他的衬衫上,并且再多给了2个别针,接着解释,"我们正在做一项研究,我们必须出去把蓝色缎带送给感谢尊敬的人,再给你们多余的别针,让你们也能向别人进行相同的感谢仪式。下次请告诉我,这么做产生的结果。"

过了几天,这位年轻主管去看他的老板。从某些角度而言,他的老板是个易怒、不易相处的同事,但极富才华,他向老板表示十分仰慕他的创作天分,老板听了十分惊讶。

这个年轻主管接着要求他接受蓝色缎带,并允许帮他别上。一脸吃惊的老板爽快地答应了。

那年轻人将缎带别在老板外套、心脏正上方的位置,并将所剩的别针送给他,然后问他:"您是否能帮我个忙?把这缎带也送给您所感谢的人。这是一个男孩子送我的,他正在进行一项研究。我们想让这个感谢的仪式延续下去,看看对大家会产生什么样的效果。"

那天晚上,那位老板回到家中,坐在14岁儿子的身旁,告诉他:"今天发生了一件不可思议的事。在办公室的时候有一个年轻的同事告诉我,他十分仰慕我的创造天分,还送我一条蓝色缎带。想想看,他认为我的创造天分如此值得尊敬,甚至将印有'我很重要'的缎带别在我的夹克上,还多送我一个别针,让我能送给自己感谢尊敬的人。当我今晚开车回家时,就开始思索要把别针送给谁呢?我想到了你,你就是我要感谢的人。"

"这些日子以来,我回到家里并没有花许多精力来照顾你、陪你,我真是感到惭愧。有时我会因你的学习成绩不够好,房间太过脏乱而对你大吼大叫。但今晚,我只想坐在这儿,让你知道你对我有多重要,除了你妈妈之外,你是我一生中最重要的人。好孩子,我爱你。"

他的孩子听了十分惊讶,他开始呜咽啜泣,最后哭得无法自制,身体一直颤抖。孩子看着父亲,泪流满面地说:"爸,我原本计划明天要自杀,我以为你根本不爱我,现在我想那已经没有必要了。"

点评:中国人习惯将对旁人的关心与赞美埋在心里,但往往表现出对他人的关心才能带来更好地沟通,拉近彼此的关系。

资料来源:http://www.1010jiajiao.com/paper/timu/3483728.html.

2. 宽容大度、虚怀若谷
作为领导,只有具有这样的胸怀,下属才会尽心竭力的干事。

3. 诚心接受下级的意见
领导者应该有足够宽阔的心胸,能够容纳下级的批评,以此来不断促进自己的工作。一个合格的领导者应向他的员工传达批评与自我批评的观念,最有效的方法莫过于当面痛快地承认自己的过错。领导者必须能够勇于接受下级的批评,否则就不可能在批评他人时有说服力。即便是听到坏话,也不要先替自己辩护。

身为领导者,有必要表现得与众不同,要谦虚、明理,要成为下级模仿的榜样。只有这样,领导者才能依靠自身,而不是凭权力去赢得别人的喝彩。

4. 正确对待下属越级沟通
下属产生越级沟通的基本条件:一是下属认为他通过与其主管(中层领导)进行信息沟通无助于问题解决,或不能满足其沟通期望,如晋职、提薪和对部门的合理建议等;二是员工认为只有越级沟通才是解决问题的最优方式,才能达到沟通效用最大化和目标最大化。越级沟通只有满足了以上两个条件,才成为可能。

面对下属的越级沟通,中层领导应持的态度。

(1)要肯定下属的越级沟通行为

一方面,下属实施越级沟通面临着巨大风险,需要有一定的胆识。这些风险主要有:组织高层领导可能不采纳自己建议从而自讨苦吃;上级知悉此事的负面压力,引起周围同事的警惕、疏远以及冷眼旁观;引起下属更大范围的模仿等。另一方面,下属相信会引起高层领导重视才实施了越级沟通,因而可认为这些人对组织具有较高的责任感和信心,尤其是那些以组织发展为沟通目标的越级沟通行为。

(2)不提倡对越级沟通大包大揽,要讲究分层管理

高层领导对下属的越级沟通可予以肯定,但不必事事都要亲力亲为。高层领导不可能也不应该淹没在冗杂的日常事务上,而要把精力放在组织重大决策和进行战略思考上。因而对沟通的内容和形式要有一定的要求,切不可事无巨细都包揽起来。要根据组织规模、结构层次,实施有效的面向越级沟通的分层管理体系。

(3)倡导下属沟通的信息对事不对人

越级沟通有别于"打小报告",要强调越级沟通是面向组织的,而非针对个人,上级领

导要有保护好中层领导的姿态。一方面对于中层领导而言"心无余悸",能够接受越级沟通;另一方面,唤起组织成员有效的民主参与意识,形成沟通"无级限"的气氛。另外,对涉及的问题要先从组织全局、部门工作入手切勿直接针对个人,甚至作为考评主管的依据或实施个人报复的材料。

(4) 对于沟通信息要有反馈

反馈是实施有效沟通的根本。高层领导对沟通内容要进行信息加工和处理,要给中层领导以反馈,力求营造"大事小事有人谈,大事小事有人管"和"人人关心组织,组织关心人人"的良好组织氛围。

5. 帮助下属改进工作

对于下属工作不力,最明智的做法是深入调查,找准下属工作不力的原因,从而对症下药,帮助下属优质高效地完成工作任务。具体地说,对策有四点。

(1) "导"

下属工作不力,思想不顺、认识不高、态度不端是原因之一,中层领导应该头脑冷静,耐心细致地加以引导。一要放下架子,亲近下属,听取意见和呼声,把准思想脉搏,缩短上下级之间的心理距离;二要帮助下属理顺思想,消除疙瘩,振奋精神;三要帮助下属正确认识自己所承担工作的重要性,勉励其积极主动地把工作做得又快又好。

(2) "扶"

胆量不大、能力不强,往往也会使得下属工作不力。对待这样的下属,绝不能轻言放弃,置之不理。因为这些下属并非真的是天生迟钝的懦弱无能之辈,有的很具潜力,只是缺乏培养锻炼。倘若着意"雕琢",他们是完全有可能成才。况且合适的人选短时间内难以找到,即使自认为找到了,动起真格来也未必真行。"扶"就是不断创造机会,让其在实践活动中提高素质、增强能力和胆识。

(3) "逼"

有的下属工作不力,完全是因为惰性太强,懒散成性。但这样的人往往脑子好使,行动起来爆发力强。他们之所以不能按质如期完成工作任务,主要原因是律己不严、自由散漫、工作缺少紧迫感,习惯到"火烧眉毛"之时才认真"作答",无奈时间所剩不多,只得糊弄几下,硬着头皮交差。调教这种下属,最有效的办法就是增加压力、加强督促、时常鞭策,一个"逼"字足矣。

(4) "换"

对于实在不能胜任工作的人,也只能采取能上能下的办法,请其另谋高就。但有几个前提:一是他各方面的素质和能力,确实不适合现岗位,属于当初选人时没有把握准,这是常会发生的事情,不要太害怕;二是要提前有后备的更强的人选供你使用;三是你在之前用与人为善的心态与下属有过提醒和帮助,并与你的上级进行了必要的沟通。

6. 纠正下属的"老毛病"

一些下属由于受工作和生活环境中不良习惯的影响，日积月累，便会形成"老毛病"。例如，办事粗心、拖拉现象严重，经常迟到早退，或者贪杯误事等。中层领导者在对待这一问题上，既不能听之任之，也不能过于苛求，而要宽严适度，正确对待。

（1）暗语相示巧提醒

一是可以给那些下属一个失望的眼神，一声无奈的叹息，让他们察言观色，反思自己的行动，然后进行自我剖析和改正。例如，对上班迟到、工作中爱聊天和搞小动作的下属，就可巧妙地提醒一下。

二是可以通过一些幽默的解嘲或调侃来对待那些办事拖拉、粗心大意的下属，既给他们施加一种无形的思想压力，同时也给他们一个台阶下，使他们去认识和改正自己的"老毛病"。

三是可以采取"放一放"式的冷处理，让那些经常因"老毛病"影响正常工作的下属尝尝受冷落的滋味，让别人暂时替代其工作，然后迫使其改正。

（2）直言相告善批评

在批评时，首先，要开诚布公、直言相告、分析利害、动之以情、晓之以理，并热心地为其指明改进的方向。其次，要抓住要害，有的放矢。对那些错误性质比较严重的下属，可当众点名批评，限期改正，以观后效；但不能泛泛而批，或者是乱扣"帽子"，影响群体情绪。再次，要把握分寸，适可而止。不能因为下属有"老毛病"就大会"批"、小会"点"。那样不仅不利于领导者正确处理与下属的人际关系，而且会让下属认为领导度量狭小、不能容人，进而影响领导形象和工作。

（3）强化管理严奖惩

一是要根据单位的实际工作情况和现状，建立健全各项工作制度。只有靠制度来约束下属，消除"老毛病"存在的"温床"，才能有效防止"老毛病"给工作带来危害。

二是管理要有针对性和灵活性，可以根据实际情况和部门的职责任务，明确指出禁止什么，反对什么和提倡什么。要紧贴实际，让下属能自觉接受，但也不能过于宽松，让下属钻空子，以致达不到初期的目的。

三是制定适当的奖罚措施，在工作中给予那些比较顽固的下属一定的经济处罚，让他们体验到另一种切"肤"之痛，并记住教训，更好地去工作。但处罚一定要考虑其承受能力，对处罚的经济收入要正确使用，做到方法得当，奖优罚劣，公道合理，而不能有赢利之目的。如果奖罚不明，使下属产生抵触情绪，会因小失大，酿成后患。

7. 处理好员工上班时间办私事

作为中层领导，要处理员工在工作时间办私事的问题，需要先找出原因，然后可以依不同的情况，作弹性的处理。

有些职员在工作时间办私事，是因为他的工作岗位过于清闲、无事可做，只能找别的事情打发时间。中层领导可安排较多或较有挑战性的工作给他,情况会自然地改善。

现在有不少打工仔有数份兼职,由于没有足够时间应付兼职工作,于是便利用正职的工作时间。或许他的工作能力较强,尚能应付工作"量"的要求,但在"质"的方面,可能是马虎了事。对待这些员工,你要清楚表明立场,要求他不要在办公时间另赚外快;在下班后,如果他的兼职工作没有与公司利益发生冲突,你便无须提出严格的要求。

令员工遵守公司的纪律,当然是中层领导的职责,但切勿忘记你要做一个有人情味的中层领导。有些情况下,员工办理私事是情有可原的,例如,员工家庭发生事故,或者只在工作较清闲时,偶然打私人电话。如果在上述情况下,仍要严格执行纪律,终会招致员工的反感,在有需要时,很难要求他们通力合作。

8. 学会处理下属的"抵抗运动"

假如你刚成为某公司或单位的一名中层领导,而一群老牌员工总是与你作对,从第一天起就不服管教,老在搞"抵抗运动",你怎么办?

迎接挑战的最好办法是保持与该群体经常性的接触与双向沟通,如在拟定部门计划与目标时请他们也参与进来。此外,你还要了解到这个"抵抗"群体中,肯定有一个"头儿",对大家是否接受某种行为观点作出决定。尽管你向这个群体传达你的观念是颇为困难的,然而对这个"头儿"来说,事情就简单多了。你如果知道"头儿"是谁,则应与他见面,让他明白你尊重老员工的情感,从而理解和支持你。

四、实现与同级的有效沟通

(一)与同事有效沟通的五个原则

1. 主动帮助他人

不要错误地认为帮助别人,自己就有所牺牲。实际上,帮助别人也就是帮助自己,你在帮助别人的同时收获了快乐,这就是付出得到的回报。

2. 主动参与集体活动

在团队中,每个成员都应具有奉献精神,贡献自己的聪明才智。如果你不敢抛头露面,不敢大胆地表述自己的观点,或觉得你的观点不如他人的有价值;那么,你就无法培养自己的社交能力,也无法赢得团队中其他成员对你的认识和尊重,更无法对团队的决定施加影响。

3. 积极表述自己的观点

清楚地表达你的观点,并阐述理由;认真地聆听他人的意见,努力了解他人的观点及理由。这些做法可以提高自己在团队中的参与性。

4. 尊重他人

即使你确信自己比其他同事更有知识、更有能力,也不要太张扬,而要尊重其他人的意见。重要的是,你要让他人充分地表达自己的观点,不要随意打断或表现出不耐烦,做到这些对于团队力量正常地发挥是很必要的。

5. 倾听他人的意见,不要过于武断

除了提出自己的观点外,你还应该注意倾听其他同事的观点。当他人提出自己的观点时,要做出积极的和建设性的反应。要客观地评价别人的观点,不要意气用事。即使不同意也不要冷冷地反驳,要平和地表达自己的意见。

(二)与同事沟通的几个技巧

1. 认识和了解同事

俗话说:"知己知彼,百战不殆"。要达到与别人有效沟通的目的,你必须了解同事的秉性、脾气、个人爱好、能力特长、之前的阅历和经历,特别是他最成功的那段经历。这样,就会使你们有了很多共同的话题,沟通之初就相见恨晚,一定能够成为谈得来的好朋友。

2. 主动关心和帮助同事

上班的日子里好多人都遇到过这样的尴尬,刚换到一个新的工作岗位,总会感到万分别扭、战战兢兢。对很多事情都是既新鲜、又提防,总想尽快磨合,适应新环境;可是一些资深的同事却对你冷漠,甚至在一些事情上还故意跟你作对,使你觉得简直无所适从,可又别无选择。这时你应该主动关心和帮助他们,这样你就会很快融入新的集体中。

3. 真诚相处

与同事相处,应该真诚。当他工作上有困难时,你应该尽心尽力予以帮助,而不是冷眼旁观,甚至落井下石;当他征求你的意见时,你不要给他发出毫无意义的称赞;当他在无意中冒犯了你,又没有跟你说声对不起时,你要以无所谓的心情,真心真意原谅他,如果今后他还有求于你时,你依然要毫不犹豫地帮助他。

4. 保持适度距离

在任何时候只有和同事们保持合适距离,才会成为一个真正受欢迎的人。你应当学会体谅别人,不论职位高低,每个人都有自己的工作范围和责任,所以在权力上,千万不要喧宾夺主。但也不能说"这不是我的事"这类的话,过于泾渭分明,只会破坏同事间的关系。

与同事相处,太远了显然不好,人家会误认为你不合群、孤僻、性格高傲;太近了也不好,因为这样容易让别人说闲话,而且也容易使上司误解,认定你是在拉帮结派。所以不远不近,保持适度的同事关系,才是最合适的和最理想的。

5. 要谦虚豁达

在这个世界里,那些谦虚豁达的人总能赢得更多的知己;相反,那些妄自尊大、小看别人、高看自己的人总是令别人反感,最终在交往中使自己到处碰壁。

人民公仆周恩来：谦逊实际平等待人 从不摆架子

中华民族谦逊实际的作风，集中、充分而完美地在周恩来身上得到体现。"活到老、学到老"，是他终生不渝的座右铭。早在幼年时代，他就养成了好学深思的习惯，练就了常人达不到的记忆力。他既学习书本知识，又学习实践知识；既学习前人的间接经验，又学习当代人的现实经验；他持之以恒地从同志、朋友甚至敌人那里，汲取着无穷的智慧。

他严于律己，从不掩饰自己的缺点，不掩饰自己的错误。辞世前夕，他强撑着参加贺龙元帅的追悼会，连向贺龙遗体鞠了7个躬，还对家属致歉，自责没有保护好贺龙元帅。他在我们党的领导人中，是最勇于自我批评的人，也是自我批评最多的人。他制定的《自我修养要则》，恪守终生。

周恩来身居党和国家最高领导岗位数十年，但他始终把自己当作普通劳动者，当作人民公仆。他不论对什么人，从不摆架子，从不以领导自居，在他身上看不到官气的影子。

政府管理中，如何协调和处理眼前利益与长远利益、当代人与后代人的关系？如何实现经济社会的可持续发展？周恩来坚持深思熟虑、慎之又慎。他认为国家面貌的根本改变，不是一代人的事情，需要一代又一代人前赴后继的努力。周恩来认为每一代人要做好每一代人的事，既不要给子孙后代带来不利后果，也不要企图把子孙后代的事情都做完。

周恩来是我们党内最懂得知识分子，最善于做知识分子工作，而又最为知识分子爱戴的一位卓越领导人。他在担任共和国总理后，曾经三次发表关于知识分子问题的重要讲话。他生前在知识分子中做了大量工作，交了大量知识分子朋友，其深刻影响，在今天人们仍然能够感觉得到。

中国是一个历史悠久的统一的多民族国家。周恩来认为，"所有民族都是优秀的、勤劳的、智慧的，只要给他们发展的机会；所有的民族都是勇敢的、有力量的，只要给他们锻炼的机会。"因此，"各民族是完全平等的，不能有任何歧视"。因为中国"人口众多"是汉族，"地大物博"则在兄弟民族区，所以，"各民族不分大小应互相依存，互相团结才有利"。他特别要求担任领导工作的同志应注意了解兄弟民族的心理感情，学习研究兄弟民族的历史、文化和风俗习惯，学习少数民族语言。他说："风俗习惯常是一个民族一个，因此，风俗习惯也同样应该受到尊重，如果不尊重，就很容易刺激感情"。

周恩来特别注意率先垂范，同少数民族群众水乳交融、打成一片。最感人的事例是1961年3月，他在云南西双版纳傣族自治州首府景洪城与傣族、布依族、拉祜族等少数民族人民群众共度傣族新年——泼水节的生动情景。

泼水节期间，周恩来曾三次穿起傣族服装与群众一起欢度节日。望着傣家装束的人民总理，各族群众热泪盈眶，连呼毛主席万岁，周总理好。泼水时，周恩来到达景洪街头，开始群众都用柏枝蘸着银碗里的清水礼节性地洒在总理身上。当总理看见有些群众用大盆泼水时,也拿起一个大盆泼起来,各族群众一下消除了拘束,纷纷用大盆向自己的总理泼来。依照傣族习俗,泼水节时,水泼得越多越热烈就表示彼此越亲近、越尊重。

  警卫人员要用伞给周恩来遮挡,周恩来让把伞收起来,说:"不要紧的,要到群众中去和大家一样。"他对当地干部说:"傣族群众的每滴水都是热乎乎的,我一点都不感到寒冷。""只有尊重民族风俗习惯才能和各族人民心连心啊!"各族人民每回忆起这一天都激动万分,他们说:"周总理泼的不是一般水啊,而是甘泉,甘泉落在我们身上,甜在我们心里!"穿一身民族服装,跳一段民族舞蹈,泼出一盆盆象征友谊的银水,映出一张张笑脸,这些热烈感人的画面,一下子拉近了总理同人民之间的距离,这种精神的吸引力、凝聚力是无法估量的。

  资料来源:http://zhouenlai.people.cn/n1/2022/0107/c409117-32326583.html.

第三节　性格类型与人际沟通

一、内向性格与人际沟通

  人们在交往过程中会遇到各种各样性格的人,并且在评价一个人的时候,也经常谈论该人的性格。如某人比较内向、不善交际;某人比较外向,善于交际等。那么究竟什么是内向性格?它与人际沟通有什么关系?

(一)内向性格的特征

  内向性格与外向性格的概念是由瑞士心理学家卡尔·古斯塔夫·荣格(Carl Gustav Jung)首先提出来的。他对内向与外向的特征,从思想、感情、感觉、直观等四个方面进行一些描述和分析。其中,内心性格在思想上注意思维,注意实际;在感情上将感情隐藏在内心,不流露在外;在感觉上以内心为对象,受内心唤起的思考支配;在直观上不善于交际。

  美国心理学家赖特(Reiter)也制定了一个量表,既可评价自己,也可以评价别人。在赖特的评定量表中内向性格与外向性格各有29个特征。其中内向性格的特征是如下。

(1) 不多笑。

(2) 说话正常,绝不敷衍,即使得罪他人也在所不惜。

(3) 容易受窘。

(4) 动作甚为迟缓。

(5) 吝啬。

(6) 写得比说得流利。

(7) 喜欢辩论。

(8) 不善于交际。

(9) 管理自己的东西非常小心。

(10) 容易动摇、容易踌躇。

(11) 不时改变主意。

(12) 极注意细小的地方。

(13) 不大与异性接近。

(14) 在大众面前局促不安。

(15) 不时忧虑。

(16) 容易恼怒。

(17) 一个人的时候,动作最有成绩。

(18) 兴趣偏向理智方面。

(19) 不时想入非非。

(20) 非常谨慎。

(21) 做任何事都有一个理由。

(22) 不愿受人吩咐。

(23) 时常垂头丧气。

(24) 喜欢正确,欣赏缜密。

(25) 易为赞赏所激动。

(26) 喜欢自己解决问题。

(27) 喜欢猜疑。

(28) 意见易趋极端。

(29) 不能忍受失败。

(二) 内向性格与人际沟通的关系

1. 内向性格类型的人一般不善于沟通

因为内向性格的人善于独立思考,喜欢一个人单独完成任务,所以依赖性低,与他人沟通的动机和愿望淡薄。这不利于获得社会信息、开阔思路和视野。

2. 内向性格类型的人有可能建立更深厚的感情

内向性格的人虽然表面上表现为不喜欢与人沟通,但不能否认他们有可能与少数人有着更深厚的沟通。有些人外表上显得不愿意与更多人沟通,但他们也有着不同程度的沟通动机,只是这种动机弱一些。不过一旦遇上了知心人,他们可能对沟通产生更大的热情,可能把全部精力集中于此,从而与知心人建立起更深厚的感情和更永久的友谊。

二、外向性格与人际沟通

外向性格是与内向性格相对应的一种性格类型,它与人际沟通也存在着一定关系。

(一)外向性格的特征

赖特也描述和分析了外向性格的特征。在思想上内容多为客观的材料;在感觉上对外界事物反应特别敏感;在直觉上善于表现。

赖特认为外向性格的特征如下。

(1) 易于大笑。
(2) 顾惜别人。
(3) 很少受窘。
(4) 肯借钱给人。
(5) 动作迅速。
(6) 说话流利。
(7) 不喜欢固执争辩,愿意让步。
(8) 容易交友。
(9) 对自己的日用物品漫不经心。
(10) 判断迅速。
(11) 一经断定,轻易不变。
(12) 喜欢大概,不愿追根寻底。
(13) 易受异性的吸引。
(14) 在大庭广众面前落落大方。
(15) 很少忧虑。
(16) 不介意别人的批评。
(17) 喜欢在众人面前做事。
(18) 喜欢户外运动。
(19) 很少沉于冥想。
(20) 不十分谨慎。
(21) 常根据冲动行事。
(22) 服从命令,认为这是最自然不过的事。
(23) 不讲精密,只求大体无误。
(24) 很少沮丧。
(25) 不因赞赏而激动。
(26) 解决问题时喜欢求教于人。

(27) 很容易理解别人的语言和动作。

(28) 大部分的意见偏于保守。

(29) 能经得住失败。

(二) 外向性格与人际沟通的关系

1. 外向性格类型的人一般都善于沟通

在生活中外向性格的人机敏、好动,愿意表现自己,有能力应付难堪的场面,愿意与别人打交道。如果这种性格的人热情而诚实,那么他会在人们心中享有较高的知名度,将比其他人更快获得社会信息、产生更大的影响。因此,在一些公共社交场合,最活跃、影响最大、最引人注目的是那些外向性格的人。

2. 外向性格类型的人在沟通程度上可能受到影响

外向性格的人善于沟通,但不能说都有较深的沟通。一般说来,外向性格的人在沟通面上要比内向性格的人广一些,但是在沟通程度上,外向性格与它没有内在的必然联系。

📌【小贴士】

别小看"社交恐惧症",你可能真的生病了

"社交恐惧症"属于焦虑障碍的范畴之一,属于被明确诊断的精神科疾病,在青少年期发生的频率相对较高。但是这不代表我们平常所说的"喜欢独处"以及"逃避聚会"等都属于"社交恐惧症"。那么我们应该如何正确看待"社交恐惧症",又应如何正确处理"社交恐惧症"带来的影响呢?让我们听听专家怎么说。

"社交恐惧症"到底是什么?

在公众场合下,对自己的社交行为产生担忧、紧张感,以及外在表现过度不自然的人,容易患上"社交恐惧症"。这种心理和行为会对人的社交活动产生"回避"的效果,但此时不能断定其患有"社交恐惧症"。只有当这种"回避"对其社会功能产生影响,且持续时间长达半年甚至更久时,才会初步被诊断为"社交恐惧症"。

同时需要注意区分"内向性格"与"社交恐惧症"的差别。"社交恐惧症"指情绪的过度紧张和焦虑,但内向性格的人更多的仅是羞于表达,情绪起伏不会过大。因此内向并不等于"社交恐惧症"。

如何正确治疗"社交恐惧症"?

对"社交恐惧症"患者可以先做一些心理上的辅导,比如常见的认知行为治疗。对青少年群体也可以在模拟的场景中做一些适当的团体社交技能的训练,但不可违背当事人的个人意愿,一定要征求其意见后进行尝试。

"社交恐惧症"患者自己可以尝试积极的心理暗示,也可以做一些放松训练,比如一分钟的自我深呼吸调整,来达到个体的生物反馈使身体放松下来。

当患者出现多种焦虑症状共同发作的严重情况时,就必须采取对应的药物治疗,比如一些抗焦虑或者安定类的药物,但要注意不能滥用药,防止出现副作用。

"社交恐惧症"患者应该怎么做?

首先应该正视"社交恐惧症",这并不是一个时髦的"流行病"。随着当今社会的发展,社会压力在不断增加,对社交能力的考验也在逐步增强,这就要求我们更应该强化自己的抗压能力,即使出现了类似回避社交的心理问题,我们也不能放任这种心理的增生。

"社交恐惧症"患者如果无法走出交流的困境,可以先尝试一些线上的沟通方式,比如联系政府热线机构,寻求专业的心理指导,帮助自己树立信心,进而走出家门到正式的心理机构进行进一步的治疗。

"社交恐惧症"并不是时髦的代言词,而是一种值得关注的精神障碍,尤其是青少年群体更应该引起重视。我们应该让自己的内心阳光起来,积极地融入群体。即使出现心理问题,只要做到正确的自我调节并进行必要的医学治疗,"社交恐惧症"就不会困扰我们身心的健康发展。

资料来源:http://lxjk.people.cn/n1/2021/1123/c404177-32289625.html. 2021-11-22.

第四节 情　　商

一、情商的内涵

情商是情绪商数的简称,又称情感智商,是人们对自我情绪的认知、控制并进行自我激励;对他人情绪的理解并与他人相处、合作的能力。简而言之,情商就是一个人自我情绪管理以及管理他人情绪的能力。

情商高有多重要?

美国曾经有个机构,调查了188个公司的管理层的智商和情商,意外地发现,情商的影响力是智商的9倍。

我们或许并不一定要做一个八面玲珑的社交达人,但至少要学会做一个会沟通、人缘好、路子宽的人,这样当你遇到困难的时候会有人愿意扶你一把。

庆幸的是,情商是后天的,沟通的能力也是可以培养的。最好的培养方式当然是实践,多和人接触,多反思自己。但遗憾的是,很多人并不知道怎么跟人打交道,怎么跟人沟通,怎么跟别人维持长久的关系,怎么跟比自己厉害的人相处,甚至更严重的是,自己被人嫌弃了也觉察不到。

资料来源:http://www.sohu.com/a/222536974_158602. 2018-02-13.

情感智商是由美国哈佛大学的心理学教授戈尔曼 1995 年在他出版的《情绪智商》一书中提出的,其内涵主要包括五个方面。

1. 自我意识

自我意识就是通过自我感觉来认识自己的情感,并从情绪中脱离出来的能力;当对待他人的情绪时,不被自己的情绪所左右,以至产生过激的行为。积极的自我意识包含着对自身素质的清醒认识,也就是所说的有自知之明。对自己的素质的有意识运用,能促进自我的发展,使之行为有效。这是情商的基础。

2. 情绪控制

情绪控制就是针对具体情况的恰当的表达方式,也就是建立在自我认知基础上的情绪管理,学会做情绪的主人,学会控制情绪就是成功和快乐的关键所在。

3. 自我激励

自我激励就是树立目标并努力去实现它。人们本来就有人性的软弱,就是伟人也会有与常人一样的缺点和错误;但不同的是,他们善于战胜这种人性的软弱。

4. 认知他人情绪

这是指富有同情心,并有认知和分享他人情感的能力。

5. 人际沟通能力

这是指人与人之间良好、有效沟通的能力。人际沟通实际上是衡量个人情商水平高低的一个重要尺度。

另外,挫折承受能力即人们面对挫折而产生的适应能力也很重要。挫折承受能力的强弱,直接影响到一个人情商水平的高低。

二、情商的作用

情商既表现理性的智能,也显示人性的智慧。情商既让我们认同与珍惜他人的感受,又使我们在日常生活中有效地应用信息和情绪的力量。戈尔曼认为,在人生发展过程中,智商决定人生的 20%,情商则主宰人生的 80%。在美国还流行着一句话:"智商决定录用,情商决定提升"。

一个人的成功取决于智商与情商的有机结合。针对智商而提出情商概念的积极意义在于把成功的要素从狭窄的智力领域扩展到自我认识乃至人际关系的领域。事实上,智商高的人,并不一定都成功;而智力一般但善于控制自己情绪并能与别人良好沟通的人却会表现不凡。

【复习思考题】

1. 人际关系有哪些特点？
2. 谈一谈如何根据自己的性格来进行人际沟通？
3. 什么是情商？

【情景模拟】

(1) 模拟情景：刚换到一个新的工作岗位，总会感到万分别扭、战战兢兢，可是一些资深的同事却是对你待理不理。甚至在一些事情上还故意跟你作对，使你觉得简直无所适从，可又别无选择。你该怎样与这些同事相处呢？

(2) 模拟目的：通过现场观摩或模拟，对如何与同事进行有效沟通有直观的感知和印象，并对具体的沟通原则和技巧要求有较深的记忆。

(3) 模拟环节：提前要求学员按照要求进行准备，由老师带队组成资深的同事，通过故意设置难题来考察学员在沟通中的表现，并由其他学生观察指出其中的问题。

(4) 技能要求：熟练沟通原则和技巧，在实践中发现问题并及时纠正，提高实际沟通能力。

拓展阅读 4.1
用微信联系领导，三个细节要注意

第五章

演讲与谈判技巧

【学习目标】

1. 了解演讲的概念、特点、类型、作用。
2. 熟知演讲的准备工作内容,掌握演讲的技巧与培养方法。
3. 理解谈判的概念与特点,谈判的原则、程序,重点掌握谈判策略与技巧。

【技能要求】

1. 通过训练,掌握演讲技巧,克服演讲中的障碍,提高演讲水平。
2. 通过训练,熟练掌握谈判策略和技巧,能进行较高质量的谈判。

"灵魂谈判"的谈判底价是怎么测算的? 国家医保局揭秘

近日,"70万一针的天价药进医保"登上了热搜,成为社会各界关注的热点。为使大家对医保药品目录调整工作有更加全面、客观的认识和了解,国家医保局医药管理司相关负责人接受了采访,深入解读了2021年国家医保药品目录准入谈判(以下简称"药品谈判")工作安排和有关考虑。

现场谈判仅是目录调整过程中的一个环节

国家医保局医药管理司相关负责人介绍,国家医保药品目录调整是一项系统性工作。2021年国家医保药品目录调整自5月份启动,至11月底结束,历经大半年时间。现场谈判仅是目录调整过程中的一个环节。在"灵魂砍价"前,医保方和企业都要开展大量准备工作,反复论证、评审、测算、沟通,确保谈判工作科学、规范、公平、公正,并全程留痕。

"药品谈判是医保部门与医药企业就药品支付标准(独家药品的支付标准一般等同于其价格)进行磋商,磋商结果直接决定该药品是否被纳入及以什么价格纳入国家医保药品目录。根据国家医保局颁布的《基本医疗保险用药管理暂行办法》第十二条,独家药品通过准入谈判的方式确定支付标准。"该负责人说。

该负责人表示,开展药品谈判,主要目的是充分发挥医保部门战略购买的作用,对纳入谈判范围的药品,以"全国医保使用量"与企业磋商议价,统筹实现提升基金使用效率、减轻患者负担的目标,用有限的医保资金发挥最大的保障效能。同时,通过医保基金的价值购买、战略购买,引导医药产业走创新发展道路。

谈判最终能否成功取决于医保方和企业方的底线是否存在交集

谈判底价是怎么产生的?该负责人介绍,谈判底价由医保部门组织专家测算产生。一方面,对于获得谈判资格的药品,医保部门组织相关企业按统一模板提交测算资料,主要包括:药品基本信息,相关安全性、有效性、经济性等信息,意向价格,以及相应证据材料。另一方面,医保部门组织药物经济学、医保管理等专家,从药品成本效果、预算影响、医保基金负担等角度开展科学测算,形成医保基金能够承担的最高价,即谈判底价,作为谈判专家开展谈判的依据和底线。

谈判现场不让企业报价,由专家直接亮出底价,看企业能不能接受岂不更直接?对此,该负责人说,根据现行谈判规则,现场谈判由企业方、医保方共同参加,企业方由授权谈判代表、医保方由谈判组组长主谈,现场决定谈判结果。首先由企业方报价,企业方有两次机会报价并确认。如企业第二次确认后的价格高于医保方谈判底价的115%(不含),谈判失败,自动终止。如企业第二次确认后的价格不高于医保方谈判底价的115%,进入双方磋商环节。双方最终达成一致的价格必须不高于医保方谈判底价。谈判过程中,企业授权代表可通过电话等方式请示,但应现场给出明确意见。谈判结束后,无论是否达成一致,双方现场签署结果确认书。

"谈判最终能否成功取决于医保方和企业方的底线是否存在交集。从实践看,医保方谈判专家的职责是利用谈判机制,引导企业报出其能够接受的最低价格。也就是说,谈判专家在基金能够承受并且企业可以接受的范围内,努力为老百姓争取更为优惠的价格,这就是'灵魂砍价'的魅力和价值所在。"该负责人说。

鼓励企业开展药品真实世界研究

对于拟进入目录药品的有效性,在调整过程中如何把握?该负责人表示,按照现行规则,为保证药品有效性,主要从以下几个方面着手。

一是药品必须通过药监部门审评,获批上市。《基本医疗保险用药管理暂行办法》第七条规定,纳入国家《药品目录》的药品,应当是经过国家药品监管部门批准,取得药品注册证书的化学药、生物制品、中成药(民族药)。近年来国家医保药品目录调整,主要面向近几年新获批上市的药品。

二是企业必须提交能够证明药品有效性的资料。在申报、评审、谈判等阶段,均组织相关企业按要求提交有效性等方面的数据资料及对应证据。为保证资料真实性,在申报环节对企业提交资料进行公示,接受全社会监督。请药监、卫健等部门提供药品支持资料,为评审提供支撑。

三是药品能够通过专家评审。按照调整规则,符合申报条件、申报成功的药品,需要接受药学、临床医学、药物经济学、医保管理等方面专家的多轮论证。在2021年的评审中,研究制定了评审指标体系,专家们从安全性、有效性、经济性、创新性(传承与创新)、公平性等方面,分别对西药和中成药进行了评审。

该负责人举例说,甘露特纳胶囊被列入"重大新药创制国家科技重大专项"支持范围。2020年、2021年均申报成功,且均顺利通过了专家评审。2020年谈判失败未被纳入目录。在今年的调整中,经过32名专家评审,得到了70.47的平均分,按规则给予该药谈判资格。通过谈判,降价66.92%纳入目录。通过谈判降价和医保报销,患者用药负担将显著降低。

"需要指出的是,由于目前纳入调整范围的药品多为新获批上市的药品,不少甚至是当年上市的药品,专家评审依靠的多是药品临床试验阶段收集的资料。在将来的工作中,将鼓励企业开展药品真实世界研究,在目录调整中将更多依靠真实世界研究数据。"该负责人强调。

将用药选择权、决策权真正还给临床医生

2004年,原劳动部印发《国家基本医疗保险和工伤保险药品目录》,开始限定医保药品支付范围,并沿用至今。客观地讲,限定医保药品支付范围在特定历史条件下对维护基金安全、防止药品滥用发挥了一定作用。但同时,限定支付范围的公平性、合理性也屡受质疑。

对此,该负责人表示,自国家医保局成立以来,积极开展国家组织药品集中带量采购、药品目录准入谈判,全力推进DRG、DIP等支付方式改革,强化医保基金监管,着力提升医保信息化、智能化管理水平,全链条全系统发力,药品使用监督管理能力和水平显著提高,在说明书之外再对药品支付范围进行限定的必要性已大幅降低。同时,越来越多的医务人员和患者反映,医保药品支付范围限定逐渐成为影响临床合理用药、甚至引发医患纠纷的重要因素。因此,从维护患者用药公平、改善医患关系、便于临床合理施治的角度,有必要将目录内药品支付范围逐步恢复至药监部门批准的药品说明书的范围,将用药选择权、决策权真正还给临床医生。

"对今年调整中谈判成功的94个药品,支付范围已全部与说明书一致。"该负责人表示。

该负责人进一步介绍,目录内原有支付限定的其他药品,鉴于支付限定调整复杂敏感,涉及基金安全、患者受益和企业利益,为稳妥有序、公平公正,经研究,决定开展医保支付标准试点。在试点过程中,根据企业自愿申请,将纳入试点范围的药品支付范围同步恢复至药品说明书。前期,组织专家对试点工作反复研究论证,征求了财政、卫健、药监等部门及地方医保部门意见建议,并达成一致。同时,也征求了相关企业的意见建议。部分化药和中成药,如注射用甘氨双唑钠、艾瑞昔布片、盐酸阿比多尔片、丹红注射液等30种药品被纳入试点范围,按照规则重新确定医保支付标准,并将支付范围恢复至药品说明书。试点期间,拟将所有试点药品全部纳入重点监测范围,强化监管,确保药品使用的合理性,维护患者利益和基金安全。

最后,该负责人表示,下一步,将根据试点进展情况,在确保基金安全和患者用药公平的前提下,按照减少增量、消化存量的原则,逐步将目录内更多药品的支付范围恢复至药品说明书。

资料来源:http://yn.people.com.cn/n2/2021/1208/c378440-35040696.html. 2021-12-08.

第一节 演讲及技巧

一、演讲的含义与类型

(一)演讲的含义

演讲,又称演说,讲演。它是一个人在公共场合向众多人就某一问题发表意见或阐明事理的传播活动,其基本模式为一个人讲,众人听。它是以讲为主,以演为辅,讲演结合的信息传播活动。

具体而言,讲,就是陈述,就是运用口头语言把要发表的意见或阐明的事理表达出来,达到说服公众的目的;演,包含演绎和表演两种意义,特指运用非语言行为来体现和辅助口头语言表达的内容,给人以艺术化的具体表象,强化口头语言表达的效果。

(二)演讲与交谈的区别

1. 口语化性质不同

演讲适合于隆重的场合,属于典雅口语体;而交谈则适合于一般的社交场合,属于事务口语体。

2. 艺术表达程度不同

演讲表达的艺术性比交谈更强烈;而交谈则多使用平常的语言和体态来表情达意,较为朴素。

3. 沟通气氛和目的不同

演讲是一个面对众人的社会活动,注重理性的教育和行动的导向性,以演讲者为中心，听众一般很少插话；而交谈则是在较小的交际场合进行的面对面的沟通形式，沟通是明显的双向交流，并主要用来发表见解、应酬及聊天。

4. 准备过程不同

演讲需要有事先准备好的讲稿或演讲提纲，有一个较系统的预先准备过程；而交谈的过程就较为简单，随意性较强。

(三) 演讲的要素及特点

1. 演讲的要素

(1) 信息

信息由演讲者与听众共享。演讲中的信息，主要是言语信息。词语描述以抽象概念为主，因为听众的阅历不同，观察事物的角度不同，对同一词义的理解就不可能一致，这就要求演讲者找到沟通的参照物，达到沟通的共识。

(2) 演讲者

演讲者是信息的发源地。演讲者主要以语言传递信息，还包括用其他形式，如动作、表情等传递非语言符号的辅助信息，甚至演讲者的生理特征、衣着装束、音容笑貌等对传递信息也有影响。

(3) 听众

在演讲过程中，听众是一个情况各异的群体，极为复杂，要想使演讲为大部分人所接受，演讲者在演讲前对听众要有充分的了解。

2. 演讲的特点

演讲是一个双向过程，即演讲者通过声音、姿态、手势等将信息或问题传递给听众；听众通过身体姿势、兴趣、眼神、注意力等反馈信息，或通过声音、姿态、手势等回答问题。这一过程具有以下特点。

(1) 能够直接产生社会效应

由于听众广泛，在特定的时间和场合，演讲者面对听众发表讲话，往往产生极强的说服力和感染力。

(2) 变文字为有声语言

演讲者运用生活化、口语化、大众化的语言，引经据典，将信息传达给听众。

(3) 要求演讲者能够随机应变，具备较高的临场发挥水平。

(四) 演讲的类型与作用

1. 演讲的类型

(1) 根据演讲的目的和对象，演讲可分为四类。

① 娱乐性演讲

有时也叫饭后闲谈，主要是给人们倾诉愉快之感，毋须记住所说的事情。这种演讲的中心议题由一连串幽默语言组成，偶尔也涉及一些真实可靠的消息。如庆功宴会的娱乐性演讲。

② 传授性演讲

传授性演讲也称讲解性演讲，主要是传递信息，而不是为某个特定的观点辩护，应避免演讲者与听众发生争议。

③ 说服性演讲

说服性演讲，是指说服一些持有反对意见或者态度冷淡的听众赞同或支持某种观点主张。这种演讲要富有激情感染力和逻辑说服力，以便使听众同意演讲者的观点。

④ 鼓励性演讲

鼓励性演讲是鼓励、说服人们为信仰采取行动。如募捐、献血、支持一项事业或为某项工作加倍努力。这类演讲常用激动人心的语言，它的有效性在于听众与演讲者的观点基本一致。

(2) 根据演讲者的应用领域不同，演讲还可以分为以下几种。

① 政治演讲，包括竞选演说、就职演说、述职演说、政治动员、开(闭)幕词、祝酒词等。

② 学术演讲，包括科研报告、学术讲座等。

③ 社会生活问题演讲，包括演讲比赛、巡回报告等。

④ 教学演讲，教师用的有开场白、结束语、介绍作家作品以及进行的思想教育；学生用的有读书报告、问题辩论、专题演讲、论文答辩等。

⑤ 法律演讲。

2. 演讲的作用

演讲作为一种社会实践活动，它有着不可估量的社会作用和社会价值；同时演讲是人际沟通的重要手段，也是宣传鼓动的重要方式。哪一位出色的政治家、外交家、活动家不具有出色的演讲才能？拿破仑对出征前战士的演讲，使他们激动得热血沸腾；林肯在葛底斯堡的两分十秒演讲奠定了几百年的治国纲领，其影响超越了国界；列宁的每场公开演讲都使工人欢欣鼓舞，让敌人闻风丧胆。

在现代社会，演讲也是传授文化知识，促进科学理论发展的重要手段。如财富论坛活动中的专家讲演。管理沟通需要出色的演讲才能。它不仅是杰出人物应具的品质，也是普通人应备的才华。

二、演讲的准备

一次成功的演讲，取决于充分的准备。演讲的准备工作主要为了分析为什么演讲(why)、给谁演讲(who)、演讲什么(what)、何时演讲(when)、何地演讲(where)、怎样演讲(how)等问题。其中,最重要的是三个方面的问题。

一是确定为什么演讲(why),也就是演讲意图和目的。只有当目的明确后,才能有的放矢地准备演讲内容。演讲的目的主要包括告知、说服和娱乐。

二是分析听众即给谁演讲(who)。由于听众职业、职务、年龄、性别、文化水平的差异,对演讲的内容和方式有不同的要求。只有把握住不同听众的要求,演讲者的演讲才能受听众欢迎,得到听众的认可。

三是选择论题即演讲什么(what)。它非常关键,它不仅是演讲的主题,而且包含演讲的知识面和知识点。只有根据听众的需要选择论题,组织材料和安排内容,才能吸引众的注意力。

具体准备工作如下。

(一) 确定演讲的题目

演讲的题目要做到如下几点。

1. 准确、直接、具体

和写作其他文章一样,演讲的题目也要起到画龙点睛的作用,使公众一眼就能看出演讲的主要内容。第二次世界大战时期,保加利亚共产党总书记季米特洛夫在德国法西斯的法庭上,发表了"控诉法西斯"的演讲,题目简单直接,震动了世界。

2. 新颖、醒目、有吸引力

演讲最怕没有新意,题目应不落俗套,给人以新鲜感,甚至使公众产生悬念。

3. 生动活泼

演讲是一种与公众直接交流的语言艺术,容不得反复琢磨,应当让人一听就懂。因此演讲题目应当避免咬文嚼字,故弄玄虚。

4. 有时代气息

演讲题目要想吸引公众注意,必须紧密结合时代,使人产生亲近感。

(二) 写好演讲的开场白

出色的演讲高手总是在开篇便一鸣惊人,他们会立即抓住听众的心。作为演讲者,你必须从登上讲台的那一刻起就吸引听众的注意力。否则的话,你将不能顺利传递你的信息,无法让听众保持对你演讲话题的兴趣,最终丧失你在讲话中的主导地位。

作为演讲者,不管你准备了多少演讲内容,最初的30秒非常重要。不要小看这短短的开场白,它将决定此后你所说的每一句话的命运。听众将根据你给他们留下的第一印象来决定是否耐心聆听你的演讲。因此你必须把握好自己的开篇。

从不同的角度来看,演讲的开场有不同的形式。

1. 从演讲的内容来看,常见的开场形式有以下几种

(1) 从一件具体事件开始。
(2) 陈述一件惊人或意外的事件。
(3) 从演讲题目入手。
(4) 由当时的社会形势引入主题。
(5) 要求公众举手提问。
(6) 给公众提一个问题。
(7) 使用展示物。
(8) 引用他人的言论等。

2. 从演讲的风格方面看,常见的开场方式有以下几种

(1) 轻松幽默型

在演讲开篇的时候,演讲者故意讲一些与主题看似无关、诙谐幽默的话,给听众一个惊喜。

(2) 感情趋近型

演讲者为了在心理上与公众拉近距离,故意找一些公众熟悉的、关系他们切身利益的话题开始。

(3) 悬念吸引型

演讲者在演讲开始前先提出一些能调动公众想象力、思维能力的问题,以便引起他们对演讲的注意。悬念的设置要与演讲的内容相互呼应,让公众在不断地猜想中逐渐进入演讲的主题。演讲者事先估计听众会从某个方面思考问题,得出结论,故意在演讲开始时就主动提出来,然后立即进行反驳,用先声夺人的方式树立自己的观念,显得非常有力。

又一次历史性演讲

新年伊始,素有"世界经济风向标"之称的达沃斯世界经济论坛,再次迎来振奋人心的中国声音。1月17日,中国国家主席习近平在北京出席2022年世界经济论坛视频会议并发表重要演讲。这是习近平主席继2017年和2021年之后,在世界经济论坛所作的又一次历史性演讲。

为世界最终战胜疫情提供信心。当前,疫情反复延宕,病毒变异增多,传播速度加快。各国不是乘坐在190多条小船上,而是乘坐在一条命运与共的大船上。面对全球抗疫的复杂形势,习近平主席呼吁,世界各国要加强国际抗疫合作,积极开展药物研发合作,共筑多重抗疫防线,加快建设人类卫生健康共同体。中国以实际行动打造了防控疫情的样板,以加强国际合作树立起团结抗疫的标杆。中国始终站在国际抗疫合作的"第一方阵",担当疫苗公平分配的"第一梯队",践行了习近平主席向世界做出的政策宣示,开辟了冲破疫情至暗时刻的前行之路,提振了世界各国战胜疫情的信心。

为世界经济复苏注入动力。疫情给世界经济和全球治理带来严重冲击。如何推动世界经济走出危机、实现复苏?习近平主席在深刻剖析世界经济复苏面临的诸多制约因素后,有针对性地开出"药方"——必须加强宏观政策协调。当前,世界经济复苏进入关键阶段,如果主要经济体政策"急刹车"或"急转弯",将产生严重负面外溢效应,给世界经济和金融稳定带来挑战。中国坚守国际道义,呼吁主要经济体树立共同体意识,为全球治理体系改革指出正确方向,彰显世界第二大经济体的责任担当。

为全球共同发展贡献智慧。疫情吞噬了过去10年的全球减贫成果,南北差距、复苏分化、发展断层、技术鸿沟等问题更加突出。围绕发展这一世界各国面临的共同课题,习近平主席深入阐述中国关于重振全球发展事业的主张,描摹了"努力不让任何一个国家掉队"的美好愿景。从2021年9月在联合国郑重发起全球发展倡议,到二十国集团罗马峰会等平台进一步阐释该倡议的核心理念和丰富内涵,再到在2022年世界经济论坛上强调该倡议是向全世界开放的公共产品,习近平主席聚焦推动全球共同发展发出中国声音,向世界表明中国始终是全球发展事业的坚定实践者和贡献者。

为世界指明和平发展、合作共赢的人间正道。当今世界并不太平,冷战思维沉渣泛起,保护主义阴魂不散,单边主义逆流横行。无论是打造"小院高墙""平行体系",还是搞排他性"小圈子""小集团",抑或是泛化国家安全概念、煽动意识形态对立,种种行径都对世界和平安全有百害而无一利。"和平发展、合作共赢才是人间正道。"习近平主席鞭辟入里,一语道出绝大多数国家反对"新冷战"、反对分裂世界的共同心声,表现出中国始终站在历史正确一边、站在国际公平正义一边的坚定立场。

阐明中国同世界共享机遇、共创未来的发展方向。中国的发展与世界命运密切相关。演讲中,习近平主席介绍了中国发展的历史性成就和良好势头,指出中国将坚定不移推动高质量发展、坚定不移推进改革开放、坚定不移推进生态文明建设,并强调中国有信心为世界奉献一场简约、安全、精彩的奥运盛会。这份关于中国发展前景和政策导向的权威阐述,必将增进世界各国对中国未来的理解和信心,中国的高质量发展和扩大开放必将给世界经济复苏带来重大利好。

不论风吹雨打,人类总是要向前走的。习近平主席的历史性演讲把脉时代之变,擘画人间正道,凝聚起战胜困难和挑战的强大力量,必将对世界未来发展产生积极而深远的影响。

资料来源:http://opinion.people.com.cn/n1/2022/0119/c1003-32334383.html. 2022-01-19.

(三)构建演讲的主体

演讲的主体指正文部分,是演讲的核心内容。要求演讲的主体部分内容丰富、信息量大,能够给听演讲的人以充实的知识、富有启发性的思想。写作演讲的主体部分要求如下。

1. 脉络清晰,紧扣主题

演讲需要才华横溢,幽默生动,但绝不能为了说笑话而说笑话,东拉西扯,不着边际。在组织演讲材料时,演讲者一定要根据设定的主题来取舍材料,没用的废话不说。

2. 层次分明,结构严谨

演讲如同一篇文章,每个段落、每个小节的内容安排必须有着内在的联系,纲目分明,推理过程符合逻辑。

3. 内容充实,语言简练

演讲的内容要经过充分的选择,避免说一些人人讨厌的空话、大话、假话,要根据实事求是的原则,如实向听众说明问题。同时演讲者还要注意语言的简练,华而不实、过分修饰的文字都会引起听众的反感。

4. 节奏适度,张弛有致

演讲是说给听众听的,不同于文章可以自由选择阅读速度。所以演讲者在撰写演讲稿的时候,必须考虑公众的接受能力,方便问题的提出;有张有弛,便于听众理解要说明的问题,同时使听众在听演讲的过程中享受到一种乐趣。

(四)做好演讲的结尾

演讲的结尾要顺理成章、深刻精彩、压得住台。合理的结尾应当能够对演讲的主题起到强化和提升的作用,使整个演讲得以升华。如果演讲在主题尚未充分展开之前就仓促收尾,会给人"虎头蛇尾"的印象,使听众不知所措。反之,演讲该结尾了,公众已经几次鼓掌致谢,演讲人还在那里"再强调几点",就有"画蛇添足"之意。

总之,演讲的结尾很有学问,没有现成的模式可以照搬照抄,演讲者一定要充分运用自己的大脑认真思考,追求一种"语不惊人死不休"的境界。

在演讲稿写好以后,有时为了达到预期的效果,演讲者可以在小范围内进行试讲,请一些有经验的朋友提提意见。这也可以使演讲者熟悉自己演讲的内容,对如何安排演讲的时间和节奏做到心中有数。

三、演讲的技巧

(一)演讲的心理准备技巧

1. 调整认识,积极应对

用演讲成功有效的积极声明来取代消极声明。如果总是担心"会把准备好的内容忘得一干二净""我不适合作演讲",那么担心可能会真的变成现实。可以这样进行调整。

(1) 建立正确的认识,并承认这样一个事实——怯场是一种心理上的反应,只要能放开来讲,就可以改变,要相信自己的实力。

(2) 了解消极声明的主要内容,然后审查剖析,看其有无合理之处。

(3) 以积极声明代替消极声明,自我鼓励:"只要我不慌不忙地讲,就能获得演讲的成功""凭我的实力和充分的准备,我完全能行"等。

(4) 在专家指导下进行针对性地训练,有效减轻怯场心理。了解害怕当众说话的实情。你害怕当众说话并不奇怪。某种程度的登台恐惧感反而有用,我们天生就有能力应付环境中不寻常的挑战。许多职业的演说家都没有完全消除登台的恐惧。

即使登台的恐惧一发而不可收拾,造成心灵的滞塞、言语的不畅、肌肉过度痉挛无法控制,因而严重降低了你说话的效力,你也毋需绝望。只要你多下功夫,就会发现这种上台恐惧的程度,很快便会减少到某一水平,这时它就是一种助力,而不是阻力。

2. 充分准备,克服怯场心理

怯场心理大多是对准备工作心中无数而产生的。可以从以下几个方面克服怯场心理:要自信;演讲提出的论题能被有趣而具体的实例证明;演讲的结构已成竹在胸,并已在演讲前演练;有一篇条理清晰的稿子,演讲时能轻松自如,举止适度;准备记录资料的摘录卡片,记下演讲的思路、重要的词和短语,可帮助回忆论题;提前几分钟入场,熟悉环境氛围,调整自己的状态。

3. 做些设想

预先想一下将要做的事情,越具体越好;另外,牢牢记住自己的形象,这有利于演讲时去完成这种形象。凭想象可以创造出任何一种意境。

4. 嗓音练习

在条件允许的情况下,应练习演讲时所需要的洪亮的讲话声音。在清晨大声呼喊、放松声带,在有条件的情况下放声歌唱。

5. 表现得信心十足

把身体站直,直视听众,然后开始信心十足地讲话。演说家们觉察到,自己能够轻易地克服恐惧和焦虑,并且从前可能会失败的事,现在却成功了。

(二)上台演讲的技巧

演讲的各种准备,最终要通过走上演讲台发表演讲表现出来。

1. 面对听众

一般要面对听众站着。要站得稳,别扭的站立姿势会分散自己或听众的注意力;不要把桌、椅、讲台作为"拐杖",把身体靠在上面;站立时也并不意味着纹丝不动,根据演讲的需要可来回走动,有时甚至可以走到听众中间的过道上去。

演讲者走上讲台,应该精神饱满,容光焕发,富有朝气,给听众留下深刻的印象;表情自然,镇定自信;用眼神与听众进行诚恳的交流,正视听众,不要超越听众的头顶或凝视远方。

2. 塑造形象

演讲者的仪表风度,听众会严格审视和评判。演讲者要保持良好的仪表风度,需要饱满的精神状态;衣着打扮得体、协调、适中、和谐,与演讲内容、环境氛围相吻合,讲求庄重、整洁、朴素;举止彬彬有礼、不卑不亢。

演讲过程应该稳健潇洒、干练英武,给人以胸有成竹、生气勃勃的印象;还应给听众诚实的印象,用轻松的姿势、熟练的手势、愉快的情绪、注视听众等来赢得听众信任与支持。

3. 强调重点

强调重点的办法,包括有节奏的停顿,音量和语气语调的变化,还有动作、手势等。

(1) 若要让听众记住所讲的内容,内容安排是重要因素。演讲的内容和时间有限制,但听众最容易记住演讲开头和结尾的话,听众的注意力在开头最高,中间逐渐低落,快结束时又回升。这样,演讲者要费一番心思设计演讲的开场白和结尾,重点内容也最好放在开头几分钟。

(2) 开门见山地宣布你要发表一篇重要的演讲,或者某个问题比较重要。如老师说:"这一点很重要,期末考试极有可能要考。"学生们肯定会把有关内容背得滚瓜烂熟。另外,强调的内容要确实重要,阐明的论点也要易于为人理解和记忆。

(3) 重复研究表明,一个内容重复35次就能够被记住。但演讲不可能重复这么多次。可以集中性地重复,用不同的语气重复同一内容:"世界人口将在今后30年内成倍地增长。到2030年,我们这个星球的人口将增加一倍。"或者,可以用抑扬顿挫的音调重复同一句话。

4. 适当的提问

提问的问题需要是听众感兴趣的,或是演讲中易引起争论的部分。

(1) 材料一定要丰富

在提问过程中,听众不仅可以搞清楚模糊的观点,而且能反映演讲者是否真正弄懂了自己的论题。因此,在回答问题时,演讲者应补充新的材料和运用其他例子论证观点。

(2) 预先做好回答各类问题的准备

做好充分的准备就不会惊慌失措。要对各种问题和反对观点成竹在胸,让听众认为:你欢迎有这样的机会来阐明观点。

(3) 回答问题简明扼要

演讲的时间有限,一定要用最简洁的语言,回答问题。让更多的听众参与到提问中来,与听众充分交流,不要让一两个人提问而使其他人厌倦。

(4) 面向全体听众回答

除非是演讲结束后的私下交流,否则对听众的提问,一般要向全体听众重复一遍,然后回答,让大家都能听清。

(5) 要照顾到大多数人的提问

提问的气氛应活跃,不能拖拖拉拉,要让尽可能多的听众参与。如果有人接二连三地提问,在听清所提问题的要点后,要果断地加以阻止,回答了他们的问题后立即转向其他听众的问题。如果与一位听众纠缠不清,势必会影响会场气氛。

(6) 控制整个会场

演讲者应注意观察会场情况,如果提问变成了听众之间的讨论或私下交谈,那就应有所控制。如果无效,可以停止提问。要能处变不惊。

(7) 选择恰当时机结束提问

演讲提问的时间长短取决于实际情况,由于演讲时间有限,演讲者要事先设计好提问时间并告知听众,但在全体听众趣味浓厚时应继续答问。在演讲答问中,可以设法插入结论性的话作为退场话。

5. 反馈信息

听众反馈是演讲效果真实而重要的衡量标准。反馈信息表明:听众是感兴趣,还是感到厌倦?演讲者是否达到了其演讲目标?这些反馈信息可能是直接的或间接的,可能是非语言或以语言表示。听众最直接的反应是热烈鼓掌,表示赞同和欣赏。

其他反馈信息,如打哈欠、低声讲话、摇头、打盹等,可能有一定的隐蔽性——打哈欠或闭着眼睛的人也可能比看上去精神十足的人听讲更专心;频频点头的听众并不一定赞同你的观点,或许他只是在注意演讲的内容。演讲者应对这些信息进行判断,并据此调节会场气氛,甚至变更准备的部分演讲内容。

(三) 选择演讲方式的技巧

在正式场合发表演讲,演讲方式的选择至关重要。

1. 照本宣科

政治家发表的演讲常用这种方式。这种照本宣科地念讲稿,提出的观点经过推敲,很少出现漏洞,演讲稿也可以直接传阅发表。但是,这种方式的不利方面是演讲者只顾念稿,与听众的沟通极少,会场气氛冷淡枯燥;听众也会提出疑问:他的讲稿是不是由别人(秘书)撰写的(在宣读出错时尤其如此)?因此怀疑演讲者的能力。

2. 背诵演讲

同一讲稿多次使用,这是有一定的好处的,尤其是对演讲者本人。但是,这种演讲方式像是在背书,机械单调、缺乏新意,听众不乐于接受,也不利于演讲者与听众的沟通。如果演讲者突然忘了某句话,就会不知所措。演讲者要记住鳌篇讲稿,特别是那些长篇大论的讲稿,也是很困难的。

职场人上台演讲就脑袋空白,怎么办?学会演讲"套路"轻松搞定

上台演讲就大脑空白的职场人

作为一名职场人总会遇到需要当众演讲、发言的时候,比如年终总结大会自我评价、小组提案呈报、客户方案展示、项目投决会陈述,等等。在这样场合下表现好的人,总是容易让人印象深刻,而且良好的语言表述能力,更加具备说服力,容易得到自己想要的结果。

然而现实中,却有很多职场人士,遇到当众发言,尤其是那种需要上台讲述自己想法、理念、观点的场合就会出现手脚冰冷、呼吸急促、大脑空白的状态,严重的甚至像电视剧《平凡的荣耀》中魏大勋扮演的郝帅一样,一上台完全不知道说什么,结结巴巴,语无伦次,甚至半天说不出一个字,让台下的考核BOSS们都失去了耐心,差点没能通过试用期。

在这种情况下,再好的学识、再好的能力、再好的职场经验,又如何能向别人表达出来呢?正应验了一句俗语"茶壶煮饺子——有嘴倒不出"。

任正非说过一句话:"能力再强,需要工作绩效来体现。绩效考核考评的是工作中表现出来的过程行为和最终结果,而不是能力。"

当我们需要当众上台向大家展示自己成果的时候,却啥也说不出来,试问别人又该如何去了解你的能力、认可你的工作成果呢?所以有些时候我们不得不承认,在职场,良好的演讲表达能力决定着自己的关键命运。

我不敢上台,是因为……

每个不敢上台发言的职场人背后都会有着自己不同的原因。

1. 内心的自卑感

有些职场人会因为各种原因有着深深的自卑感,从小到大可能遭遇被长辈、老师、同学、朋友各种的打击与否定,从而造成自己都不如人的感觉。还有些对自己不自信,总喜欢拿自己的短处和别人的长处相比,形成自我否定,这些都是自卑感的来源。

比如前文提到的郝帅不敢上台发言,是因为从小不论多么努力,总是被爸爸否定,表面毫不在乎的他,其实内心充满着不自信,导致自卑。

2. 性格内向,有点社恐症,不喜欢发言

每个人都有着自己的性格特点,有内向也有外向。相对于内向的职场人来说,喜欢独处,不擅长与人过多交往,甚至还有点社交恐惧症,连私下和人说话交流都不愿意,更别谈要上台当众发言,更是觉得万分为难。

《脱口秀大会》上王勉就描述过这样情形,看到同事在便利店里,为了不愿打招呼,怎

么都不会进那个便利店。虽然是个段子,但也侧面表达了社恐症人们的心理状态,这种状态再上台演讲,出现各种紧张、不知所云的状况也在情理之中。

3. 没有准备好,怎么发言?

职场人还会遇到这样情况,参加会议,原以为没自己啥事,做下记录,装装样子就好,最多会后整理一份会议记录即可。结果冷不丁被领导一个点名"小X,这件事你也有跟进,你来说说你的看法。"瞬间脑袋空白,只希望这个领导点名的这个小X不是自己。

确定领导说的就是自己后,因为没有任何准备,完全不知道要说啥,站起来嗯了半天没能说出一个字;或者好不容易磕磕绊绊说完,自己都不知道说了些啥,看到领导略为失望的表情,就知道糟了,一种无力感深深涌了上来。

4. 害怕当众出丑

在一些发言者眼里,当众发言,所有人的目光就盯在自己身上,万一我说错了或者说不好被人嘲笑怎么办?我以后还怎么在公司混?

前面小张说得很好,我说的没有他好怎么办?会不会被领导拿来对比,然后就觉得我比小张差,从此影响领导对我的印象。

要是我没说好,会不会影响我的这次业绩评定?还没上台,自己先预想了各种当众出丑的情况,想象了各种坏结果来吓自己,结果就越想越害怕,越害怕发挥自然就越差。

这些就是大多数职场人们不敢或者说不愿意上台发言的原因所在。

如果说要一下子去改变性格,从内向变成外向,从不喜欢说话变成能当众侃侃而谈,明显不现实,也不需要。那对于职场人来说,我们要如何改变这种当众演讲、发言就大脑空白的情况呢?

万事讲求技巧,有些时候懂得技巧,并灵活运用,也能达到事半功倍的效果,就像打游戏,知道攻略去打和完全靠自己慢慢摸索自然也会有不同的效果。所以职场人士上台演讲、发言的时候,也有技巧可寻。

只要掌握一套演讲"套路",不论何时、何种情况上台演讲,就算不能保证一定让你脱颖而出、拔得头筹,但也可做到,顺利完整表达你的所思所想,讲出重点,让观众清晰、快速明白你的演讲要点,不会出错。

学会一套实用的当众演讲"套路"

1. 反客为主,调整演讲心理状态

上台发言的我们,总会觉得所有人的目光都聚集在自己身上,这种感觉就像原始社会的人类祖先们被一群野兽盯上,而此时大脑的"杏仁核"就会发挥生理作用,提示我们要逃离这种危险,这就是为什么上台发言会害怕的最核心、最根本的生理原因所在。

如果能改变这种感觉,让大脑的"杏仁核"没有感觉到这种被盯上的危险,自然就会大大降低对演讲的恐惧感,那要如何做呢?

反客为主,把主角由自己变成观众。

每个人上台演讲,总会觉得自己是在聚光灯下的主角,所以才会觉得被盯。我们要学会把观众变成主角,自己是配角,演讲就像是我们给观众分派礼物。

试想一下,我们去给别人分派礼物的时候,会紧张吗?明显不会,反而是领礼物的人会紧张,怕自己没有礼物可领。

用这样的思想调整心态,再配上深呼吸这个简单却实用的小招数,可以极大降低自己登台前的紧张感,为良好的演讲打下基础。

2. 学会整套演讲布局

当然只有心态,没有内容也不行。一个完整的演讲并不代表着张口就来,随心所欲,想讲什么就讲什么,那样可能你讲半天,观众也没办法理解你在说啥。演讲如同写文章需要提纲、结构来框住自己的内容,从而达到不偏离核心内容的目的。

下面这套演讲布局适用于几乎所有的演讲情况,掌握好,不论是提前准备还是临时发言,都能完美应对。

(1)坡道开场

所谓坡道开场就是要在开头学会一些技巧,把观众的兴趣吸引到你要演讲的内容中来,这样才能让他们集中精力听下去。

坡道开场适合的小技巧有以下几种。

• 震撼型:用让人震撼的故事、数据来吸引大家注意,比如我们公司去年亏损100多万,原因是什么?

• 坦白型:开局坦白自己对这次演讲的精心准备,紧张、害怕出错,一方面说出来反而缓解自己的焦虑,另一方面容易赢得观众的共鸣与同情之心,大家都能理解这种状况。

• 悬念型:开局带大家梳理一遍你想要讲的内容,然后故意制造一个小悬念,留在最后讲,这样能吸引观众一直保持好奇心听你的演讲。比如,在这样亏损的情况下,我们公司却还是本地行业第一,为什么?我最后为大家揭晓答案。

• 故事型:爱听故事是我们每个人的共性,从远古时期,人类的祖先们就有坐在火堆旁边听故事的传统,很多经典文化也是依靠故事进行传承。所以开局讲一个能吸引观众又与演讲主题相关的小故事,是一个非常好的演讲技巧,更能调动气氛,同时缓解自己的压力。

当你需要演讲,不知道如何开局的时候,可以从以上几个小技巧中选取一个适合自己的,为演讲打造一个良好开局。

(2)只讲3点

在演讲的时候,不论你想讲的内容有多么烦琐、宏大,你一定要学会把它们精缩到3点。因为人的大脑最多同时记忆3件事,如果说多了,很多信息都会被忽略。不信你可以自己尝试一下,同时记忆几件事情,是不是只有3件事会让你印象深刻。

所以在演讲的时候，大脑要用最快速的时候整理出3点，并且围绕这3点去讲，千万别随便发散思维，那样只会导致你的演讲杂乱无章，最后大家不知道你在说什么，等于白讲。

（3）甜点收尾

有了好的开头和中间部分，也要有个好的收尾才算完美的演讲，我们可以用甜点收尾法来收尾。既然是结尾就要像餐后甜点一样，不需要太长，用个极短的故事、名言、比喻引发大家想象，创造一种意犹未尽的感觉就好。

甚至可以和开头的坡道故事互相呼应，一个故事讲开头，留悬念，到最后甜点收尾的时候给出结局，做到首尾呼应，给人以完整的感觉。

3. 学会演讲"投机取巧"的小把戏

演讲除了把握全局结构之外，还可以应用一些小技巧，提高演讲的精彩程度。

精彩的内容要放在开头：演讲和写作不同，写作可以铺垫到最后一刻来揭晓答案。演讲如果铺垫过多，反而容易让人失去兴趣，所以我们精彩的内容在开头就要呈现，才能吸引听众。

用好"七秒定律"：在心理学上叫"头七秒钟理论"，就是说人与人在见面的时候，产生的好恶决定于见面的头七秒钟。所以，我们在演讲中也要学会运用这一点，在开局七秒就要有个类似相声中的"包袱"，紧紧吸引观众注意力，别太啰唆。

多用"你"字：演讲中多用"你"字，这样会让观众感觉到是在说自己，容易把自己代入到你的演讲中来，引发共鸣。小技巧，用一次"我"，就要用十次"你"。

总结

演讲虽然对职场人来说是一个挑战，但是只要学会文中所讲的"套路"，上台演讲就再也不用担心讲不出来、大脑空白、血液倒流了，总的来说要注意这几点：

调整心态，把自己从主角变为配角；

演讲用七秒定律构建坡道开场；

中间重要部分再多内容也只讲3点；

结尾用小甜点方式收尾。

同时再搭配上一些注意的小细节技巧，相信你的演讲能力一定能从不知所云，上升到完整表达，经过多次实践，成为一名演讲达人。

资料来源：http://news.sohu.com/a/530770678_120012591. 2022-03-18.

3. 脱稿演讲

演讲者运用写好的提纲帮助回忆，仔细设计和组织好要讲的话，要用的关键词。偶尔翻一下提纲卡片，就可以顺利地从一个论点转向另一个论点。脱稿演讲具备了其他演讲方式的优点。

4. 即兴演讲

大型宴会常用这种方式。出色的即兴演讲,并非随兴而发,而是演讲者经过深思熟虑的成熟的见解;演讲者往往拥有雄厚的思想基础和丰富的信息材料,有熟练的演讲技巧。如果演讲者对某个题目没有什么观点和材料要说,最好不做即兴演讲,以免既丢面子又浪费别人的时间。在这种情况下,谦虚的退让要胜过勇敢的尝试。

四、演讲才能的培养

演讲的才能尽管受到天赋的影响,但更重要的是后天的培养。只要经过正确的训练,人人都可以成为一名出色的演讲者。

(一)用心演练,激发潜能

拥有一流的口才,获得演讲的成功,其实不需要采取苛刻残酷的方法,只要掌握一定的技巧,循序渐进地训练,就能超越自我,实现目标。我们不妨从以下几个方面练起。

1. 读

要口才好,必须要见多识广,有丰富的知识。读书会使人的头脑开阔,思维敏捷,想到哪就可以讲到哪,看到哪就可以说到哪,问什么答什么。"读"又是"背"和"诵"的基础。读有默读、朗读、唱读。唱读更是有利于锻炼口才。

2. 背

它是读的发展,是熟记的必要手段。背,是培养记忆的最好方法。要多背名篇、名段、名句,久而久之,印在脑海里的东西就丰富了、深刻了、巩固了,这样演讲起来就头头是道。

3. 诵

它是背的艺术化,是要把演讲者的感情倾注到字里行间。要有抑扬顿挫、高低快慢和喜怒哀乐的色彩。

4. 讲

就是多讲,反复讲,不仅能熟记事物,而且能培养胆量、养成习惯,持之以恒可使口齿清晰,发音准确,表情丰富。到各种正式场合和非正式场合去讲,尤其是在讨论会、学习会上踊跃发言,久而久之胆子就大了。同时,每次演讲,无论是成功还是失败,是好还是不好,都要进行追踪记录,总结经验教训。

杰出的历史学家艾兰·尼文斯(Eiland Nivins)对作家也有类似的忠告:"找一个对你的题材有兴趣的朋友,详尽地把你的想法讲给他听。这种方式,可以帮你发现你可能遗漏的见解、事先无法预料的争论,以及找到最适合讲述这个故事的形式。"

5. 练

在练习表达时,设法想象面前有听众。

(1)面对着墙站立,巡视"听众"。记住与室内所有的人保持目光接触。

(2)核对演讲开始的时间。在演练期间,你要看演讲需要多少时间。

(3)要一次把所有的演讲内容讲完,不要停下来。在演讲时,要记住注视"听众"。

(4)演讲完后,看一下结束的时间。

(5)现在分析一下你的表演:是否演讲的某部分让你觉得很难?演讲的内容清楚吗?检查一下纲要。在演讲中遗漏了任何东西吗?纲要清晰和容易看清楚吗?时间怎样?需要增加或删除任何材料使其满足演讲的时间要求吗?

(6)做出必要的改变并且再练习一遍。

(二)克服演讲者的心理障碍

由于演讲集语言和非语言艺术于一身,而且是一人对多人的沟通,所以往往容易给演讲者造成很大的心理障碍。这些障碍主要有两个方面:一是自身的怯场心理;二是听众的逆反心理。

1. 克服自身的怯场心理

偌大的演讲场地、众多的听众,再加上自身的胆怯,必然会产生紧张情绪。要克服它需要做到以下几点。

(1)做好充分的事先准备,树立自信心

如果演讲的主题、材料、论证等都已经非常明确和丰富,那么就可减轻对自己信心不足的想法。一般情况下还需要准备一个较为详细的提纲,或把提纲简化为关键词,写在小卡片上。为了增加信心,可以先提前演练几遍。

(2)采用积极的心理暗示

当消极情绪出现时,可以在心里给自己增加一些积极的心理暗示,告诉自己:"我能行。""我一定会成功。"

(3)转移注意力

可运用深呼吸、闭目养神、临场活动等简单的方法使注意力转移,消除紧张情绪。

(4)熟悉演讲的场所

在有可能的情况下,先参观一下演讲场所,熟悉之后自然能缓解紧张情绪。

2. 克服听众的逆反心理

无论是知识性还是劝说性的演讲,来自听众的提问和质疑往往会让演讲陷入窘境。要克服这种来自听众的阻力需要做到以下几点。

(1)坚定信心

如果您对自己所演讲的主题、内容都不自信的话,就很难打动您的听众让他们赞同您的观点。这种信心不是盲目的,要建立在对演讲材料的充分掌握和严密的论证基础上。

(2)理解听众

在人们接受一种观点或者新事物时首先会对它的正确性、可行性、真实性等产生怀疑,这是很正常的现象。这也需要利用您准备的材料或者日常的积累来帮助听众解开疑团,打消他们的疑虑,心甘情愿地接受您的观点。

(3) 运用好停顿

当听众产生了疑虑或者不满时,不能因为一时的冲动而中断演讲,或者和听众产生争执,而要从容冷静,迅速判明原因,运用停顿来"冷处理"。此时,您可以停下来,面带微笑或稍带严肃地望着听众,把视线投向吵闹的地方,达到此时无声胜有声的效果。但是,停顿不宜超过 5 秒,停顿要适当引发话题,衔接演讲。

(4) 注意语言表达

演讲的语言要迎合听众的口味和欣赏水平,这就要求您要有丰富的语言积累,能依据听众的不同文化层次来恰当调节语言表达。这样会极大地减轻听众对您演讲的反感情绪。演讲中的障碍并不可怕,只要能采取恰当的方式就可以避免或者扫除这些障碍。

【小贴士】

宋庆龄:说话的音量,暴露了你的内在修养

有人说言语是最有效的药方,也有人说言语是最锋利的刀刃。

说话不仅是一门艺术还是最奇妙的魔术,说话的音量就像一杆量尺,标示出内在修养的高度。

1. 有理不在声高

我们总是认为声音高底气足,其实音量的高低并不能反映出一个人真正的实力与底气。不合时宜,不分场合的高嗓门反而会反映出一个人素质不高修养不够。

宋庆龄 15 岁就进入美国的一所女子大学学习。有一次,班上讨论历史方面的问题,一位美国学生站起来发言说:"所谓文明古国,譬如亚洲的中国,已经被历史淘汰了。"

坐在前排的宋庆龄听到后虽不以为然地摇了摇头但仍耐心听同学的发言。那位同学讲完后,宋庆龄就站了起来,她虽然有点激动,但仍用柔和的语调反驳了美国同学所说的话。

达·芬奇有句名言"真懂的人不需要大声叫",真正实力有底气的人,不会言辞粗鲁情绪激昂与人争得面红耳赤。

有大本事的人往往能低调办大事,他们能在交流谈话中体贴别人。与他们说话如沐春风无须费大力气。

现实生活中往往有不少人说话气势强盛。其实这部分人说话声音大,一方面是认识到了自己的错误为了掩饰内心的虚弱,另一方面是没有认识到自己的错误,企图用气势压倒别人。

老话说"自古贵人声音低",以声压人不如以德服人。

一个人的底气、能力与音量无关,不要试图以大声喧哗引起别人的关注,那样只能显示你修养不够。

2. 音量需要分场合

语言就像一根麻绳,场合不同用处不同。在不同的场合,说话的音量也不同。

在日常生活中我们要学会自我管理与自我控制,做到公共场合讲话控制音量、正式场合发言声音洪亮,家庭生活闲谈适度音量。

公共场合讲话控制音量

许多人因为习惯使然,说话嗓门大且不分场合。有不少人习惯在公共场合大声喧哗,还以自己中气足为豪。

当你在公共场合大声喧哗时候不妨看一下周围人的神情。公共场所不是私人领地,它需要大家的共同维护。

你在大声喧哗,高声欢笑的同时,也给他人带来了不便与困扰。

宋庆龄一生说话声音柔和,有人形容宋庆龄的声音说它像莎士比亚书中写的一样"她的声音柔和、安详"。

项美丽在《宋氏三姐妹》一书中回忆称"孙夫人说起话来细声慢气",宋庆龄在公共场合说话从来不见歇斯底里高声喧哗,一言一行都十分得体,显示出极高的个人修养。

正式场合发言声音洪亮

如果你认为宋庆龄说话一贯温柔,在正式场合讲话也畏畏缩缩,语焉不详,那就大错特错了。

宋庆龄的修养恰恰体现在她懂得什么样的场合用什么样的音量,她在公众面前的发言从来都是坚强有力的。

有记者这样记录与宋庆龄的会面"她一开口,声音几乎让我跳了起来:它竟如此柔和、舒缓,如此出人意料的甜蜜。"

但正是这样一位女子,在公开发表演说时却能让声音与词语展现强劲的力量。

正式场合发言要自信,声音要洪亮。声音细小如蚊虫,或含含糊糊词不达意,都会给人留下不好的印象。

家庭生活闲谈适度音量

家庭是让人放松的地方,不少人认为在家庭生活中就无须注意说话音量的问题了,其实在家庭生活中更要注意说话音量的问题。

家人是你最亲的人,也是陪伴你最久的人,与他们说话更要注意分寸,不要朝亲人大喊大叫,不要用音量来解决问题。

如果一家人一说话就像吵架,那这家人的关系肯定和睦不了。宋庆龄晚年虽因政见与家庭疏远,但她始终不忘亲情,这也与早年间宋家和睦的家庭氛围有关。

在家庭的沟通中,可能我们以为自己的说话声音很正常,其实我们的声音已经显示出过激的状态。

家庭是给人以温暖和爱的地方,但没有一个人能从大嗓门或吼叫中感觉到爱。

古语有云"修身齐家治国平天下",说话音量的高低关乎一个人的素质,控制好自己说话的音量才能更好地经营自己的家庭、规划自己的人生。

言语是世间最伟大的魔术,透过说话的语气、语调、音量,我们可以看清一个人的内心。控制好你说话的音量,别忘了你说话的音量反映出你内在的修养。

资料来源:http://view.inews.qq.com/a/20220317A00XIG00.2022-03-17.

第二节　谈判及技巧

一、谈判的概念与特点

(一)谈判的概念

谈判是人类交往行为中一种非常广泛和普通的社会现象,是人与人之间的一种特殊的双向沟通的交往方式,每人都在不知不觉中进行着谈判。古今中外,大至国与国之间的政治、经济、外交、科技、文化的相互往来,小至企业之间、个人之间的竞争与合作,都离不开谈判。

所谓谈判就是人们基于一定的需求而彼此进行信息交流、磋商协议的一种过程,是人们旨在确立、变革、发展或消除某种相互关系而进行的一种积极行为。谈判有广义和狭义之分。广义的谈判不仅指正式场合下的谈判,还指一切"协商""交涉""商量"等行为;狭义的谈判仅指在正式场合下所进行的谈判。

谈判通常是由三个要素构成:谈判主体、谈判客体和谈判环境。谈判主体是指代表各自利益参加谈判的当事人;谈判客体是谈判的议题即谈判的标的,它是谈判的核心,是一切谈判活动的中心;谈判环境是指能对谈判产生影响的一切外部因素,是谈判不可缺少的组成部分。

陈毅赴莲花谈判的一段往事

1937年抗战全面爆发后,根据中国共产党与国民党当局的协议,在江西、福建、浙江、安徽、河南、湖北、湖南、广东八省境内15块游击区(广东省琼崖地区除外)坚持游击战争的中国工农红军和游击队于10月改编为国民革命军陆军新编第四军(简称新四军)。12月14日,中共中央为加强对新四军的领导,决定成立中共中央革命军事委员会新四军分会,中共中央东南分局(后改为东南局)书记项英兼任军分会书记,陈毅任副书记。12月25日,新四军军部在湖北汉口成立。1938年1月6日,移驻江西南昌。

同年,陈毅受党组织的委派前往江西,准备对湘赣游击队实施改编集训工作。而江西莲花国民党政府对国共合作不仅态度暧昧,背地里还不断给游击队的改编集训制造障碍。为了保证改编集训工作的顺利进行,陈毅亲自到莲花县城,与国民党莲花县政府谈判。

国民党莲花县县长听说陈毅来到莲花县政府找他谈判,便临时召开紧急会议商讨对策,最后制定出坚守的三条"原则":一、不得披露抓共产党人罚劳役的消息,不释放共产党人;二、不准共产党在莲花驻军;三、不准共产党在莲花设立任何机关。

双方见面后,国民党县长立即按照"坚守三条"来搪塞敷衍陈毅,准备让他无功而返。陈毅早就看透了他的用心,并了解到此人行伍出身,好大喜功,因此谈判一开始,就直截了当地向县长问道:"现在国共合作,双方应该精诚合作,团结一致,共同对敌才对。县长以为如何?"在得到县长的肯定后,陈毅马上接着说:"今日我到贵县,发现修碉堡的民夫中,很多是红军的干部战士,他们应该上前线为抗战效力,留在此地实为不妥。"

县长生怕被指责为"破坏国共合作",只好硬着头皮说:"所有民工均为兄弟花钱雇来的,若有贵军人物,请带走就是。"

陈毅听后话锋一转:"我们想借贵县一地改编集训部队,以便北上抗日,此事如果办成,将来名扬青史,县长功不可没!"县长听到"名扬青史"几个字,心中一喜,便随口答道:"好吧,为了共同抗日,兄弟理当协助,有好地方任由贵军选择,兄弟定助一臂之力!"

"县长真是爽快人!"陈毅接着说:"为了改编集训的方便,我们还准备在贵县县城设一个联络点,以便与贵军联系,朱县长是将士出身,自然知道作战联络的重要性。"县长一时语塞,却也无可反驳,只得又答应了陈毅的要求。

陈毅随后笑着总结这次谈判道:"县长,我们今天谈判达成了三点协议:一、释放被关押的红军和共产党负责干部;二、在瑶坊垅上改编集训湘赣游击队北上抗日;三、在莲花县城设立新四军留守处莲花分处,负责接洽新四军与莲花县政府相关事宜,你看对吧?"

直到此时,县长才恍然大悟,陈毅总结的三条正是他竭力反对、却又是在谈判中应允的,无奈之下,只得又一次点头同意。

随后,湘赣游击队便在花莲开始了紧张的改编集训工作。

资料来源:http://dangshi.people.com.cn/n1/2022/0222/c436975-32356997.html. 2022-02-22.

(二)谈判的特点

1. 至少有两方参与是进行谈判的先决条件

谈判是信息的传递与沟通,至少是在两方之间,甚至于是在多方之间进行的交际活动,只有一方则无法进行谈判活动。

2. 谈判含有"合作"与"冲突"两种成分

谈判是一个通过不断调整各自需求,最终使谈判各方的需求得以调和,互相接近,从而达到一致意见的过程。因此,任何谈判均含有一定程度的合作与一定程度的冲突。

3. 谈判是一种积极的进取行为

谈判中为了达成协议,各方都会做出适当的让步和妥协,谈判的宗旨在于谈判各方都企图说服对方理解、允许或接受自己的观点。因此,谈判双方都要积极协调自己的行为,以寻求共同点。

4. 谈判是科学与艺术的有机整体

首先,科学性体现在谈判人员必须以理性的思维对涉及的问题进行系统的分析和研究,根据一定的规律、规则来制定方案和对策。其次,艺术性体现在同样的谈判内容、条件和环境,不同的人去谈判其最终的结果往往会不同。

二、谈判的类型与原则

(一)谈判的类型

(1)根据参加谈判的人数进行划分,谈判可分为个体谈判与群体谈判。

(2)根据参加谈判的利益主体进行划分,谈判可分为双方谈判与多方谈判。

(3)根据谈判双方接触的方式进行划分,谈判可分为口头谈判与书面谈判。

(4)根据谈判内容的透明度进行划分,谈判可分为公开谈判和秘密谈判。

(5)根据谈判的理论与意识进行划分,谈判可分为传统式谈判(非赢即输式)和现代式谈判(赢赢式)。

(6)根据谈判的地点进行划分,谈判可分为主场谈判、客场谈判、主客场轮流谈判、中立地谈判。

(7)根据谈判的内容来划分,谈判可分为国际政治谈判、军事谈判、外交谈判、商务谈判、公关谈判、人际关系谈判、行政谈判、劳资谈判等。

(二)谈判的原则

1. 平等自愿原则

平等自愿是谈判活动中必须遵循的一条重要原则,它是指有独立行为能力的交易各方能够按照自己的意愿进行判断并做出决定,无论力量强弱,均有"否决权"。

2. 客观真实原则

谈判取得成功的首要原则就是要遵循客观真诚的原则,也就是要服从事实。俗话说:"事实胜于雄辩"。可以从三个方面做起:一是掌握第一手资料;二是信守诺言;三是掌握客观标准。

3. 互利互惠原则

互利互惠原则是指在谈判过程中,参与谈判的各方都能获得一定的经济利益,并且要使其获得的利益大于其支出成本;谈判结束后,各自的需求都有所满足,最大限度地实现谈判各方的利益。

4. 求同存异原则

谈判作为一种谋求一致而进行的协商活动,参与洽谈的各方一定蕴藏着利益上的一致与分歧。因此,为了实现谈判目标,谈判者在谈判中应尽力协调分歧,遵循求同存异的原则,即对于一致之处,达成共同协议;对于一时不能弥合的分歧,允许保留意见,以后再谈。

5. 对事不对人原则

对事不对人原则是指在谈判中区分人与问题,把对谈判对手的态度和讨论问题的态度分开来,就事论事,不要因人误事。

6. 合法原则

合法原则是指在谈判中要遵循国家的法律政策,包括两个方面的内容:一是谈判的客体必须合法;二是谈判过程中的行为必须合法。

一 场 谈 判

1945年10月10日,国共双方代表在张治中公馆——桂园客厅签署《政府与中共代表会谈纪要》,即"双十协定"。

这是一场令世人瞩目、影响深远的谈判。在这场谈判中,毛泽东主席不顾个人安危,亲临重庆45天,用行动昭告世人,中国共产党人是真诚谋求和平,真正代表了中国人民利益和愿望,真正为人民谋幸福的政党。

这,就是重庆谈判。

1945年8月10日,日本即将无条件投降的消息传到重庆。彼时,蒋介石作出一个出人意料的举动——在随后的8月14日、20日、23日接连给毛泽东发出三封电报,邀请毛泽东赴重庆共商合作建国大计。

这些电报,明眼人一看就明白,是蒋介石摆下的一场"项庄舞剑,意在沛公"的鸿门宴。毛泽东如果不来,蒋介石就可以顺理成章地把"不要和平"、挑起内战的罪名扣到共产党和毛泽东身上;来了,又无异于深入龙潭虎穴。面对这一态势,中共中央政治局接连召开会议进行讨论。最终,为了实现和平、民主、团结,8月28日下午,毛泽东在周恩来和王若飞的陪同下亲赴重庆。

毛泽东不顾个人安危亲赴重庆的行动,有力地宣告中国共产党是真诚谋求和平的,是真正代表人民利益和愿望的。毛泽东到达重庆,受到各界热烈欢迎,在国内外引起巨大反响,柳亚子颂之为"弥天大勇"。

谈判从8月29日开始。毛泽东在重庆45天,白天常在桂园会客办公,国共双方代表亦在此数次商谈。毛泽东与重庆各界人士广泛接触,有力地团结了中间势力。为推动谈判顺利进行,毛泽东努力与各方交流看法,在桂园会见各方人士30余次,登门拜访政界、军界、经济界、妇女界、文化界中具有各种倾向的代表人物,与他们就政治民主、国内团结、和平建国等广泛交换意见。毛泽东还曾三访特园,并寄语民主人士:"今天我们聚会在'民主之家',今后我们共同努力,生活在'民主之国'。"

经过艰难曲折的谈判,1945年10月10日,国共双方代表在桂园共同签署《政府与中共代表会谈纪要》(简称《会谈纪要》,又称"双十协定"),并公开发表。《会谈纪要》的主要成果,是国民党接受了中共提出的和平建国的基本方针,双方协议"必须共同努力,以和平、民主、团结、统一为基础","长期合作,坚决避免内战,建设独立、自由和富强的新中国"。

重庆谈判表明中国共产党是真正代表全中国人民意愿和心声,为最广大人民谋利益的党。中国共产党通过重庆谈判大大提高了其在全国的政治影响和地位。重庆谈判的成果则让全中国人民看到了和平、民主、团结建国的希望。

资料来源:http://dangshi.people.com.cn/n1/2021/0701/c436975-32146065.html. 2021-07-01.

三、谈判的程序

谈判的全过程应包括以下三方面:谈判的准备,正式谈判以及谈判的收尾。

(一)谈判的准备

为使谈判获得成功,需要对谈判进行必要的准备。通过对谈判进行准备,达到分析形势,弄清自己和谈判对手的需要和目标,估量谈判双方的实力,最后确定自己的谈判目标和制定具体的战略方针的目的。谈判的准备工作主要包括:收集资料、制定计划、演习或检查计划等几个阶段。

1. 收集资料

谈判,是谈判实力运用的技术。而谈判实力则由两个因素决定:一是掌握的信息;二是谈判经验。对于前一个因素,除了单调无味地收集信息,然后把它们变成谈判计划之外,别无他法。具体讲,注意以下几点。

(1)要了解自己在谈判中的相对位置,如自己的优势与劣势,舆论对自己的评价,自己的竞争能力等。此外,充分的心理准备,健全、健康的心态也是谈判取得成功的关键之一。

（2）还要了解和掌握谈判对手的各种情况，甚至包括谈判对手的一些个人详细资料。在这方面，日本商人值得称道。在谈判之前，他们对谈判对手的各种情况都力求有所了解，包括他的经历、爱好、家庭情况、生日等，都摸得清清楚楚。这为他们谈判的成功奠定了基础。

（3）己方和对方的财务状况、决策的优先顺序、成本分析、期限压力、组织结构及经营方向，等等。

2. 谈判组人员的确定

谈判，是人与人之间相互交往、相互交涉的一系列活动和行为。人是谈判中的首要因素，谈判者及其各方面的特征和素质直接影响谈判的顺利进行、谈判效率和谈判成果。因此，对谈判人员的挑选，是谈判准备工作中的首要内容。具体的挑选工作，应考虑以下几个因素。

（1）谈判人员的知识

谈判人员的知识，包括知识水平和知识结构，关系到谈判人员的信誉和威望，从而直接影响其谈判实力、谈判效率和谈判结果。

（2）谈判人员的个人素质

谈判人员的个人素质包括知识、道德、心理等因素。谈判人员应具备的个人素质有：追求高目标，观察力敏锐，表达能力强，掌握听的艺术，自信、沉着冷静而富有弹性，以及正直和幽默，等等。

（3）谈判人员的年龄

年龄对谈判人员的谈判效率也有着直接的影响。因为年龄在一定程度上代表着谈判人员的知识、精力和经验，这几方面对谈判的成功都有很重要的影响。尤其是经验，它体现出谈判人员对谈判艺术的把握。在遇到以前出现过的问题时，经验可以使谈判人员驾轻就熟；而在遇到前所未有的问题时，经验可以使谈判人员举一反三。

上述三种因素综合起来，所表现出的就是谈判人员的能力。因此，对谈判人员的挑选，实际上是根据谈判人员的能力来进行。

3. 拟定谈判计划

在调查研究的基础上，拟定谈判计划（正式或重大的谈判都必须拟定一个谈判计划）。谈判计划主要从以下几个方面制定。

（1）第一步，确定谈判计划的主题

主题是谈判的基本目的，应当具体、简洁、明了。

（2）第二步，确定谈判的要点

谈判要点包括：谈判目的、谈判程序、谈判进度和谈判人员。其中，谈判程序是最主要的环节，必须考虑到它的互利性和简洁性，以提高谈判效率。

（3）最后，确定谈判的策略

关于谈判策略的运用，特别是一些特殊策略的运用，对于谈判的成败会起到决定性的作用。例如,是说服、强迫还是控制;是协作还是争论;是采取"闪电"战术,还是采取拖延,或长期施加压力的策略等。

谈判是一个千变万化的过程,不能把谈判计划看得一成不变,死死守住寸步不让。理想的状态应该是:预先制定计划,根据面临的实际情况进行必要的改动,提高谈判的成功率。

4. 做好必要的物质准备

谈判准备工作的另一项重要内容是物质准备。从表面上看,物质准备与谈判内容,乃至谈判结果没有内在的联系。但是,很多富有经验的谈判专家对此深有感触,他们认为,谈判的物质准备直接体现了作为东道主一方的诚意,因而对谈判气氛,乃至整个谈判的发展方向都有着直接的影响。

如果物质准备潦潦草草,一塌糊涂,应邀来谈判的一方会认定东道主缺乏必要的诚意;在谈判开始之前,谈判双方就存在隔阂,这势必影响谈判的气氛和谈判最后的结果。

谈判物质准备的内容,包括谈判环境的布置和谈判人员的食宿安排两个方面。

(1) 谈判环境的布置

谈判环境的布置,首先要选择一个好的谈判房间。一个好的谈判房间应具备的起码条件是:宽敞、灯光适宜、通风、隔音,以及温度适宜。另外,还应在房间的墙壁上布置一些让人精神放松的装饰物。如果谈判对手有特殊爱好或忌讳,在房间的布置上要特别注意针对其爱好或回避其忌讳,创造出一个适宜的环境。

其次,选择好谈判桌。一般而言,圆形谈判桌比方形桌要好些,因为方形桌方方正正,谈判人员面对面坐定后,往往过于正规和严肃,有时甚至还会使人产生对立的情绪,这显然不利于创造一个良好的谈判气氛。

最后,谈判人员座位的安排。通常是谈判双方各自坐在一起,谈判双方的人员依据职务等级对应而坐。当然,关于谈判人员具体怎么坐,并无什么规则,可根据具体情况灵活掌握。

随着社会的进步和谈判的日益增加,谈判环境已不再局限于某一固定的空间,不再局限于谈判桌前的来回讨论了。谈判双方在高尔夫球场、在台球桌边、在酒会或宴会上,一边潇洒地击球,聊着社会新闻,唱着、吃着;一边谈着共同的利益,就谈判双方关心的问题进行交谈和磋商。这种寓谈判于游玩或交际之中的谈判,对谈判环境的要求不是低了,而是更高了。对这些谈判形式的认识,将促进谈判物质准备工作提高到一个更高的水平。

(2) 谈判人员的食宿安排

谈判人员食宿条件的好坏,将直接影响谈判人员的精力、情绪和工作效率。一个不能让谈判人员很好休息的住宿条件,势必影响谈判人员的体力恢复,影响谈判人员的精力,从而造成谈判人员的紧张,甚至对立情绪,影响最后的谈判结果。

5. 模拟谈判

模拟谈判，也叫假设演习。即从己方代表中选出有关成员代表洽谈对象，从洽谈对象的立场出发，与之进行磋商。

事实已经表明，这种模拟谈判是必要的，可取的，它可以从多种多样的假设中，提取一种最佳的谈判方案，与谈判对手展开有效的攻势，并获得成功。

同时，模拟谈判可帮助己方人员从中发现问题，对既定谈判方案做出某种修改或加以完善，使谈判计划的安排更具实用性和有效性。

6. 抓住正式谈判前的开场白机会

在谈判伊始，双方正式见面，彼此寒暄入座，主持者道几句开场白，此时正是谈判者创造和谐谈判气氛的好时机。首先应该认识到，一开始就进入正题往往是弊多利少，容易造成氛围紧张，不利于良好气氛的形成。一个好的开场白，有利于谈判的顺利进行。

【小贴士】

俄乌谈判为什么选在这个地方？

新华社北京2月28日电 据今日俄罗斯通讯社28日报道，参加俄乌谈判的乌克兰代表团当天已抵达白俄罗斯境内。

乌克兰此前拒绝在白俄罗斯谈，要求另择地点。不过，27日，乌克兰总统泽连斯基与白俄罗斯总统卢卡申科通电话后，乌方又同意到戈梅利进行谈判。

戈梅利在哪里？为什么会选在这个地方？

新华社驻明斯克首任首席记者孙萍介绍，选择戈梅利作为谈判地点是乌俄双方妥协的结果。俄罗斯方面一开始建议在白俄罗斯首都明斯克举行谈判，但遭到乌方拒绝。乌方认为俄白关系密切，白俄罗斯也参与了俄乌冲突，俄方的一些武器装备就是从白俄罗斯领土运进乌克兰的。乌方此前提出在一些中东欧国家的首都举行会谈，包括华沙、布达佩斯等。而这些北约国家显然是俄方不能接受的。最终双方达成妥协选在戈梅利。俄总统新闻秘书佩斯科夫表示，戈梅利这个地点是乌方选的。

戈梅利州位于白俄罗斯东南部，属于白俄罗斯与乌克兰交界地区。其行政中心戈梅利市是排在明斯克后的第二大城市，距离明斯克302公里，距离莫斯科567公里，距离基辅222公里。虽然戈梅利是白俄罗斯第二大城市，但很多在白俄罗斯工作过的华人都没有去过那里。戈梅利州距离乌克兰很近，是白俄罗斯境内受1986年切尔诺贝利核事故影响最大的地区之一。核事故发生后产生的大量放射性尘埃随风飘到戈梅利州境内，导致当地生态环境受到严重污染，迄今还保留着一些政府划定的无人区。

2014年乌克兰危机爆发后，明斯克曾作为两份停火协议的签署地点而一度成为欧洲乃至世界舆论的焦点，2015年签署的新明斯克协议是过去数年来国际社会普遍公认的政治调解乌克兰危机的解决方案。如今，乌克兰硝烟再起，乌克兰危机的政治解决需要国际社会付出更大努力。

专家分析,乌克兰问题的演变有着复杂历史经纬,一次谈判很难彻底解决矛盾冲突,但双方的谈判有助于当前局势的降温。

资料来源:http://world.people.com.cn/n1/2022/0228/c1002-32361666.html. 2022-02-28.

(二)正式谈判

1. 开局阶段

开局阶段也称"开谈阶段"。它延续了开场白阶段所营造的良好气氛,又为以后进入实质性内容做好必要的准备。如何开局是谈判人员必须掌握的技巧之一,一般可以以轻松、愉快的口气,以询问商量的方式与对方交换些容易达成一致意见的话题,如谈判的目的、谈判的程序等。这些话题与谈判有关,但又是非实质性问题,一般不会引起对方的反感。由于一开始双方就取得程序等方面的一致,这为以后谈判取得进展甚至达成协议赋予了一个具有象征意义的开端。

2. 概说阶段

在概说阶段双方各自说出自己的基本想法、意图和目的。概说时要简明扼要、诚挚友善。经过此阶段后,双方都对彼此有了大致的了解。

3. 明示阶段

不可否认,谈判双方必会有一些不同意见和分歧,明智之举是及早提出这些问题以求彻底解决。一般而言,谈判双方包含有四类问题,即自己所求、对方所求、彼此互相之求、外表看不出的内蕴需求。为了达成协议,双方应心平气和地提出这些问题并就此展开讨论。

4. 交锋阶段

谈判的目的就是为了获得自己所想要的东西,谈判双方的对立状态在这个阶段才渐渐明朗。谈判双方都列举事实与数据,希望对方理解并能接受自己的要求,而对方也会举出事例来反驳你,从而各自坚持自己的立场。

5. 妥协阶段

交锋不会无休止地进行下去。与激烈的交锋同时进行的便是双方均在寻找与对方的共同点,寻找缩小双方目标之间差距的各种可能途径,并就此提出各种可行的折中方案,这就是让步或妥协过程。只要谈判的双方均有诚意并存在共同利益,就会在经过激烈交锋之后达成妥协。不管谁先向对方妥协,都必须因此得到补偿。

6. 协议阶段

经过交锋和妥协,双方均已认为基本上达到了自己的目标,即可形成双方认可的协议书并由双方代表在协议书(亦称谈判合同书)上签字,并加盖双方单位的公章。

7. 进行公证

由公证员当场进行公证,宣布双方所签订的谈判合同书自签订之日起有效,负有法律责任,双方都应严格遵守。至此,谈判程序结束。

(三)谈判的收尾

谈判的收尾工作有这样三点。

(1)将谈判的成果以及谈判取得成功的友好气氛继续下去,以利于以后双方的各种交往和谈判。

(2)对一些贸易谈判而言,要马上落实各项事务,以保证所签合同的履行。

(3)需将谈判情况进行总结,总结内容主要有:目标制定,谈判前的调研,谈判准备,程序安排,谈判气氛营造,谈判中遇到的各种情况和问题以及谈判的策略、技巧等。

四、谈判的技巧

技巧是指为实现谈判目标所采取的智谋手段。在谈判中正确地运用各种技巧,可达到事半功倍的效果。谈判中的技巧不胜枚举,这里介绍几种常用的技巧。

(一)知己知彼

孙子兵法中说:"知己知彼,方能百战不殆。"商场如战场,只有掌握足够的情报,才能在谈判中更胜一筹。

记者手记:俄乌谈判报道背后的故事

2月28日,乌克兰和俄罗斯代表团在白俄罗斯戈梅利州进行了谈判,之后返回各自首都。记者对于此次谈判的追踪报道,也告一段落。

27日得知谈判消息后,虽然身在乌克兰首都基辅,但作为新华社驻白俄罗斯的首席记者,此次谈判报道责无旁贷。可是,无法确定的谈判时间和地点,着实给记者出了一道难题,只能决定让在白俄罗斯的新华社当地雇员先开车前往戈梅利州方向。同时,记者联系了白俄罗斯外交部相关部门,但被告知现在什么消息都不能透露。

接到报道任务,年过六旬的新华社明斯克分社雇员任科夫立即带上采访设备一路急进。俄罗斯方面透露的谈判地点在戈梅利州东部的戈梅利市,乌方透露的地点在该州偏西部,媒体小道消息是在两者中间靠南的纳罗夫拉。任科夫于当地时间2月27日晚8时首先抵达纳罗夫拉,此时谈判地点依然没有权威消息,任科夫只好先在当地留宿。

28日,记者收到白俄罗斯外交部给媒体分发的会场布置照片,还有一张谈判地建筑物图片。外交部工作人员说:"只能给到这里了,能找到就过来吧,但是估计也不让你们进。"好在任科夫凭借多年采访经验,仅靠这张建筑物图片就找到了谈判地。

做完谈判前期报道,趁着 28 日基辅宵禁解除时间,记者抓紧出门采购急需的食品等。开着白俄罗斯牌照的汽车,刚出小区门口记者就遇到乌克兰民兵持枪挨个检查车辆。"你去哪里?"民兵友善地问。得知记者要去超市购物后,民兵又耐心告知前方已经封锁,从别处绕行也有一家超市。

在超市门口,记者看到已经排起了近百人的长队,每次放约 20 人进入。超市里除了面包、饮用水、面粉等货量紧张,其他蔬菜、水果还能满足需求。

回到办公室,记者也等到了俄乌代表团谈判结束的消息。尽管未能达成协议,但双方一致同意近期再次举行谈判。

资料来源:http://world.people.com.cn/n1/2022/0301/c1002-32362717.html. 2022-03-01.

(二)最后通牒

"最后通牒"是指在谈判陷于僵持阶段时,某一方宣布以某一新条件或某个期限作为谈判中合同成败的最后决定条件,逼对方最终答复的做法。通常人们也爱用"边缘政策"的说法来表达。

例如,卖方降了一次或两次价后,宣布"这是最后价了,请贵方研究";有的还说:"我已无别的条件,我等到明天中午,如果贵方接受我方建议,则我留下签合同;否则,下午有 2 点的飞机,我回国了。"

买方也常使用该策略压卖方。有的谈判高手还玩"最后×分钟"的把戏。在某个上午或下午将尽时,说"给你最后×分钟""没有新建议就到此散会,下一步怎么办?另商量"等,凡带"威胁性的通告"均有最后通牒的味道。使用该招时应注意:通牒要"令人可信"。如"要走"的可能性存在,下午 2 点的确有飞机,机票的确已订好,要不然是个笑话,也会失去效果,且会影响以后的谈判。此外,通牒不要"滥用"。在一场谈判中,过多地使用此策略不好,会伤感情,也无大效果。

(三)出其不意

出其不意是指谈判手法、观点或提案的突然改变,以造成谈判出现戏剧性的变化。在一些谈判中,常用这样的手法,突然用一个备用提案来打乱甚至推翻前面的提案,使对方感到措手不及、不知所措。

(四)先苦后甜

先苦后甜的意思是先紧后松,通过这种心理上的对比,强化对方认为眼前所争取到的已是比较大的利益,从而达成协议。比如,飞机晚点,最先预报晚一小时,可等了几分钟后又预告只晚半小时,最后只晚15分钟到达,这时旅客都非常高兴,拍手称庆。从最终结局来看,飞机确实是晚点了,但旅客们却反而感到庆幸和满意。

先苦后甜就是有意识地利用人们这种心理上的效应。如当你想要对方在价格上打折扣,但又估计对方难以接受时,可以采取"先苦后甜"策略。除了价格以外,你同时在品质、运输条件、交货后支付条件等几方面,提出较苛刻的要求。在交锋时,你要尽力使对方感到,在好几项交易条件上,你都做了让步,对方占了不少便宜。

因此,当你提出折扣问题时,可能会不费多少口舌就能获得对方的同意。事实上,前几项交易条件上的让步是你本来就打算给予的,只是为了让对方先尝到甜头,最后达到让对方在你关注的项目上让步的目的。

(五)中途换人

中途换人策略是指在谈判桌上的一方遇到关键性问题或与对方有无法解决的分歧时,借口自己不能决定或其他理由,转由他人再进行谈判。这里的"他人"或者是上级、领导,或者是同伴、合伙人、委托人、亲属、朋友。

运用这种策略的目的在于:通过更换谈判主体,打探对手的虚实,耗费对手的精力,削弱对手的议价能力;为自己留有回旋余地,进退有序,从而掌握谈判的主动权。使用这种走马换将策略时,作为谈判的对方需要不断面对新的谈判对手,陈述情况,阐明观点,重新开始谈判。这样会付出加倍的精力、体力和投资,时间一长,难免出现漏洞和差错。这正是运用中途换人策略一方所期望的。

中途换人策略的另外一个特点是能够补救己方的失误。前面的主谈人可能会有一些遗漏和失误,或谈判效果不如人意,则可由更换的主谈人来补救。并且顺势抓住对方的漏洞发起进攻,最终获得更好的谈判效果。

在业务谈判中,如遇到这种情况,需冷静处理,并采取一定的应付措施,有时能变不利为有利。

(六)润滑剂

谈判双方在交往过程中,经常会出自礼貌、友好和联络感情的目的而相互赠送一些礼物、纪念品等,这无疑会对谈判的进展起到润滑剂的作用,故幽默地称为"润滑剂"策略。

"润滑剂"策略是个微妙的策略,敏感性很强,弄不好会引起种种误解、戒心、反感,效果适得其反。同时,由于文化、习俗的差异,各国谈判界对使用"润滑剂"的评价也不一,因此我们还应慎重对待。

馈赠礼品时要注意对方的文化背景、风俗习惯;礼品的价值不宜过重;注意送礼的场合,尤其在初次见面时即以礼相赠有失妥当,甚至被认为是贿赂。总之,我们在涉外谈判过程中,如果需要向对方馈赠礼品,就一定以尊重对方习俗为前提。

(七)让步

在谈判中,一方向另一方让步,甚至双方互作一定程度上让步是常有的事。但是,在实际做起来却不是一件容易的事。每一个让步,均应考虑其对全局的影响。

一般来说,让步有下列基本原则和策略:每一次让步都应争取得到对方的回应,不作无谓的让步;让步要恰到好处,即以最小的让步使对方感到获取了最大的满足;在重要的问题上,力求使对方先作让步;让步幅度不宜过大,节奏也不宜太快,让对方珍惜我方的每一个让步;不要承诺作同等幅度的让步;让步要同步进行;让步可以反悔,完全可以推翻重来。

中国入世谈判,美提出7个要求,朱镕基:让步3个,剩下由你们让步

中国自1986年7月10日向世界贸易组织的前身——关贸总协定递交复关申请起,到2001年12月11日正式加入世界贸易组织,历经多次谈判,长达十五个春秋。这期间和美国的谈判最为艰难,用跌宕起伏、一波三折来形容丝毫不为过。1999年11月,美国派代表到中国北京进行入世谈判。这场谈判历经六天六夜,状况百出,美方出尔反尔,一再变卦。当时,负责谈判的外经贸部首席谈判代表龙永图,在关键时刻打电话给朱镕基总理。朱镕基总理亲自上阵指挥,最后才取得双赢的结果。这场中美谈判为何如此艰难?中国入世又为何经历了漫长而又坎坷的道路?

一、路漫漫其修远兮

实际上,这已经不是中美就入世进行的第一次谈判了。1986年,为了深化改革开放,也为了中国的经济可以快速地融入世界经济体系当中,中国向关贸总协定递交了"复关"(复关指的是恢复中国在关税与贸易总协定中缔约国的地位)的申请。然而,从递交"复关"申请开始到最后"入世",中国可谓是经历了一场漫长的"旅程"。

1999年3月15日,朱镕基总理在对外记者招待会上说道:"中国进行复关和入世谈判已经十三年了,黑头发都谈成了白头发,该结束这场谈判了。"朱总理没有想到,在他讲完这句话后八个月,1999年的11月,美国会在中国北京,就入世谈判展开一场又一场令人啼笑皆非的"闹剧"。

时间回到1999年的11月10日。

美国贸易代表巴尔舍夫斯基带领的美国谈判小组到达北京,美方代表这次到来是在美国总统克林顿的授意之下,为的是将1999年4月份未在美国成功签署的中美入世协议重新签署。

1999年4月,国务院总理朱镕基前往美国访问。按照计划,中美双方此次会签署中美"入世"协议。但是在朱镕基总理到达美国和克林顿总统谈及此事的时候,克林顿却反悔道:"对不起,我们恐怕不能签署协议。"不过克林顿的反悔在美国商界引起了巨大的反对。于是,他又反悔了,打电话给朱总理道:"中国可以把谈判小组留下,我们就协议再次商讨之后做出修改,然后再签订。"克林顿的这一行为激怒了朱镕基,朱镕基当即就拒绝了他:"你们美国人出尔反尔,你们说要签协议就要签,不要签就不签。这是什么道理?如果你们真的想谈,我们可以在中国北京谈判。"朱镕基访美结束之后的五月份,中国在南斯拉夫的大使馆竟然被炸毁!举国愤怒,不少群众自发到美国大使馆前游行示威,要求美国给出一个合理的解释。在这样的情况之下,克林顿紧急打电话给中国领导人,要求再次进行入世谈判。不过,这样的氛围下是不适合进行谈判的。

到了1999年的夏天,事件的转折点出现,中国女足踢进了世界杯的决赛。克林顿抓住这个机会,效仿周恩来和尼克松的"乒乓外交";他亲临世界杯的决赛,赛后向中国表示祝贺。克林顿的这一"主动示好"行为,使得之后在上海举行的全球财富论坛上,不少美国商界领袖对中国表达了积极乐观的态度。在这样的情形下,美国和中国的关系逐渐缓和。克林顿紧接着在1999年的8月和11月两次致电多国领导人,希望和中国的谈判可以尽快恢复。这才有了11月10日,巴尔舍夫斯基带领美国谈判小组到达北京的事情。而与此同时,美国的闹剧也开始上演了!

中方本以为美方此次是带着诚意前来谈判,却没想到他们接下来几天的所作所为让人大跌眼镜。这次谈判本是说定在两日之内谈好,然后就签协议。因为中美双方本来就中国入世已经达成了大体的共识。可事实证明,美方像是一只老狐狸,阴险狡诈且自私自利至极!美国代表团到达北京的第二天(11月11日),谈判就出现了意外。美方态度十分强硬地提出多个不合理要求,为的是从中方压榨更多的利益给美方。当然中国谈判队伍清楚,美国只是在虚张声势罢了,他们想要得多,但是没有一个能站得住脚的理由。于是,他们的要求都被中方婉拒了,不过美国人显然不满足。

到了11月13日,美方代表团突然决定他们将要于当天十点钟离开。早上的时候,朱镕基得知了这个事情,于是立马决定会见美国代表团。朱镕基的这次会见是卓有成效的,美代表团不走了,他们将留下来继续谈判。不过这场闹剧还未结束,11月14日的凌晨4点,美国人又将行李搬到了车上,又要离开?!不过,这次他们在车子发动之前似乎又"想通了",又把行李一件件扛了下来……在此次美方来北京谈判的整个过程中,美方闹剧不断、立场和态度强硬,话里话外都要求把美方的利益最大化。

11月14日凌晨五点,美方的代表巴尔舍夫斯基又一次坐在了谈判桌前和中国代表谈判。不过,情况并没有什么好转,局势依旧僵持,毫无进展。巴尔舍夫斯基看谈判没有进展,于是向中方下了最后通牒:克林顿总统将于当地时间4点到欧洲,4点之前中美必须讨论出一个结果，达成协议，这样总统才能在访问时候宣布谈判结果。不然，美方代表将于11月15日上午离开北京，谈判只能中止。距离巴尔舍夫斯基提出的最后时间只剩下不到二十四个小时，而中国代表团负责谈判的龙永图等人显然还未做好万全的准备。

这次谈判对中国极其重要，能走到今日这一步已是极其不易，龙永图不想搞砸它。但是面对美方的无理要求和强硬态度，龙永图也并不打算直接妥协。问题来了，既然和美国的谈判这么艰难，又何必要和它谈？

二、黎明前最黑暗

其实，在1986年中国提出"复关"的申请之后，一开始所有的谈判一直都很顺利。但是世界贸易组织有一规定：所有的成员国都有否决权。除此之外，还有一"奇葩"的规定："不歧视"原则。由于中国和美国涉及多达六千多种的税收产品，而根据世贸组织"不歧视"的原则，中美双边谈判的结果可以适用于所有成员国。只要美国能和中国谈成高价税收，其余成员国就可以坐收渔翁之利。所以，他们很愿意看到美国对中国进行高价勒索。

据龙永图描述，当年的世贸组织有一百三十多个经济成员国，但是只有三十多个成员国和中国进行了谈判，剩下的国家几乎都没有参加谈判。原因是他们相信美国的谈判结果就可以代表他们的立场。而在整个入世谈判的过程中，最为难搞的对手恰恰是美国。如果中国和美国谈不拢，也就意味着那些成员国会跟美国站在一个立场。所以，中国谈下美国才能消除入世的最大障碍。但，和美国的谈判显然没有那么的容易。

谈判本该是双方达成共识的过程，在坚持自己利益的原则之下不波及对方的利益。但是美国此次来中国谈判显然没有遵守这一原则。对于龙永图而言，这次谈判，不能把向对方的立场靠拢当作让步。谈判桌上，如何能最大程度的维护国家的利益才是最为重要的事情。在接到美方代表最后通牒之后，中国代表团内的一个代表石广生，要求先询问朱镕基总理的意见。但是他电话还没打完，美国代表团却要离开？又一幕闹剧上演了。

11月14日晚上7点，美国代表团在没有任何预兆和通知的情况下径直离开了外经贸部。然后，竟然"消失"了，再也联系不上他们了！紧接着美方的谈判负责人在未告知中国谈判代表团的情况下，向克林顿报告称，中方已经作出了一些让步，但是谈判的形势如今很僵，是否美方要作出一定妥协？克林顿给出的回答是：不，你们已经尽力了。

美国代表团的"突然消失"，对于龙永图和石广生而言，可笑又可恨。谈判代表不见了，谈判无法再继续进行下去，这是否意味着此次谈判又以失败告终？在美国代表团失踪之后，唯一和中方联系的一个电话，是要求中国的礼宾部负责美方第二天回美国的行程安排。

一直到晚上11点钟，在朱镕基总理的指示下，龙永图在驻华代表处找到了负责美方工作谈判的工作人员卡西迪。龙永图告诉卡西迪："中美进行此次谈判，举世闻名。美国不能以这样突然消失的方式来结束，我们双方必须见面讨论，对如何回应新闻界，做出合理的解释。"又过了一个小时，美国代表团的巴尔舍夫斯基回电给龙永图称，美方希望在次日凌晨四点半小范围见面协商。凌晨四点半,中美谈判代表再次见面。美方已经准备好了所有的协议纸质资料,并且提出要对协议上的每一个字、符号都要进行校对。美方的这一提议让龙永图大吃一惊,这是不是意味着美国打算签署协议了,不过美方会这么顺利的签署么?

三、胜利前最绝望

不出龙永图所料,按照美国人一向的办事原则,事情没那么简单。在签署协议之前,美国提出:只要中国答应我们提出的7个要求,我们就签署。美国在完成所有的校对之后又说:这7个要求,中方必须接受,不能接受的话,前面谈的所有要求都作废。美方提出的要求包括一些农产品、农业资料的进口关税今后由美国来调节,等等。

而这些要求,不是龙永图一个人能决定的,他需要请示中央的高层领导来做政治判断,于是他打给了朱镕基总理。接通朱总理的电话之后,总理先是询问他,依照他的经验,美国是否是真的要签署协议!龙永图表示,依照他多年和美国人打交道的经验来看,美国是打算要签字的。朱总理思考片刻之后告诉他,既然这样,我相信你的判断。这次务必要让美国人在协议上签字!不要放他们走!但是在上午十点,发生了一件事情,朱镕基总理亲自到了外经贸部的谈判现场!

根据龙永图的回忆,当时总理到了现场之后,他先是向总理报告了当前谈判中的分歧点。紧接着,总理便表示:我亲自和美方代表谈。谈判当中的分歧点有多个,像是要解决反倾销中的市场经济地位问题,当时中国的底线是最多只能五年,而美方则要求二十年。

朱总理亲自上阵和美方谈判的时候,第一条关于反倾销中的市场经济地位问题,总理提出可以把时间延长到十五年。接下来的两个问题,总理也作了不同的让步给美方。龙永图在听总理讲话的期间,先后递上三张条子给总理,上面都写着"没有授权"。他担心是否因为总理平时忙碌,对于谈判的一些细节问题已经记不清了,他写条子是为了提醒总理。但是他没有想到,总理直接转身告诉他:"龙永图,你不要再递条子了。"

在作出了三个让步之后,从第四个要求开始,朱总理便直接告诉美方,中方已经显示诚意,作出让步;后面的几个要求你们也该作出让步,如果你们同意,我们就签字。

此后,美方确实作了让步,像是农产品、农业资料的关税问题今后还是由中国政府来调节等。

经过一段时间的商议之后,美方最终同意和中方签署入世协议。朱总理为了解决中美谈判的问题,站在一个全局和战略的高度做出了一些调整,来换取对方的让步,这才是谈判的精髓和意义所在。

中方和美方的入世协定签署过后两年,2001年11月10日,世界贸易组织第四届部长会议在卡塔尔的首都多哈举行,会议上通过了中国加入世界贸易组织的协定。大会主席卡迈勒敲响了手中的木槌,宣布《关于中国加入世界贸易组织的决定》通过。

为了这一锤,中国等了足足十五年。

同年 12 月 11 日,中国正式加入世界贸易组织。中国这个古老神秘的大国终于融入了世界经济体系。那当时中国为什么一定要加入世贸组织呢?

四、中国"入世"的未来

根据当时的社会情况来分析。"入世"就等于是开放,开放在某种意义是接受国际的规则;接受国际规则则能为中国的体制和营商环境做出改善,也能使得中国的营商条件符合国际标准。

只有这样,才能使整个中国市场经济的发展在符合国际惯例的环境下进行。比如中国过去搞外贸,只能由少数的外贸公司搞垄断。但是中国加入世贸之后,根据世贸组织的规则,千万个企业可以直接搞外贸,这就在一定程度上解放了中国外贸体制的生产力。

换句话说就是用开放的方式来解决和推动中国体制的进步。

回顾中国从"复关"到加入世贸组织,大致经历了三个阶段:

第一,20 世纪 80 年代初到 1986 年,酝酿筹备"复关"事宜;

第二,1987 年到 1992 年 10 月,审核议论中国的经济贸易体制,中国当时的问题核心是,要搞市场经济还是计划经济;

第三,1992 年 10 月到 2001 年 9 月,中方进行实质性谈判,主要包括双边市场准入谈判和中国加入世贸组织的法律文件谈判。

在中国成功加入世贸组织之后,龙永图曾表示:在中国"入世"这个问题上,我们谈了十五年。对于原则性的问题,我们坚持了十五年;如果要什么都答应,谈判早就结束了。

当然,谈判的过程艰辛、时间漫长,也恰恰证明了政府在为维护国家和人民利益上所付出的巨大努力。当然,根据当时中国的经济情形,谈判多进行几个回合,也算是为国内的产业和企业争取了稳固自身的缓冲期。

最后,既然是谈判,双方都有得失。中国在加入世贸享受世贸带来的利益的同时,也必然会依照世界贸易组织的规则承担相应的义务。

中国加入世界贸易组织作出了两项庄严承诺:第一,中国承诺遵守国际规则;第二,承诺逐步开放市场。

这两项承诺对消除"中国威胁论"有很大的帮助;对于营造健康开放的国际环境、增加外国投资者的信心有很大的益处;也能使得中国经济成为世界经济的有机组成部分。如今的中国作为世界上最大的发展中国家、世界第二大经济体,中国的发展和世界的发展密不可分,任何国家想要用卑劣的手段阻止中国的发展都是痴心妄想。忆往昔,当年谈判之艰辛;追今日,中国已构建并走好一条新发展的格局之路。中华民族已经屹立于世界民族之林!

资料来源:http://www.163.com/dy/article/GUAJ2KHQ0552BGPI.html. 2022-01-22.

（八）暗示

暗示具有与明示、明言相反的含义。某些情况，不便于直接说出某种话，或不便于明确地表达出某种含义，则可用隐晦、曲折的语言，或某些特定的表情、动作，表达出"只可意会，不可言传"的内容，对方对此也只能心领神会。因此，暗示只能是在特殊场合使用的特殊语言，如使用得当也可起到特殊的效果。

在商务谈判中，商业情报、技术秘密，以及涉及谈判对手与第三方的情况等往往不可公开，但已成为影响谈判进程的筹码。如谈判对手对某技术要价过高，可适当暗示有自己开发的能力，或具有从第三方购买的可能性。当然，也可以就对手的暗示进行反击，如暗示对手借以争取高价的情报并不准确，或对方的技术可能被潜在的第三方超越等。

【小贴士】

各国商人的谈判风格

一、亚洲商人

（一）中国商人

1. 注重礼节；
2. 含蓄内敛；
3. 注重关系；
4. 工作节奏不快；
5. 善于把握原则性和灵活性。

（二）日本商人

日本人是东方民族经商的代表，日本人的文化又受中国文化影响很深，儒家思想中的等级观念、忠孝思想深深根植于日本人内心深处，在行为方式中处处体现出来。同时日本人又在中国文化的基础上创造出其独特的东西，现代日本人兼有东西方观念，具有鲜明的特点。他们讲究礼仪，注重人际关系，等级观念强，性格内向，不轻信于人，有责任感，群体意识很强，工作认真、慎重有耐心。

（三）韩国商人

韩国商人在谈判之前，通常都要通过海内外咨询机构进行充分细致的调研工作，了解对方情况，如经营项目、生产规模、企业资金、经营作风以及有关商品行情等，了解掌握有关信息是他们坐到谈判桌前的前提条件。一旦韩国人愿意坐下来谈判，即可以肯定他们早已对这项谈判进行了充分准备、胸有成竹了。

韩国商人在进行谈判时，会表现出东方人的含蓄和礼貌。见面时总是热情地与对方打招呼，向对方介绍自己的姓名、职务等。当被问及喜欢用哪种饮料时，他们一般会选择对方喜欢的饮料,以示对对方的尊重。同时韩国人十分注意选择谈判地点,他们一般喜欢选择有名气的酒店进行会晤,并且特别重视谈判初始阶段的气氛,一般来说韩国人喜欢在双方建立友好、愉快、和谐的氛围基础上开始谈判。

(四) 阿拉伯商人

1. 重信誉,讲交情;
2. 谈判节奏缓慢;
3. 重视中下级人员的意见和建议;
4. 重视当地代理商;
5. 喜欢讨价还价;
6. 喜欢图文资料。

(五) 南亚、东南亚商人

1. 印尼人

印度尼西亚是信奉伊斯兰教的国家,90%的人是伊斯兰教徒。印度尼西亚商人很讲礼貌,与人交往也十分谨慎,绝对不在背后评论他人。在商务洽谈时,如果交往不甚,虽然表面十分友好亲密,谈得很投机,但他们内心所想可能完全是南辕北辙,大相径庭。只有建立了推心置腹的交情,才可能听到他们的真心话,才可以成为十分可靠的合作伙伴。另外,印度尼西亚商人特别喜欢有客人来家中拜访,而且无论什么时候都很欢迎。因此在印度尼西亚,随时都可以敲门拜访以加深交情,使谈判顺利进行。

2. 新加坡人

新加坡商人以华侨为最多,他们有着浓厚的乡土观念,同甘共苦的合作精神非常强烈、勤奋、能干、耐劳、明智,他们一般都很愿意与中国大陆进行商贸洽谈合作。

3. 泰国人

与泰国商人进行谈判时,直率与坦白非但不能被欣赏,还会产生适得其反的结果。泰国商界人士中有华侨在商界中占重要地位,他们非常谨慎、诚实。

二、美洲商人

(一) 美国商人

美国人对自己的国家深感自豪,对自己的民族具有强烈的自豪感与荣誉感。美国人性格外露,常常直接表达真挚和热烈的情绪,他们善于社交,不拘礼节,在商务活动中随意、开朗、自信、果断。

美国人的谈判风格可能是世界上最具影响力的一种,它突出反映了美国人性格外向,尊重个性的特点。他们谈判认真诚恳、重视效率、有着与生俱来的自信和优越感,他们总是非常自信地步入谈判会场,不断发表自己的意见和观点。

（二）加拿大商人

大多数人性格开朗,强调自由,注重实利,发挥个性,讲究生活舒适。

在谈判决策上,有非常深的法国人和英国人的风格。

（三）拉美商人

1. 注重平等、友好、互利的原则;
2. 谈判中不愿涉及政治问题和面对女性谈判者;
3. 商业活动受国家约束较多;
4. 谈判节奏缓慢;
5. 感情因素很重要;
6. 不重视合同。

三、欧洲商人

（一）德国商人

1. 思维缜密,谈判准备充分;
2. 十分讲求效率;
3. 十分自信、自负;
4. 重合同、守信用;
5. 对待个人关系非常严肃。

（二）英国商人

1. 等级性很强;
2. 保守、严谨、不轻易与对方建立个人关系;
3. 将商业活动和自己个人生活严格分开,有一套关于商业活动交往的行为礼仪的明确准则;
4. 对谈判本身不如日本、美国人那样看重;
5. 话题禁忌多;
6. 往往不能保证合同的按期履行;
7. 谈判稳健,善于简明扼要地阐述立场、陈述观点,之后更多地是沉默,表现出平静、自信而谨慎;
8. 很重视合同的签订,喜欢仔细推敲合同的所有细节。

（三）法国商人

1. 在商务交往上,法国人往往凭借着信赖和人际关系去进行;
2. 在谈判方式的选择上,他们偏爱横向谈判,谈判的重点在于整个交易是否可行,不太重视细节部分;
3. 严格区分工作时间和休假时间;

4. 讲究礼仪、尊重女性。

(四) 意大利商人

1. 没有时间观念,约会、赴宴经常迟到,且习以为常;
2. 崇尚时尚,对生活中的住宿、饮食十分注重,对自己的国家和家庭感到自豪;
3. 意大利人性格外向,情绪多变,喜怒都常常表现出来;
4. 决策缓慢;
5. 意大利人有节约的习惯,与产品质量、性能、交货日期相比,他们更关心的是花较少的钱买到质量、性能都说得过去的产品。

(五) 俄罗斯商人

1. 固守传统,缺乏灵活性;
2. 对技术细节感兴趣;
3. 善于在价格上讨价还价。

(六) 其他西欧人

1. 荷兰人的谈判风格

荷兰人善于理财,讲究秩序,注重工作效率,办事认真负责;性格坦率、开诚布公,守时、正派、热情好客;直爽,极注重商业道德,但在价格上斤斤计较;会讲多种外国语言。

2. 比利时人的谈判风格

比利时人中,日耳曼血统的荷兰系弗拉芒人与法国系瓦隆人各占一半。两个民族感情上相当独立。弗拉芒人朴实、勤劳、吝啬;瓦隆人乐天开朗、大方。比利时人注重对方的地位、外表;喜欢社交活动,常把生意和娱乐结合在一起;勤勤恳恳、兢兢业业。

3. 西班牙人的谈判风格

西班牙人常使谈判对手感到傲慢;注重穿戴,不愿看到穿戴不整的人坐到谈判桌上来;各地区差别很大;在生意中,强调维护个人信誉,一旦签订合同,一般都非常认真加以履行。

4. 希腊人的谈判风格

希腊商人做生意的方法还是传统的,讨价还价的现象到处可见;时间观念不强;在商务谈判中,希腊人不希望对方提到土耳其,两国人的怨恨很深;希腊人诚实可靠,但履行义务的效率不高;不十分讲究穿戴。

5. 葡萄牙人的谈判风格

葡萄牙人在某些地方很像希腊人,他们比较随便,约会经常迟到;穿着比较讲究;性情随和,注重感情,善于社交,但较为保守。

6. 奥地利人的谈判风格

奥地利人和蔼可亲,善于交际;正统、严肃,商人们在公共场合一般都相当安静;穿着传统,严格遵守约定的时间;在商务谈判中,奥地利一般参加的人员较多,无明确的商谈负责人；重视信用。

7. 瑞士人的谈判风格

瑞士人团结一致，具有强烈的排他性；一般较谨慎、保守；在谈判中，对产品的要求一般是"质量第一，价格第二"；崇尚节约；时间观念强，对时间安排很精确；商誉较佳，遵守契约，诚实不欺。

（七）东欧人

东欧主要包括捷克、波兰、匈牙利、罗马尼亚等国家。东欧几个国家的民族文化各有特点。

匈牙利人具有东方人的气质，商人大多重视商业道德。在谈判中，良好的人际关系是重要的环节之一。罗马尼亚人非常善于交际，和蔼可亲、快乐、爽朗；比较热衷于做生意，在谈判中，他们善于察言观色，精于讨价还价；遵守时间。波兰人的办事效率较低，进行商务谈判需要多次交涉；捷克人反应迅速，以头脑精明而著称，而且谈判时一向准时赴约。

四、大洋洲商人

1. 不喜欢讨价还价

大洋洲人在商务谈判中很重视办事效率，他们既不愿意把时间耗费在不能做决定的空谈上，也不愿意花很长时间讨价还价。

2. 注重实际，签约谨慎

大洋洲商人在签约时十分谨慎，不太容易签约，但一旦签约，也很少毁约，信誉较好。他们善用谈判技巧，重视信誉和声望，因为行业范围较小，信息传递很快，如果对方在谈判中有不妥的言行会产生广泛的不良反响。

3. 时间观念强

大洋洲商人一般都很遵守谈判会面时间，很少迟到，他们普遍责任心较强，对工作很热心、认真。

五、非洲商人

1. 讲究礼节；
2. 时间观念差；
3. 权力意识强；
4. 不太熟悉商务知识。

资料来源：http://www.chinadmd.com/file/axrutrstawvxowrou33owx33_8.html. 2018-04-04.

【复习思考题】

1. 什么是演讲？演讲与谈话有哪些不同？

2. 结合自己的经历,谈谈演讲前应做好哪些准备?
3. 如何提高演讲的水平?
4. 谈判的概念是什么?有哪些原则?
5. 谈判的技巧有哪些?

【情景模拟】

(1) 模拟情景:某企业与外商谈判现场。

(2) 模拟目的:通过现场观摩或模拟,对谈判有直观的了解和印象,并对具体的要求能有较深的记忆。

(3) 模拟环节:提前要求学员按照谈判要求准备谈判资料,做好谈判准备;由老师带队组成外商谈判代表,从进入谈判开始考察学员语言、心理和技巧,并由其他学生观察指出哪些地方出现问题。

(4) 技能要求:熟练谈判的过程和技巧,在实践中发现问题并及时纠正,提高实际谈判能力。

拓展阅读 5.1
采购谈判的 17 个技巧与 14 大戒律

第六章

沟通礼仪

【学习目标】

1. 了解礼仪的历史、解释礼仪的含义,以小组形式分析礼仪形成的过程。
2. 认识礼仪的重要性,养成良好礼仪习惯和个人修养。

【技能要求】

1. 根据所学礼仪知识,对自身礼仪规范进行客观分析,总结自身的缺点和不足。
2. 对自身拥有的不良礼仪进行客观的分析,寻找如何摒弃这些不良习惯的方法。

冬奥志愿者的语言沟通礼仪

冬奥志愿者能否与服务对象进行有效的语言沟通,与志愿者表达的清晰度、聆听的专注度、反馈的及时性有很大的关系。

河北师范大学体育学院教授、硕士生导师王淑英表示,平稳、悦耳的声音能使人心情愉快。冬奥志愿者要保持比较平稳的声调,控制好音量,保持中等语速,语气要谦和亲切。交谈中要发音标准,少用方言,无外宾在场时慎用外语;多使用"您""您好""请"等礼貌用语。

冬奥志愿者在和服务对象交流时,要耐心地倾听对方谈话,并表示出兴趣,同时发出认同对方的"嗯…""是…"之类的声音,但不要打断对方的话,等到对方停止发言时,再发表自己的意见。切忌左顾右盼、心不在焉,或不时看手表、伸懒腰等。要善于回应对方的感受,如果服务对象为某事特别忧愁、烦恼时,应以体谅的心情说:"我理解您的心情,要是我,我也会这样。"这么一来,会使对方感到你对他的感情是尊重的,能增进互信。

冬奥志愿者在和服务对象交流时,要善于总结对方的意思,讲出对方观点及感受,表示已明白对方感受和说话背后的含义。面对服务对象的不理解或抱怨,要耐心解答,懂得换位思考,设身处地为服务对象着想,缓和气氛。

资料来源:http://m.gmw.cn/baijia/2021-04-22/1302246888.html. 2021-04-22.

第一节 礼仪的概述

【小贴士】
礼仪是人类交际的共同价值观!

——邹中棠

一、何谓礼仪

礼仪(etiquette)指的是礼节和仪式,是人们在长久的生活中约定俗成的对其他的事物表示尊重的各种方式。礼仪在人际交往中是指以一定的、约定成俗的程序方式表现出来的律己敬人的过程,其中涉及穿着、交往、情商、沟通等丰富的内容。从个人修养的角度进行理解,礼仪可以说是一个人的内在修养以及素质的外在表现;从交际的角度上来看,礼仪可以说是人际交往中最为适用的一种艺术、一种交际方式或者说就是交际方法;从传播的角度来看,礼仪可以说是人际交往中进行相互沟通的技巧。

在西方,礼仪最初的意思是指"在法庭上的通行证"。法庭这个场所无论是在古代还是现代,为了能够展现司法活动的威严公正,为了能够确保审判合法有序地进行,总是安排得非常庄严以及戒备森严,并且所有进入法庭的人员必须十分严格地遵守法庭的纪律。

当礼仪这个词进入英文的表达中,使用英文的国家则将这个词用来表达对他人的尊重以及注重礼节的必要。如今这个词有着广泛的含义:一专指礼仪,即有着良好的教养并按照权威的规定在社交场合或者正式场合遵循着一定的规矩和礼节;二指礼节,即惯例或者习惯所规定的行为准则;三指规矩,即对某行业人士的行为或者实践活动起着约束作用的规矩,特别指处理他们相互关系的成规。

从静态的角度来看,礼仪是一种自身状态;但是从动态的角度来看,礼仪是一种社交活动。所以礼仪包含着状态和活动两重含义。礼仪同时又是一个宽泛的概念,是人们在长期的共同生活和交往中不知不觉所形成的社会规范,是指导和协调个人或者团体在社会交往过程中实施的有利于处理相互关系的言语和行为。

二、礼仪的具体体现

礼仪是指人们在各种社会交往中所能形成的美化自身、尊重他人的行为规范和准则,对他人的礼貌即是律己敬人。它在生活中表现为礼节、仪表、礼貌、仪式等。

(一)礼节(etiquette)

礼节指的是人际交往中表示尊重、祝颂、迎来、送往、问候、哀悼等习惯形式。在社交礼仪上,礼仪表现出的是礼貌的语言,合适的行为,端庄的仪态等方面的形式。

(二)仪表(appearance)

仪表专指人们的外表,其中包括容貌、风度、服饰、姿态以及个人卫生,这些都是礼仪的重要组成部分。

(三)礼貌(courtesy)

礼貌是在人际交往中表示出敬意、友善、得体的风度与风范,主要侧重内在品质和素养。

(四)仪式(ceremony)

仪式指的是礼的秩序,即为表示出敬意和隆重的对待,在特定的场合举办具有专门程序的规范化活动,如签字仪式、开幕式等。

总而言之,以上四项都具体地表现出礼仪的形式,它们之间相互联系。礼节是礼仪的基本组成部分,礼貌是礼仪存在的基础。这一系列的形式构成了一个利益的系统,以及完整的礼仪程序。

站在不同的角度,对礼仪有着不一样的理解。

(1) 从个人的修养角度看来,礼仪是一个人的内在修养与素质外在的表现,也就是说礼仪即是一个人长久生活形成的教养、素质在平时生活中的具体体现。

(2) 从道德的角度来看,礼仪被界定为为人处世的行为规范,是以更具体的形式和要求对社会道德进行贯彻,"明礼"被列为我国公民的基本道德规范之一。

(3) 从交际的角度上来看,礼仪是人际交往中最为实用的一种艺术手段,更是一种成功的交际方式。

(4) 从民俗的角度上来看,礼仪是人们在长期的生活中形成的待人接物的一种约定俗成的行为。

(5) 从传播的角度去看,礼仪是一种人际交往中相互沟通的技巧。

(6) 从审美角度来看,礼仪是一种集形式美、肢体美、语言美、心灵美于一体的美学。

讲究礼仪对个人的成功起着至关重要的作用,因为拥有良好的礼仪习惯关系到个人整体的形象。个人形象是一个人的仪容、表情、举止、服饰、谈吐、教养的综合表现,而礼仪在上述方面都有着自己最详尽的规范。因此,正确学习礼仪,运用礼仪,无疑将更加有益于人们更好地、规范地设计自身个人的形象,并对个人形象进行正确的维护,在各种场合更好地展示出个人良好的教养与优雅的风度。

全国政协常委王学典建议编定《国民通礼》，建构礼仪社会

近年来，中国经济稳步发展，实力显著增强，但部分国民素质并没有随之提高，出现低俗婚闹、铺张浪费、高铁占座等乱象。针对这类问题，全国政协常委、山东大学儒学高等研究院执行院长王学典在今年全国两会上建议，编定《国民通礼》，重建"礼仪之邦"，建构以仁义礼智信为内核、以温良恭俭让为外在表现的礼仪社会。

王学典表示，几千年来，"礼乐文明"深刻塑造了中国社会，是中国得以保持稳定、长治久安的重要力量，传统中国之"礼乐文明"亦对东亚世界产生了深刻影响，成为主导"东亚文化圈"的重要文化基础。

"仓廪实而知礼节，衣食足而知荣辱。"王学典认为，当前，中国实现全面脱贫，步入小康社会，"仓廪实""衣食足"的历史任务已经完成，"知礼节""知荣辱"的任务应该提上日程。制定并颁行一部适用于不同领域与群体、接续传统并适应现代文明要求的《国民通礼》。

提案具体建议，在中央精神文明建设指导委员会办公室下设立一个专门工作机构，汇集专家，研究制定颁行《国民通礼》，对待人接物、婚丧嫁娶、岁时节日等日常礼仪进行明确规范与界定。

王学典说，颁行《国民通礼》，用礼仪教化民众，与法律法规的约束力形成互补，有利于整饬当前社会上出现的一些道德滑坡、行为失范的乱象，规范民众日常生活，理顺社会秩序，提升中国整体形象。"社会主义核心价值观中强调的文明、和谐、诚信等准则，与'通礼'相契合。推行《国民通礼》也是在促进社会主义核心价值观建设具体化、大众化。"

在王学典看来，礼的精神内核在于对现代文明秩序的尊崇与认同，人是构成社会的基本要素和社会活动的基本单位。承自民族文化传统、代表今天文明程度的诸种礼仪，包括衣食住行、待人接物、迎来送往等。重建中华礼仪之邦，必须先从个人入手，让每个人养成崇礼、遵礼的良好观念与习惯，进而在中国打造一个具有东亚特色、以德行为核心的主流生活方式。

王学典同时认为，弘扬中华优秀传统文化，关乎国家文化软实力提升，核心是推动其创造性转化、创新性发展。礼仪文化是中华优秀传统文化的核心内容之一。编定一部承继传统并适应时代发展需要的《国民通礼》，是推进"文化双创"的重要路径，有利于对外重建中华"礼仪之邦"美好声誉，助推中华文化"走出去"。

资料来源：http://m.thepaper.cn/baijiahao_17000794，2022-03-07。

第二节 礼仪的原则与作用

一、礼仪的原则

在运用礼仪时最重要的就是"尊敬"。礼仪主要起规范作用,而规范则要有具体的标准和尺度;礼仪水平的高低能够反映出个体和群体的修养以及境界。礼仪的原则是应当保证礼仪被正确的施行和达到礼仪应有的目标,在平日学习、使用礼仪的时候,正确地掌握这些原则,将有助于学生更好地运用礼仪,逐步地提高自身修养。

【小贴士】
世界上最廉价,而且能得到最大收益的一项物质,就是礼节。

——拿破仑·希尔

(一) 自律原则

在之前的章节中我们谈到,礼仪就是律己敬人,即由对待个人的要求与对待他人做法两部分构成。律己的要求是礼仪的基础及出发点。准确地学习、应用礼仪最重要的就是要严格的自我要求、自我控制、自我反省以及自我检点。

礼仪,宛如人的一面镜子,我们对照着礼仪这面"镜子",能够发现自己形象中的"美"与"丑",从而进行自我约束,为自身树立良好的形象,做一个受大家欢迎的人。古语有云:"己所不欲,勿施于人。"若是首先就对自身放低了要求,人前人后有着不一样的标准,不求诸己,但求诸人,只对他人有着高要求严标准,公信力何在?遵守礼仪便无从谈起,那些要求更是蒙骗他人的空话、假话。

(二) 自信原则

自信在社交场合是一种非常可贵的心理素质。一个对自身有着充分自信的人才能在与他人的交往中不卑不亢、落落大方;交往中遇到强者不会妄自菲薄,遇到坎坷不会妥协,遇到侮辱更是敢于挺身为维护自己权利而反击,遇到弱者会伸出关爱的双手尽其所能地援助。

(三) 遵守原则

作为社会生活的准则,礼仪反映了人们在共同生活中的共同利益。全社会各个民族、各个党派以及每个阶层的民众,无论身份大小、职位高低、财富多少都应当自觉、自愿地遵守礼仪,并以礼仪去规范自己在社交活动中的一言一行。若是有谁在特定的场合下违背了礼仪的规范,那么自然会受到公众的批评和谴责,正确和友好的交际就很难成功。

(四) 宽容原则

宽容是一种很高的精神境界,即是容许对方有不同的行动和见解上的自由,对不同于自己的观点以及见解能够耐心的公正的予以容忍。在交际的活动中不但要严于律己,更要宽以待人。在面对与自身不同的文化、见解、生活习惯以及观点时需要对他人有着更多容忍、体谅和理解,千万不要相互苛责、斤斤计较、咄咄逼人。

礼仪最基本的要求是要尊重他人,更细致地分析就是要求尊重他人的选择,对那些不同于己、不同于众但并不违法的独立行为保持耐心和容忍。并不需要他人处处与自己完全保持一致,可以多站在对方的角度去考虑问题,同样是争取成为好朋友的最好方法。

(五) 平等原则

面对交往对象应以礼相待,对任何人都应当保持一视同仁,给予相同程度的礼遇。只有这样,我们在社交的过程中才能交到更多的好朋友。这样的社交不会因为交往对象的年龄、性别、种族、文化、地位、身份、职业、财富以及关系是否疏远等方面的不同就厚此薄彼,进行有区别的对待。

当然,在具体的交往环境中运用礼仪的同时,允许根据不同的对象采取不同的礼仪形式。但是,应当保证其受到的礼遇完全相同。

(六) 从俗原则

在这个世界的各个角落生活着各种不同种族文化的人,因为国家、地区、民族历史以及文化背景传统的不同,在实际的人际交往中存在"十里不同音,百里不同俗"的情况。因此在正确的社交礼仪中应当严格的遵循入国问禁、入乡随俗、入门问讳,与绝大多数人的做法保持一致,切勿在社交场合目中无人、自以为是、指手画脚,对他人的习惯和观点随意的进行批评和否定。在社交场合遵循从俗原则,能够使你更加熟练地运用礼仪,更加有助于自身人际间的交往。

(七) 真诚原则

真诚指的是待人真心真意的友善表现。每个人在各自的社交当中务必待人以诚——言行一致,表里如一。真诚首先应当表现为不说谎、不虚伪、不骗人,不对他人进行侮辱。只有用真诚的心来面对对方、尊重对方,这样才能使双方建立信任,友谊长存。

若是仅仅在社交中把运用礼仪作为一种对他人的道具和伪装;或者在某种情况下讲究礼仪而另一种情况下则"无礼行事";又或者是在有求于人的时候保持礼仪,在被人所求的时候表现得无礼且口是心非。这些行为将礼仪等同于"厚黑学",在人际交往中肯定是行不通的。

(八) 沟通原则

想要对方的理解,同样也想要了解对方,相互之间的了解必须要经过沟通,有了沟通就需要有互动。在现代礼仪中,沟通的原则要求人们在交际中既要了解交往的对象,同时也要被交往对象所了解。礼仪最重要的主旨在于"尊重",若想了解他人就必先要尊重他人,这样才能实现有效沟通。

(九) 互动原则

在人际交往中,若是一方对另一方施礼,受礼的一方则必须做出相应的回礼,否则会被看作是严重的失礼的行为。这就是所谓的"来而不往非礼也"。因而在实际的社交中应当无条件的遵循互动原则。

中国要走向世界中心,讲礼仪要尊重国际惯例

金正昆,知名礼仪与公共关系专家,中国人民大学国际关系学院教授、博士生导师。12月11日,中国人民大学国发院"名家讲坛"邀请人大外交学系主任、礼仪与公共研究中心主任金正昆进行演讲,主题为公务礼仪与有效沟通。

以下是金正昆演讲精编:

1. 三种礼仪的初步诠释

《论语》先进篇有云,"为国以礼"。孔子强调,国家治理要讲规矩,规矩就是我们现在说的礼仪。那么政务礼仪、公务礼仪和商业礼仪有什么区别呢?

第一,"为国以礼",以礼治国以规矩治理国家,没有规矩不成方圆。讲规矩、懂规矩、用规矩、遵守规矩,是公职人员的基本规矩,是政务礼仪的基本要求。

第二,孟子说,"人知其所不为,然后可以有为",公务礼仪的基本操作可以说是两句话,就是有所为、有所不为。

第三,"礼仪是宣誓价值观、教化人民的有效方式"。在商务礼仪方面,中国正在走向世界的中心,发出中国好声音、讲好中国好故事,是国家的要求,也是每个中国人的使命。因此,在这个过程中加强个人素质,外塑团队形象是非常重要的。

比较来看,所谓职场礼仪、高端礼仪,其实就是商务跟政务,我们用的专业词叫公务。明显的特点是,公务礼仪更强调本国传统文化,比如各国宴请都是以本国菜为主,公务接待都很强调升国旗奏国歌。而商务礼仪更强调国际惯例,因为中国是国际交往积极参与

者,中国是全球化的积极推动者,所以国际化是第一要义。

2. 礼仪的重要性

你对某个单位印象如何其实就跟你接触一个人有关。比如我经常进出明商楼,我对明商楼物业领班同志的印象就很好,因为他很有规矩。而因为他有规矩,我对物业就有良好的印象。我们必须承认,中国正在走向世界的中心,而我们却还有不足。因此,在这个过程中,我们有必要以礼化己、以礼化人,以礼来教化自己,同时教化别人。

"礼者、所以正身也,师者、所以正礼也。"礼是教我们做正人君子,是正规军的一种标准。老师把正确的礼仪传授给学生,教化一代又一代的晚辈。如果老师这方面不求甚解,或者知其一而不知其二,甚至以讹传讹就麻烦了。

3. 公务礼仪基本规矩及实例分析

发现问题不是水平,解决问题才是能力。公务交往的基本规矩,重要的往往不是改变对方,重要的是调整自己。大的道理为国家服务、为人民服务,小的道理为服务对象服务。既然是服务,你就必须求大同存小异。

公务礼仪的特点是规范性和标准化。在位置排列方面有以下几种方式。

第一,自由式。当级别和岁数都相差无几的时候,例如,同学聚会时,是不太有办法讲规矩的,所以不排坐次,其他人按照先来后到自由入座。在国际交往中,不排列也是一种排列,此乃国际惯例。

第二,并列式。当交谈是寒暄的,是务虚的,是叙旧的时候,众人坐并排。只有记者才能坐斜对面,那叫采访、那叫察言观色。

第三种情况下叫相对式坐对面,意味着公事公办拉开距离。这种情况会在典型的上下级关系或商务谈判时出现。

老子《道德经》在第六十三章中说:"天下难事必作于易,天下大事必作于细",做事情要从易的地方开始,重视细节。因为细节往往决定成败,有没有规矩不是嘴上说的,行胜于言。

我还有一问,打电话的双方谁先挂?按固定的规矩、主流的规矩、当代中国职场的规矩,是位置高的人先挂。这跟谁先打谁后打没有任何关系。上下级通话,上级先挂,尊重上级是一种天职,这不叫虚伪这叫规矩。

荀子讲礼仪说:"礼者,养也",修养的养。在荀子眼里,一个人有没有教养,考核的标准是他有没有规矩。有规矩的人证明他是有教养的。

我们现在假定有非常重要的活动,比如校工会的大会或者团市委的会议。现在要布置会场,问摆放杯子跟笔的时候,它们应该各自放在哪一边。答案是,我国现行的主流规矩是,应在他视角,按照笔右杯左摆放。

4. 公务礼仪岗位规范

公务礼仪的宏观的解释是指在处理行政事务的时候所强调的岗位规范。例如，负责招生咨询的老师用LV的包，就不符合公务场合的岗位规范。

部门的公职人员，比如院办、校办、搞外事工作窗口等要害单位的人，说话就得有规矩。按照我们国家现在公务交往的规矩，一般来讲公职人员有五不谈。

第一，不能妄议党和政府的大政方针。作为公职人员思想上、行动上与党和政府保持一致；讲政治、讲规矩，主流的规矩，有意见可以提，可以进行批评与自我批评，但是下级服从上级，全党服从中央，令行禁止。

第二，不能涉及国家秘密、行业秘密、工作秘密。比如你是军人，领导人外宾的行动路线，下榻地点，都不能在网上或者微信上泄露。

第三，不能涉及民族问题，宗教问题和国际纠纷。民族的问题、宗教问题、领土纠纷的问题等，作为一般公职人员不能信口开河，因为你是代表一个单位。

第四，不能在背后议论领导、同行和同事，一般来说是非者必是是非人。

第五，不能涉及格调不高的东西，家长里短、小道消息、男女关系、黄色段子，这些有辱斯文，格调不高，俗不可耐。

5. 公务礼仪基本内容

从内容的角度来讲，政务礼仪基本内容可以用七个字概括，衣食住行访谈位，即穿着打扮、请客吃饭、住宿安排、拜访他人、出行、与人交谈和排位。

衣：就服装而言，公务交往可以不打领带，也可以不穿西装。但是如果穿西装，那么站起来时需要系扣子，不能敞怀。如果打领带，领带必须和西装同色或同色系，且还要强调无图案。一般讲究的人，正式场合领带是没有LOGO，没有图案的。另外一个情况，在集庆活动，例如，国庆70周年等场合，主角应打紫红色领带。当然有一些国际会议和活动，比如亚运会、奥运会的领带肯定要有徽记，那也是发出我们好声音的场合。

正装的基本要求很简单，要有领有袖，不光脚。站在国际视野公务场合，人的体毛除了头发汗毛之外，其他尽量不要让人看到，这是不雅的。比如耳毛、比如鼻毛、比如腿毛、比如腋毛。正式场合要穿制式皮鞋，很正式的场合要穿系带式皮鞋。女性的制式皮鞋，是黑色的、半高跟的或者高根的船鞋，一般情况下可以穿双包鞋，即包脚后跟脚指头的。此外，在国际交流正式场合，女人需要穿裙子。裙子是正装，裤子是便装和工作装。

食：在饮食方面，有经验的人会询问封闭式问题。绝对不要问想去哪吃，吃什么，也不要问想喝什么，因为你是找不着的。例如，老师想喝农夫山泉还是康师傅冰红茶？

问：假如你代表我们国发院请外校的专家就餐，问请人吃饭点菜的基本规矩是什么？

比较普遍的答案是，要问您不能吃什么。因为入乡随俗入国问禁。

而在高级的公务接待场合,宴请客人,尤其是 VIP 客人时,我们尤其强调五不点。

第一,不能点骨头特别多的东西。比如你不能请复旦校长跟咱们校长啃猪蹄,这样不雅,讲究的人进嘴的东西是不吐出来的。

第二,刺多的不考虑,鱼刺不容易剔除。

第三,不点壳多的。贝壳、小龙虾、大闸蟹、蛤蜊,严格讲这都是大排档的美食,正式宴会出现并不好。

第四,不点筋多的东西。凤爪羊蹄鸭膀是需要撕扯的食物,而且还涉及咬不烂的问题。

第五,不点生冷食物。这是为了防止客人吃坏肚子,为活动造成不便。

最后,果盘要注意不上籽多的东西。荔枝、龙眼、葡萄、杏儿、桃之类可以,整个的水果不可以上桌,需要分割装盘。

在宴请回族时,除了不吃猪肉,一般的家常菜还有什么不吃,也是需要记住的事情。

第一,他们是不喝酒的,问都不能问。他们不仅不喝酒而且含酒精的任何饮料都不接受,比如哈尔滨的格瓦斯,四川的醪糟。发酵的东西他认为是浪费粮食,会让人行为失常。

第二,他们不吃动物的血液,认为血是不洁的,但是跟有的民族却正好相反。

第三,他们不吃任何一种无鳞的鱼。

排位:比较重要的活动,两会正式场合的大会,领导出场应从主席台右侧上来。除此之外,如果你是我们人大或者部委办局的办公室副主任,金老师讲课来了,我提议我们合个影,是右大还是左大?正确答案应为单数左为上,双数是右大的,左右是当事人的立场。

我国传统典籍《礼记》中提到,"礼从宜,使从俗",规矩太多,你要用那个场合要求你用的规矩,宜也。使从俗,大使的使,代表国家、代表部门、代表单位你就得入乡随俗,遵守国际惯例是最好的办法。

我一向认为,接待外宾时,礼仪不仅仅是西餐、习俗,更要讲我国的传统、规则、发出我国的好声音。要古为今用,讲好我国好故事,礼要与时俱进,要有中国特色、要有中国风采,要有中国的文化。如果你接待一个外宾或者海外华人华侨,他们作为知名国际院校的专家学者,比起西安、上海、香港,其实他们更喜欢、更愿意去敦煌。

礼仪某种意义上就是跨文化交流的规则,因为"十里不同风,百里不同俗。"不同的答案是由立场决定的。因此,我们一定要注意多元的视角,不能以不变应万变,要具备动态的眼光。从纵向的角度一切都会发展,都有可能改变;从横向的角度,不同的人考虑问题的角度也不同。

最后小结,在公务场合讲礼仪,就是讲规矩,就是讲教养,讲形象,就是发出中国好声音,讲好本单位,本部门,本岗位和本人的好故事。同理,公务礼仪是讲合作,是讲沟通,是讲文化。公务礼仪不仅有形式美,而且强调心灵美。

资料来源:http://www.163.com/dy/article/F18F4CBS0516R4QO.html. 2019-12-25.

二、礼仪的作用

【小贴士】
敬人者,人恒敬之;爱人者,人恒爱之。

——孟子

良好礼仪的作用或目的旨在使得那些与我们交谈的人感到安适与满足。要能做到通过恰如其分的普通的礼节与尊重,表明你对他人的尊敬、重视与善意。这是一种很高的境界,要能做到这种境地,而又不被别人疑心你谄媚、伪善或卑鄙,是一种很大的技巧。

(一)有助于有效地弘扬礼仪传统

文明古老的中华民族,用其聪颖的才智和勤奋的力量,创造出人类历史上最灿烂的文化之一。中华民族自古便以"礼仪之邦"著称于世,我国古代的思想家、教育家非常重视"礼"的教育。"礼"的内容被全面的规定为处理、调整当时社会各种关系的规则以及规范。春秋时的大教育家孔子曾说过"不学礼,无以立。"

在我国的历史上还流传着许多讲究礼仪的佳话。例如,"廉蔺相交"讲的是礼让,"张良纳履"讲的是尊老敬贤,"程门立雪"讲的是尊敬老师,这些千古流传脍炙人口的故事对如今的人有着极大的教育意义。可见讲究礼仪并按照礼仪的规范和要求约束我们的行为,对继承和发展我国礼仪传统,弘扬我国优良的礼仪风范起着十分重要的作用。

(二)有助于提高人们的教养

在人际交往中,礼仪往往是用来衡量一个人文明程度的准绳。"言谈举止见文化""小节之处显精神",礼仪不仅仅反映一个人的交际技巧与应变能力,并且还能够反映出一个人的个人气质与风度,更是能够展现出个人的阅历见识、道德情操。正因如此,在这个意义上,完全可以将礼仪表达成为教养,而有道德才能高尚,有教养才能文明。一个人对礼仪的自觉学习以及运用过程实际上是一种对自我心灵的净化过程,能够察觉出自身教养的高低以及文明程度和道德水准。

(三)有助于协调改善人们的人际关系

一个人只要与其他人打交道,就不能不讲礼仪。正确的运用礼仪不但能够使个人在交际活动中充满自信,同时还拥有的好处是能够帮助人们规范彼此的交际活动,更好地向交往的他人表达自己的尊重和善意,增进彼此之间的了解和信任。礼仪能让人们友好的相处,保持和谐关系,秩序井然。

(四) 有助于人们美化自身,美化生活

个人形象是仪容、表情、举止、服饰、谈吐、教养的集合。而礼仪在上述诸方面都有自己最详尽的规范。因此,学习礼仪、运用礼仪无疑有益于人们更好地更规范地对个人形象进行设计,更加充分地展示个人的良好教养与优雅风度。

讲究礼仪的人,总是言谈中有吐纳珠玉之声,进退有度符合优雅之道。当人们重视了美化自身、以礼待人的时候,人际关系将更加和睦,生活也变得更加温馨,这时自身的美化便会发展为对生活的美化。

萧伯纳和小女孩

萧伯纳是爱尔兰著名的戏剧家、诺贝尔文学奖获得者。一次,他去苏联访问,他来到了莫斯科,当他在街头散步时,见到一个非常可爱的小女孩。萧伯纳和这个小女孩玩了很久,在分手时,他对小女孩说:"回去告诉你的妈妈,你今天和伟大的萧伯纳一起玩了。"

在萧伯纳的眼里,自己无疑是伟大的,肯定可以让小女孩的妈妈感到荣幸。然而,小女孩也学着大人的口气说:"回去告诉你的妈妈,你今天和苏联女孩安尼娜一起玩了。"

小女孩的回应让萧伯纳很吃惊。作为一个作家,他立刻意识到自己的傲慢,并向小女孩道歉。

后来,萧伯纳每次回想起这件事,都感慨万千。他说:"一个人无论有多么大的成就,对任何人都应该平等相待,应该永远谦虚。"

资料来源:http://wenku.baidu.com/view/f89e7529edfdc8d376eeaeaad1f34693daef1086.html. 2022-02-23.

第三节 仪表仪容

一、仪表

仪表,外观也,指人的外表,包括了人的容貌、姿态、风度、服饰以及个人卫生等,仪表是礼仪重要组成部分。

一个人以何种形象出现在他人面前,已经逐渐成为人们非常重视的一个问题。因为,它影响着人与人之间的沟通效果,有时甚至关系到一个人的前途与成败。当我们对一个喜欢的人进行描述的时候,往往会用到一个词:"仪表堂堂"!人不可能离群索居,如果你想要在社会上出人头地,就必须获得他人的认同、帮助。所有的成功者,无一例外地都对自己的仪表有着独到的见地,并以自己的仪表给他人留下非同寻常的"第一印象"。

在人际交往的最初阶段,仪表往往最能引起对方的注意。仪表端庄的人要比不修边幅者显得有教养,也更加懂得尊重别人,这已经是普通人的思维定式了。

适当的修饰与装扮不仅体现出一个人应当有的身份与气质,展示出一个人的个性和才华,同样也是对他人的尊重,这样便为人与人的沟通奠定了良好的基础。不难想象一个蓬头垢面、无精打采、衣衫不整的人出现在正式的社交场合下会给在场的人留下怎样的印象;也不难想象一个嬉皮笑脸、吊儿郎当的人怎么可能会赢的他人的信任。端庄合适的仪表给人视觉上的愉悦,更能够给人一种人格上的尊重。

维护好个人形象

郑伟是一家大型企业的总经理。有一次,他获悉有一家著名的德国企业的董事长正在本市进行访问,并有寻求合作伙伴的意向。于是他想尽办法,请有关部门为双方"牵线搭桥"。

让郑总经理高兴的是,对方也有兴趣同他的企业进行合作,而且希望尽快与他见面。到了双方会面的那一天,郑总经理对自己的形象刻意地进行一番修饰。他根据自己对时尚的理解,上穿夹克衫,下穿牛仔裤,头戴棒球帽,足蹬旅游鞋。无疑,他希望自己能给对方留下精明强干、时尚新潮的印象。然而事与愿违,郑总经理自我感觉良好的这一身时髦的"行头",却偏偏坏了他的大事。

案例解析:

根据惯例,在涉外交往中,每个人都必须时时刻刻注意维护自己形象,特别是要注意自己在正式场合留给初次见面的外国友人的第一形象。郑总经理与德方同行的第一次见面属国际交往中的正式场合,应穿西服或传统中山服,以示对德方的尊重。但他没有这样做,正如他的德方同行所认为的:此人着装随意,个人形象不合常规,给人的感觉是过于前卫,尚欠沉稳,与之合作之事再作他议。

资料来源:http://www.shangxueba.cn/6196989.html. 2021-7-24。

二、仪容

仪容,指人的外观、外貌,主要是指人的容貌。它由发式、面容以及人体所没有被服饰所遮掩的肌肤等内容构成。一个人的仪容传达出的是最为直接最为生动的第一信息,这反映出的是一个人最直接的精神面貌。在人际交往与社交过程中,仪容会引起交往对象的特别关注,并影响到对自己的整体评价。仪容是仪表问题的重中之重。

仪容美具体包括三种含义:仪容自然美,仪容修饰美和仪容的内在美。仪容自然美是指仪容的先天条件好,天生丽质。美好的仪容相貌,无疑会令人赏心悦目,感觉愉快。仪容修饰美是指依照规范与个人条件,对仪容实行必要的修饰,扬其长,避其短,设计、塑造出美好的个人形象,在人际交往中尽量令自己显得有备而来,自尊自爱。

而仪容内在美则是指通过努力学习,不断提高个人的文化、艺术素养和思想、道德水准,培养出自己高雅的气质与美好的心灵,使自己秀外慧中,表里如一。真正意义上的仪容美,应当是上述三个方面的高度统一。在这三者之间,仪容的内在美是最高的境界,仪容的自然美是人们的心愿,而仪容的修饰美则是仪容礼仪关注的重点。

仪容美的基本要素是貌美、发美、肌肤美,主要要求整洁干净。美好的仪容一定能让人感觉到其五官构成彼此和谐并富于表情;发质发型使其英俊潇洒、容光焕发;肌肤健美使其充满生命的活力,给人以健康自然、鲜明和谐、富有个性的深刻印象。但每个人的仪容是天生的,长相如何不是至关重要的,关键是心灵的问题。心灵美的人自然散发出一种美丽的气质。

【小贴士】

仪容的标准

整体:整齐清洁,自然,大方得体,精神奕奕,充满活力。

头发:头发整齐、清洁,不可染色,不得披头散发。短发前不及眉,旁不及耳,后不及衣领,长发刘海不过眉,过肩要扎起(使用公司统一发夹,用发网网住,夹于脑后),整齐扎于头巾内,不得使用夸张耀眼的发夹。

耳饰:只可戴小耳环(无坠),颜色清淡。

面貌:精神饱满,表情自然,不带个人情绪,面着淡妆,不用有浓烈气味的化妆品,不可用颜色夸张的口红、眼影、唇线;口红脱落,要及时补妆。

手:不留长指甲,指甲长度以不超过手指头为标准,不准涂有色指甲油,经常保持清洁,除手表外,不允许佩戴任何首饰。

衣服:合身、烫平、清洁、无油污,员工牌佩戴于左胸,长衣袖、裤管不能卷起,夏装衬衣下摆须扎进裙内,佩戴项链,饰物不得露出制服外。

围兜:清洁无油污,无破损,烫直,系于腰间。

鞋:穿着公司统一配发的布鞋,保持清洁,无破损,不得趿着鞋走路。

袜子:袜子无勾丝,无破损,只可穿无花、净色的丝袜。

身体:勤洗澡,无体味,不得使用浓烈香味的香水。

生活中人们的仪容非常重要,即使是天生丽质,也要讲究合理、科学的仪容修饰,而对于平凡大众的我们,就更需要借助仪容的修饰来美化自身的形象。我们可以靠化妆修饰、发式造型、着装佩饰等手段,弥补和掩盖外在容貌、形体等方面的不足,并在视觉上把自身较美的方面展露、衬托和强调出来,使形象得以美化。

成功的仪容修饰一般应当遵循以下的原则。

1. 整洁性

这是仪容修饰的前提。仪容的整洁是一个人的仪表美的最基本条件。试想蓬头垢面的人,即使五官生的美丽,在外观上给人的感觉也是不堪入目。

2. 适体性

合适的修饰要与被修饰者的容貌、体形、个人气质相适宜;要与自己的身份和职业进行协调和统一,合乎自身的身份特点并表现出内在的修为和素养。

3. 整体性

人体各部位的修饰要与整体相协调,通过修饰达到自身最好的程度。

4. 适度性

无论是从修饰的程度上来讲还是从所佩戴饰品的技巧上来讲,都要适时的把握分寸,自然适度,追求雕而无痕的效果。

5. TOP 原则

要求仪表的修饰要因时间(time)、场合(occasion)、地点(place)的变化而相应地变化。

浓妆淡抹总相宜

王芳,某高校文秘专业高才生,毕业后就职于一家公司做文员。为适应工作需要,上班时,她毅然放弃了"清纯少女妆",化起了整洁、漂亮、端庄的"白领丽人妆":不脱色粉底液,修饰自然、稍带棱角的眉毛,与服装色系搭配的灰度高偏浅色的眼影,紧贴上睫毛根部描画的灰棕色眼线,黑色自然型睫毛,再加上自然的唇型和略显浓艳的唇色。虽化了妆,却好似没有化妆,整个妆容清爽自然,尽显自信、成熟、干练的气质。

但在公休日,她又给自己来了一个大变脸,化起了久违的"青春少女妆":粉蓝或粉绿、粉红、粉黄、粉白等颜色的眼影,彩色系列的睫毛膏和眼线,粉红或粉橘的腮红,自然系的唇彩或唇油,看上去娇嫩欲滴,鲜亮淡雅,整个身心都倍感轻松。

心情好,自然工作效率就高。一年来,王芳以自己得体的外在形象、勤奋的工作态度和骄人的业绩,赢得了公司同仁的好评。

俗话说:"穿衣打扮,各有所爱。"意思是自己喜欢穿什么样的衣服那是个人的事情,与别人没有关系。但是作为职场中的人来说,你的衣着却不仅仅是个人的事。因为,你的衣着要和你的职业身份相符合,身上所穿的衣服,不仅代表了自己的品位,还代表着单位的形象,代表着对别人的尊重。在社交场合,从某种意义上说,你的衣着就是一封无言的介绍信,向你的交往对象传递着各种信息,别人可以从你的衣着上看出你的品位、看出你的个性、甚至可以看出你的职业状况。

著名影星索菲亚·罗兰就深有感触地说过:"你的服装往往表明你是哪一类人物,它们代表着你的个性。一个和你会面的人往往自觉不自觉地根据你的衣着来判断你的为人。"莎士比亚也说过:"服装往往可以表现人格。"因此,从这个意义上来说,服装就不仅仅具有蔽体、遮羞、挡风、防雨、抗暑、御寒的作用,它可以美化人体,扬长避短,展示个性,体现生活情趣,还具有反映社会分工,体现地位和身份差异的社会功用。

爱美是人的天性,尤其是女性。但衣着是极其讲究个性的,并不是漂亮的衣服就适合所有人。女性的穿着打扮应该灵活有弹性,学会选择适当的时候穿适当的衣服;搭配衣服、鞋子、发型、首饰、化妆,使之完美和谐,这才是美丽的关键。最终被别人称赞,应该夸你漂亮而不是说你的衣服好看或鞋子漂亮,那只是东西好看,不是穿得好。

整洁平整的服装并非一定要高档华贵,但须保持清洁,并熨烫平整,穿起来就能大方得体,显得精神焕发。整洁并不完全为了自己,更是尊重他人的需要,这是良好仪态的第一要领。

不同色彩会给人不同的感受,如深色或冷色调的服装让人产生视觉上的收缩感,显得庄重严肃;而浅色或暖色调的服装会有扩张感,使人显得轻松活泼。因此,可以根据不同需要进行选择和搭配。

配套齐全除了主体衣服之外,鞋袜手套等的搭配也要多加考究。如袜子以透明近似肤色或与服装颜色协调为好,带有大花纹的袜子不登大雅之堂。正式、庄重的场合不宜穿凉鞋或靴子,黑色皮鞋是适用最广的,可以和任何服装相配。

饰物点缀巧妙能够起到画龙点睛的作用,给女士们增添色彩。但是佩戴的饰品不宜过多,否则会分散对方的注意力。佩戴饰品时,应尽量选择同一色系。佩戴首饰最关键的,就是要与你的整体服饰搭配统一起来。

不同的工作性质,不同的单位,有着不同风格的衣着打扮,因此你要顺应主流,融合在其文化中,最好根据你的工作性质和特点选择装束。

资料来源:http://wenku.baidu.com/view/84694ac74028915f804dc25c.html. 2021-09-18

第四节　服　装　服　饰

一、服装服饰的功能

服装被视为"人的第二肌肤",为人遮风挡雨,抵抗外界的伤害和疾病,有着不可缺少的实用功能,这便是服装的自然功能;好的服装款式不但能够使人扬长避短、美化人体、展示个性并能充分展示其精神面貌,而且能够体现出其独特的生活情趣;而不同的服装特点也能反映出人的地位、身份差异等社会性功能。

古今中外,着装从来都体现着一种社会文化,体现着一个人的文化修养和审美情趣,是一个人的身份、气质、内在素质的无言的介绍信。从某种意义上说,服饰是一门艺术,服饰所能传达的情感与意蕴甚至不能用语言替代。在不同场合,穿着得体、适度的人,会给人留下良好的印象,而穿着不当,则会降低人的身份,损害自身的形象。

周恩来总理在着装方面为后人树立了一个得体潇洒的典范。不论在任何条件下,他都把衣着整洁合体、姿态端庄,一举一动彬彬有礼,光明磊落,待人谦虚,亲切诚恳,直率作为做人的准则。

在社交场合,得体的服饰是一种礼貌,一定程度上直接影响着人际关系的和谐。影响着装效果的因素有:一是要有文化修养和高雅的审美能力,即所谓"腹有诗书气自华"。二是要有运动健美的素质,健美的形体是着装美的天然条件。三是要掌握着装的常识、着装原则和服饰礼仪的知识,这是达到内外和谐统一美的不可缺少的条件。

> 【小贴士】
> 一个人的穿着打扮就是其个人教养以及个人品位最形象的体现。
> 一个人即使他默默无语,从他的着装也可以了解到他的过去。
> 服饰往往可以表现人格。
> ——莎士比亚

二、服装服饰穿戴的基本原则

(一) TPO 原则

TPO 指的是"time""place""object"这三个词的首字母缩写。"T"代表了时间、季节、时代;"P"代表了地点、场合;"O"则代表了目的和对象。着装上的 TPO 是世界通行的基本原则。它要求人们遵循服装服饰的和谐美:着装还要与季节、时间相吻合,符合时令;着装也要与所处的场合和地点相吻合,与国家、区域、民族的习俗相吻合;着装还要符合着装者的身份,要根据其不同的交往目的和对象来选择不同的服饰,从而给人留下好印象。

1. 时间原则

俗话说男士有一套质地上乘的深色西装就足以打天下;而女士则要根据时间的不同以及地点的不同对服装进行更换。参加晚会或者喜庆的酒会等活动时女士就需要多一些修饰,例如,佩戴有光泽的首饰,围一条漂亮的丝巾等,服饰可以尽可能的明亮一些;当遇到节假日的休闲时间,着装就应当随意、轻便一些,过于隆重的西装革履并不适合这种轻松、运动、休闲的气氛,而会使你显得拘谨而不适宜。出席晚宴的服装应当适合相对应的天气和季节特点,保持与潮流大致上的同步。

在工作的白天应当身着端庄、整洁、稳重、美观的服饰,能给人带来愉悦感和庄重感,例如,正式的工作套装就非常能体现出工作的专业性。从一个单位的职业装和精神面貌就能体现出这个单位的工作风气。如今,越来越多的企业、机关、学校开始对着装表示出重视并要求要有统一的着装,这样的要求不仅会给着装者带来一份自豪感,同时又多了一种对自身的约束,并能成为一个组织、单位标志性的象征。

2. 场合原则

在具体对服装的款式进行选择时,应当对自身所处的场合进行有效的区分,并且要依照礼仪规范和惯例,对自身的着装进行选择。

在正式的社交场合时,着装应当庄重、大方、考究,但不宜过于华丽;听音乐会或者观看高雅的表演时,出席者应当着正装前往;若是出席正式的宴会,男士则应当穿西装,女士应穿合身应景的晚礼服或者旗袍等长裙;一般朋友聚会、郊游等场合下,着装应当轻便、整洁、舒适。在出席喜庆的场合,着装应当选择色彩鲜艳明快的色系来衬托气氛,悲伤的场合下应当穿着肃穆,表达出自己的尊重。

首饰佩戴不当引起的误会

李丽中专毕业被分配到某公司做文秘工作,不久,一次在接待客户时,领导让她照顾一位华侨女士。临分别时,华侨对小李热情和周到的服务非常满意,留下名片,并认真地说:"谢谢!欢迎你到我公司来作客,请代我向你的先生问好。"小李愣住了,因为她根本没有男朋友。可是,那位华侨也没有错,她之所以这么说,是因为看见小李的左手无名指上戴有一枚戒指。

案例点评:首饰佩戴得体可以提升女士的魅力,但如果戴的过多,并且不注意与服装的合理搭配及与自身气质的协调,就难起到提升着装效果的作用。而一些表示婚姻状况的首饰,如果戴错或多戴,不但会引起误会,还会让人感到炫耀、庸俗、没有品位。

资料来源:http://www.docin.com/p-2930489421.html. 2021-12-31.

3. 对象原则

服装的穿着要与交往对象、目的相适应,有目标地选择服饰,通过穿着打扮来达到给对象留下深刻印象的目的。根据 TPO 原则,着装时应注意以下几个问题。

(1)着装应与自身条件相适应

选择服装首先应该与自己的年龄、身份、体形、肤色、性格和谐统一。年长者、身份地位高者,选择服装款式不宜太新潮,款式简单而面料质地则要讲究些,这样才与身份年龄相吻合。青少年的着装则应当着重体现青春气息,朴素、整洁为宜,清新、活泼最好,"青春自有三分俏"，若以过分的服饰破坏了青春朝气实在得不偿失。

体形条件对服装款式的选择也有很大影响。身材矮胖、颈粗圆脸形者，宜穿深色低"V"字形领、大"U"形领套装，浅色高领服装则不适合。而身材瘦长、颈细长、长脸形者宜穿浅色、高领或圆形领服装。方脸形者则宜穿小圆领或双翻领服装。身材匀称，形体条件好，肤色也好的人，着装范围则较广，可谓"淡妆浓抹总相宜"。

（2）着装应与职业、场合、交往对象目的相协调

着装要与职业、场合相宜，这是不可忽视的原则。工作时间着装应遵循端庄、整洁、稳重、美观、和谐的原则，能给人以愉悦感和庄重感。从一个单位的职业着装和精神面貌便能体现这个单位的工作作风和发展前景。家庭生活中，穿休闲装、便装更益于与家人之间沟通感情，营造轻松、愉悦、温馨的氛围。但不能穿睡衣拖鞋到大街上去购物或散步，那是不雅和失礼的。

着装应与交往对象、目的相适应。与外宾、少数民族相处，更要特别尊重他们的习俗禁忌。总之，着装最基本的原则是体现"和谐美"，上下装呼应和谐，饰物与服装色彩搭配和谐，与身份、年龄、职业、肤色、体形和谐，与时令、季节环境和谐等。

（二）服装的搭配原则

1. 服装的色彩搭配

不同的色彩有着不同的象征意义：暖色调——红色象征热烈、活泼、兴奋、富有激情；黄色象征明快、鼓舞、希望、富有朝气；橙色象征开朗、欣喜、活跃。冷色调——黑色象征沉稳、庄重、冷漠、富有神秘感；蓝色象征深远、沉静、安详、清爽、自信而幽远；中间色——黄绿色象征安详、活泼、幼嫩；红紫色象征明艳、夺目；紫色象征华丽、高贵。过渡色——粉色象征活泼、年轻、明丽而娇美；白色象征朴素、高雅、明亮、纯洁；淡绿色象征生命、鲜嫩、愉快和青春等。

服装的色彩是着装成功的重要因素。服装配色以"整体协调"为基本准则。全身着装搭配最好不超过三种颜色，而且以一种颜色为主色调，颜色太多则显得乱而无序，不协调。灰、黑、白三种颜色在服装配色中占有重要位置，几乎可以和任何颜色相配。

着装配色和谐的几种比较保险的办法，一是上下装同色——即套装，以饰物点缀。二是同色系配色。利用同色系中深浅、明暗度不同的颜色搭配，整体效果比较协调。利用对比色搭配（明亮度对比或相互排斥的颜色对比），运用得当，会有相映生辉、令人耳目一新的亮丽效果。年轻人穿上深下浅的服装，显得活泼、飘逸、富有青春气息；中老年人采用上浅下深的搭配，给人以稳重、沉着的静感。

服装的色彩搭配考虑与季节的"沟通"，与大自然"对话"也会收到不同凡响的理想效果。同一件外套服装，利用衬衣的样式与颜色的变化与之相衬托，会表现出不同的独特风格。能以简单的打扮发挥理想的效果，本身就说明着装人内在的充实与修养。很多人却

忽略了这一点,不能不说是打扮意识薄弱之处。利用衬衣与外套搭配应注意衬衣颜色不能与外套颜色相同,明暗度、深浅程度应有明显的对比。

着装配色要遵守的一条重要原则,就是根据个人的肤色、年龄、体形选择颜色。如肤色黑,不宜穿颜色过深或过浅的服装,而应选用与肤色对比不明显的粉红色、蓝绿色,最忌用色泽明亮的黄橙色或色调极暗的褐色、黑紫色等。皮肤发黄的人,不宜选用半黄色、土黄色、灰色的服装,否则会显得精神不振和无精打采。脸色苍白不宜穿绿色服装,否则会使脸色更显病态。而肤色红润、粉白,穿绿色服装效果会很好。

白色衣服任何肤色效果都不错,因为白色的反光会使人显得神采奕奕。体形瘦小的人适合穿色彩明亮度高的浅色服装,这样显得丰满;而体形肥胖的人用明亮度低的深颜色则显得苗条。大多数人体形、肤色属中间混和型,所以颜色搭配没有绝对性的原则,重要的是在着装实践中找到最适合自己的搭配颜色。

2. 服装与饰物的搭配

饰物指与服装搭配、对服装起修饰作用的其他物品,主要有领带、围巾、丝巾、胸针、首饰、提包、手套、鞋袜,等等。饰物在着装中起着画龙点睛、协调整体的作用。胸针适合女性一年四季佩戴。佩戴胸针应因季节、服装的不同而变化,胸针应戴在第一第二粒纽扣之间的平行位置上。首饰主要指耳环、项链、戒指、手镯、手链等。

佩戴首饰应与脸型、服装协调。首饰不易同时戴多件,比如戒指,一只手最好只佩戴一枚,手镯、手链一只手也不能戴两个以上。多戴则不雅且显得庸俗,特别是工作和重要社交场合穿金戴银太过分总不适宜,不合礼仪规范。

巧用围巾,特别是女士佩戴的丝巾,会收到非常好的装饰效果。男士饰物一定不宜太多,太多则会少了些阳刚之气和潇洒之美。一条领带,一枚领带夹,某些特殊场合,在西服上衣胸前口袋上配一块装饰手帕就够了。

鞋袜的作用在整体着装中不可忽视,搭配不好会给人头重脚轻的感觉。着便装穿皮鞋、布鞋、运动鞋都可以,而穿西服、正式套装则必须穿皮鞋。男士皮鞋的颜色以黑色、深咖啡、或深棕色为主,白色皮鞋只有在某些场合穿浅色套装才适用,黑色皮鞋适合于各色服装和各种场合。

正式社交场合,男士的袜子应该是深色,黑、蓝、灰都可以。女士皮鞋以黑色、白色、棕色或与服装颜色一致或同色系为宜。社交场合,女士穿裙子时袜子以肉色相配最好,深色或花色图案的袜子都不合适。长筒丝袜口与裙子下摆之间不能有间隔,不能露出腿的一部分,那很不雅观,不符合服饰礼仪规范。有破洞的丝袜不能露在外面,穿有明显破痕的高筒袜在公众场合总会感到尴尬,不穿袜子倒还可以。总之,饰物的选用也应遵循TPO原则,重要的是以"和谐"为美。

第五节　人际交往礼仪

人际交往礼仪是指人们在人际交往过程中用于表示尊重、亲善和友好的首选行为规范和惯用形式。人际交往礼仪在当今社会的人际交往中发挥的作用愈显重要。通过社交，人们可以互通信息，共享资源，对取得事业成功大有裨益。

总体来讲，人际交往礼仪的概念包含下面几层含义。

1. 人际交往礼仪是一种道德行为规范

规范就是规矩、章法、条条框框，也就是说人际交往礼仪是对人的行为进行约束的条条框框，告诉你要怎么做，不要怎么做。如你到老师办公室办事，进门前要先敲门，若不敲门就直接闯进去是失礼的。人际交往礼仪比起法律、纪律，其约束力要弱得多，违反人际交往礼仪规范，只能让别人产生厌恶，别人不能对你进行制裁。为此，人际交往礼仪的约束要靠道德修养的自律。

2. 人际交往礼仪的直接目的是表示对他人的尊重

尊重是人际交往礼仪的本质。人都有被尊重的高级精神需要，当在人际交往活动过程中，按照人际交往礼仪的要求去做，就会使人获得尊重和满足，从而获得愉悦，由此达到人与人之间关系的和谐。

3. 人际交往礼仪的根本目的是为了维护人与人之间正常的交往秩序

在这方面，它和法律、纪律共同起作用，也正是因为这一目的，无论是资本主义社会还是社会主义社会都非常重视人际交往礼仪规范建设。

4. 人际交往礼仪要求在人际交往活动中遵守

这是它的范围，超出这个范围，人际交往礼仪的规范就不一定适用了。如在公共场所穿拖鞋是失礼的，而在家穿拖鞋则是正常的。

【小贴士】

礼貌是人类共处的金钥匙。　　　　　　　　　　　　　　　　——松苏内吉

礼貌使有礼貌的人喜悦，也使那些受人以礼貌相待的人们喜悦。　——孟德斯鸠

礼貌是最容易做到的事，也是最珍贵的东西。　　　　　　　　——冈察尔

一、称呼礼仪

称呼是指人们在日常交往应酬中彼此之间的称谓语。在人际交往中，如何称呼对方体现出了双方关系的亲疏、了解程度、自身教养以及对对方的尊重和社会风尚。选择称呼要合乎常规，要按照被称呼者的习惯，入乡随俗。得体的称呼能够发挥"润滑剂"的功效；而不恰当的称呼则会使对方不悦甚至影响彼此间的关系，还关乎交际的成功与否。

(一) 职务性称呼

以交往对象的职务相称,以示身份有别、敬意有加,这是一种最常见的称呼。有三种情况:称职务、在职务前加上姓氏、在职务前加上姓名(适用于极其正式的场合)。

(二) 职称性称呼

对于具有职称者,尤其是具有高级、中级职称者,在工作中直接以其职称相称。称职称时可以只称职称、在职称前加上姓氏、在职称前加上姓名(适用于十分正式的场合)。

(三) 行业性称呼

在工作中,有时可按行业进行称呼。对于从事某些特定行业的人,可直接称呼对方的职业,如(老师、医生、会计、律师等),也可以在职业前加上姓氏、姓名。

(四) 性别性称呼

对于从事商业、服务性行业的人,一般约定俗成地按性别的不同分别称呼"小姐""女士"或"先生","小姐"是称未婚女性,"女士"是称已婚女性。

(五) 姓名性称呼

在工作岗位上称呼姓名,一般限于同事、熟人之间。有三种情况:可以直呼其名;只呼其姓,要在姓前加上"老、大、小"等前缀;只称其名,不呼其姓,通常限于同性之间,尤其是上司称呼下级、长辈称呼晚辈,在亲友、同学、邻里之间,也可使用这种称呼。

职场中的聚与距

进公司的第一天,部门经理带小张和同事们认识。每个人都对小张微笑、握手,空气暖融融的,让小张着实激动了一把。

可没想到经理一走,办公室里立刻露"真容"。经理让小李当小张师傅,带小张熟悉业务,可她只顾埋头写计划书,对手足无措的小张根本不予理睬。

小张天性内向,朋友不多,非常渴望能在集体中找到归属感,获得关注。于是,小张下决心改变自己,可越变越崩溃。比如小张看了许多星座的书,然后专找星座一样的同事聊天,觉得彼此有缘。"徐姐,你好年轻啊,看起来就像三十多岁。"结果人家脸一黑说:"我就是三十多岁啊!"小张臊了个大红脸。

小张非常沮丧,觉得职场人际的水好深啊。

小张有个亲戚在单位是中层领导,在职场上经历过大风大浪。她说职场中每个人每天跟同事在一起的时间远远超过家人,如果不能和大家和睦相处,日子会过得很灰暗,对事业影响很大。

她说在职场上保持自我个性,不要强行改变自己,不必学交往技巧,那会给人圆滑的感觉。"在职场中真诚最重要"。她建议小张说话要讲究分寸,让对方感觉舒服;要学会补台,不要拆台;有成绩时说"我们",犯错误时说"我";同事聊天插不上话就微笑倾听,"因为倾听也是一种参与"。

小张从小住校,一直不会做饭,但心里非常渴望做大厨。后来小张发现和女同事聊烹饪,是和她们亲近的一个重要途径。只要小张咨询红烧肉和各式炒菜的做法,年长的女同事就两眼发光,大谈她的厨艺和营养观,给小张出谋划策。

年底联欢会,小张为每一位上台唱歌的同事鼓掌。不是刻意拍马屁,而是小张五音不全,觉得每个能唱到调上的都是人才,好羡慕他们。没想到这个友善的举动让大家非常感动,有时小张工作中出错了,同事都愿意替小张兜着,不向上司汇报。

对不好相处的同事,小张会在 MSN、QQ 和邮件上说事或发个短信,事儿就解决了。既没有争执,还不用看他的臭脸,办事效率颇高。

在职场上要善待每一位同事,但不必拿每一个人当朋友,合则聚,不合则距。

【分析】 大千世界,芸芸众生,有的人能够平步青云,扶摇直上,有的人却怀才不遇,郁郁而终。知识与智慧固然是重要的因素,但也不是决定性的因素。在这个交往日益频繁、竞争日趋激烈的信息社会中,成功必须要有良好的公共关系作为前提和保证。良好的公共关系是你前途和事业的"润滑剂";糟糕的公共关系则会成为你生活和事业的"绊脚石"。

生活中常有人抱怨"工作好做人难做",处理人际关系是职场中最需要智慧的一项工作。尤其是秘书人员,在职场中处于人际关系的旋涡中心。上司与上司之间、同事与同事之间、关系错综复杂。对你的顶头上司你必须要服从;对下属你必须要关心;对同僚你得要有真诚相待的平常心。这些说起来容易,但是真正做起来就没有那么容易了。

案例中的"小张"是个性格内向,刚走上工作岗位的大学生,职场对于她来说既充满了新鲜感,又充满了恐惧感。上班第一天她就已经领略了职场的"世态炎凉"。她下决心要改变自己,可是,越变却越别扭。因为她采用笨拙的方式去刻意迎合别人,不仅没有好的效果,反而招来了白眼。

通过反思,她明白了一个道理,与人相处最重要的是真诚,真心相待,而不是矫揉造作的刻意逢迎。那样,会让人觉得你油滑,会让人对你产生不踏实的感觉。当道理明白了以后,她也就能摆正自己与他人的位置,与人相处也就自然了,终于在职场中找到了"家"的感觉。正如她的一个亲戚所说的那样:"职场中每个人每天跟同事在一起的时间远远超过家人,如果不能和大家和睦相处,日子会过得很灰暗,对事业影响很大。"

资料来源:http://wenku.baidu.com/view/32f8ecced938376baf1ffc4ffe4733687e21fccb.html. 2021-10-11.

二、介绍礼仪

介绍是社交活动中最为常见,也是最为重要的礼节之一。它是初次见面的陌生双方开始交往的起点。介绍,在人与人之间起到了"桥梁"和沟通的作用,几句话便能缩短人与人之间的距离,方便进一步交谈、沟通和更深入地互相了解,为进一步的交往开个好头。

为他人介绍时要遵循"尊者优先了解情况"的规则,在为他人作介绍前,先要确定双方地位的尊卑,然后先介绍卑者,后介绍尊者。介绍的基本原则如下。

(1) 应当先将男士介绍给女士。在介绍的过程中,被介绍者的名字总是被后提。

(2) 应当先将年轻者介绍给长者。这样可以表示出对前辈、长者的尊敬,注意在介绍过程中,有时男士的年龄较大,但仍然是先将男士介绍给女士。

(3) 先将未婚女子介绍给已婚女子。应当注意的是,当介绍者无法辨认双方是已婚还是未婚时,便不存在先介绍谁的问题,可以随意的按顺序进行介绍。

(4) 先将职位低的介绍给职位高的。在实业界或者是公司中,商务场合要先将职位低的介绍给职位高的。

(5) 先将家庭成员介绍给对方。向他人介绍自己的家庭成员时,应当谦虚地说出家人的名字。这不仅仅是礼貌的表现,而且这对介绍自己家庭成员也比较方便。

(6) 集体介绍时的顺序。被介绍者的地位、身份大致相似或者难以确定时,应当将人数较少的一方介绍给人数较多的一方。

若是被介绍者在地位、身份之间存在着明显的差异,尤其是这些差异表现为年龄、性别、婚否、师生以及职务高低时,即便是地位、身份较高的一方人数较少,甚至只有一人,依然应当被置为尊贵的位置,最后加以介绍,而需先介绍另一方人员。

若是需要介绍的一方不止一个人,才可以用笼统的方法进行介绍,例如,使用"他们都是我家人""这些是我的同事"等。但是,最好还是能对其逐一进行介绍,这样介绍时可按位次的尊卑顺序进行介绍。

若是被介绍的双方都不止一人,则可以依照礼仪的规范,先介绍位卑的一方,后介绍位尊的一方。在介绍各方人员时,均需由卑到尊,依次进行。

【小贴士】

握手礼仪

握手礼是在一切交际场合最常使用、适应范围最广泛的见面致意礼节。它表示致意、亲近、友好、寒暄、道别、祝贺、感谢、慰问等多种含义,从握手中,往往可以了解一个人的情绪和意向,还可以推断一个人的性格和感情。有时握手比语言更充满情感。

一、握手礼行使的场合

迎接客人到来时；当你被介绍与人认识时；久别重逢时；社交场合突遇熟人时；拜访告辞时；送别客人时；别人向自己祝贺、赠礼时；拜托别人时；别人帮助自己时等。

二、握手礼行使的规则

行握手礼时有先后次序之分。握手的先后次序主要是为了尊重对方的需要。其次主要根据握手人双方所处的社会地位、身份、性别和各种条件来确定。

（1）两人之间握手的次序是：上级在先，长辈在先，女性在先，主人在先；而下级、晚辈、男性、客人应先问候，见对方伸出手后，再伸手与他相握。在上级、长辈面前不可贸然先伸手。若两人之间身份、年龄、职务都相仿，则先伸手为礼貌。

（2）如男女初次见面，女方可以不与男方握手，互致点头礼即可；若接待来宾，不论男女，女主人都要主动伸手表示欢迎，男主人也可对女宾先伸手表示欢迎。

（3）如一人与多人握手时，应是先上级、后下级，先长辈、后晚辈，先主人、后客人，先女性、后男性。

（4）若一方忽略了握手的先后次序，先伸出了手，对方应立即回握，以免发生尴尬。

三、握手礼行使的正确姿势

标准的握手方式是：握手时，两人相距约一步，上身稍前侧，伸出右手，四指并拢拇指张开，两人的手掌与地面垂直相握，上下轻摇，一般二三秒为宜；握手时注视对方，微笑致意或简单地用言语致意、寒暄。

四、握手礼的体态语

握手的具体样式千差万别。了解一些握手的典型样式，既有助于我们通过握手了解交际对方的性格、情感状况、待人接物的基本态度等；也有助于我们在人际交往中根据不同的场合、不同的对象去自觉地应用各种具体的样式。

（1）谦恭式握手。又称"乞讨式"握手，顺从型握手。即以掌心向上或向左上的手势与对方握手。用这种方式握手的人往往性格懦弱，处于被动地位，又可能处世比较民主、谦和、平易近人，对对方比较尊重、敬仰、甚至有几分畏惧。这种人往往易改变自己的看法，不固执，愿意受对方支配。

（2）支配式握手。又称"控制式"握手，用掌心向下或向左下的姿势握住对方的手。以这种方式握手的人想表达自己的优势、主动、傲慢或支配地位。这种人一般来说说话干净利索、办事果断、高度自信，凡是一经决定，就很难改变观点，作风不大民主。在交际双方社会地位差距较大时，社会地位较高的一方易采用这种方式与对方握手。

(3) 无力型握手。又称"死鱼式"握手,握手时伸出一只无力度的手,给人的感觉像是握住一条死鱼。这种人的特点如不是生性懦弱,就是对人冷漠无情,待人接物消极傲慢。

(4) "手套式"握手。握手时用双手握住对方的右手,既可表示对对方更加尊重、亲切,也可表示更加感激、有求于人之意。但这种握手方式最好不要用在初见的人身上,以免让对方引起不必要的误会。

三、电话礼仪

电话是工作中必不可少的工具,也是商务活动中重要的沟通工具。掌握电话礼仪并做出正确的应对,是对商务人员基本的要求。

(一) 打电话的礼仪

1. 选择恰当的通话时间

除了特殊情况外,工作上的事,要在工作时间打电话;最好是事先约好的时间,以及是对方方便的时间。在对方下班以前十分钟之内尽量不要打电话,以免耽误对方的时间。应避开用餐时间和休息时间。虽然现代社会生活节奏快,竞争压力大,晚睡的人很多,但是不要以自己的作息时间来揣测别人的作息时间,所以晚上十点到早上七点之间不要打电话,除非有特别重要的事。避开下班后的私人时间,尤其是节假日。如果在对方用餐、休息和睡觉时不得已打电话,要讲明原因,并且道歉。如果同国外的公司电话联络,还要特别注意时差问题。

接电话技巧

某公司的毛先生是杭州某三星级酒店的商务客人,他每次到杭州肯定会住这家三星级酒店,并且每次都会提出一些意见和建议。可以说,毛先生是一位既忠实友好又苛刻挑剔的客人。

某天早晨8点再次入住的毛先生打电话到总机,询问同公司的王总住在几号房。总机李小姐接到电话后,请毛先生"稍等",然后在电脑上进行查询。查到王总住在901房间而且并未要求电话免打扰服务,便对毛先生说"我帮您转过去",说完就把电话转到了901房间。此时901房间的王先生因昨晚旅途劳累还在休息,接到电话就抱怨下属毛先生不该这么早吵醒他,并为此很生气。

案例解析:

李小姐应该考虑到通话的时间早上8点是否会影响客人休息,分析客人询问房间号码的动机,此时毛先生的本意也许并不是要立即与王总通话,而只想知道王总的房间号码,便于事后联络。在不能确定客人动机的前提下,可以先回答客人的问话,同时征询客人意见"王总住在901房,请问先生需要我马上帮您转过去吗?"必要时还可委婉地提醒客人,现在时间尚早,如要通话是否1个小时之后再打。这样做既满足了客人的需求,又让客人感受到了服务的主动性、超前性、周到性。

资料来源:https://m.ruiwen.com/liyichangshi/1240737.html?from=singlemessage,2020-10-04.

2. 提高打电话的效率

(1) 确保电话号码正确

为了提高打电话的效率,还可以将常用的电话号码制成表格贴于电话旁边,方便随时查阅。打电话前,先确认好对方的电话号码。如果不小心打错了,一定要道歉,然后再仔细检查一下号码。

(2) 准备充分

打电话之前,要事先想好或是写好所办事情的要点,准备好相关的资料,放在电话机旁边。只有准备好要点,回答对方的提问才会得心应手,不用总是说"请稍等片刻",否则,再长的通话时间也不够用。对于容易忘记的要点,一定要记录在手头,要不然为了告知对方自己忘说了的事而再次打电话给对方,会令对方停下手中的工作来接听你的电话,带给对方很多麻烦。

(3) 做好记录

打电话时,旁边应准备好备忘录和笔,以免需要记录时,出现忙乱地找纸和笔的情况,不仅浪费对方的时间,也会给对方留下不专业、准备不充分的印象。

记下交谈中所有的必要信息,除了自己要说的话和说话内容的要点外,还要记下通话达成的意向点。

(4) 复述要点

记录对方所说的内容,通话结束之前最好再复述一遍要点,防止记录错误或者偏差而带来误会,使整个通话的办事效率更高。

3. 通话时间不宜过长

打电话时,先要自报家门,通话之前先问对方现在通话是否方便,如果方便就继续通话,如果不方便就礼貌地道歉并约好在对方方便时再通电话。事先想好要讲的内容,节约通话时间,不要现想现说。简明扼要地把事情说清楚,尽量自觉地、有意识地将通话时间控制在三分钟之内。如果通话时间较长,应征求对方意见,并在通话结束时表示歉意。通话结束时主动挂电话。

4. 不打私人电话

办公时间打私人电话就等于放弃工作。如果有非打不可的电话,也要等到休息时间再打;而且还应该尽量用自己的手机或公用电话打,避免使用办公电话,否则既有揩油之嫌,又影响办公室其他人休息。在对方上班期间,原则上不要为了私事而通电话以免影响对方的工作。

(二) 接听电话的礼仪

1. 适时拿起听筒

在办公室里,电话铃响3遍之前就应接听,3遍后就应道歉:"对不起,让你久等了。"如果受话人正在做一件要紧的事情不能及时接听,代接的人应为其解释。如果既不及时接电话,又不道歉,甚至极不耐烦,就是极不礼貌的行为。尽快接听电话会给对方留下好印象,让对方觉得自己被看重。

2. 确认对方

对方打来电话,一般会主动介绍自己。如果没有介绍或者你没有听清楚,就应该主动问:"请问您是哪位?我能为您做什么?您找哪位?"不要拿起电话听筒盘问一句:"喂!哪位?"这样的话语陌生而疏远,缺少人情味。问清来电者的身份(姓名、公司名称、电话号码);在确定来电者身份的过程中,要注意给予对方亲切随和的问候,避免对方不耐烦。

3. 专心接电话

接电话时要暂时放下手里的工作。如果正在和别人交谈,要示意自己需要接电话,一会儿再说,接完后向对方道歉;如果有非常重要的事情,在接到电话后向对方说明原因,表示歉意,并约一个具体时间主动打过去,在下次通话开始的时候还要再次向对方致歉。

4. 合理安排

在接听电话时,适逢另一个电话打了进来,切忌置之不理。可先对通话对象说明原因,要其勿挂电话,稍等片刻,然后立即去接另一个电话。待接通之后,先请对方稍候,或过一会儿再打进来,随后再继续刚才正在通话的电话,同时说明"对不起(很抱歉),让您久等了"。

(三) 转接电话的礼仪

1. 有礼貌

接到对方打来的电话,你拿起听筒应首先自我介绍:"你好!我是某某某。"如果对方找的人在旁边,你应说:"请稍等。"然后用手掩住话筒,轻声招呼你的同事接电话。如果对方找的人不在,你应该告诉对方,并且问:"需要留言吗?我一定转告!"

2. 记录详细准确

接电话的时候,要将对方的公司名称、姓名、事由、电话号码牢牢记住,并转告给对方要找的人。为了避免出错,需要复述一遍。如果复述的内容有误便说:"不好意思,请您再说一遍。"转接电话的时候,要认真确认"是谁打给谁的",并及时把记录的信息转告给对方要找的人。

四、信函礼仪

商务信函是商业活动中对外交往最主要的书面表达方式之一。规范得体的商务信函不仅体现个人的商务写作水平,更代表着一家公司或企业的整体形象。书信的表达要运用更加适当的文字,恰当地表达信息。除了传统的书信以外,现代商业中电子邮件也占了一定的分量。不管是哪种形式的书信,写信时都要注意接收信息的人的感受。以下是在这两种书信往来中必须注意的礼仪。

(一) 格式礼仪

1. 称谓

商务信函的称谓应郑重,私人信函中过分亲昵的称呼不适用。对于相对熟识的人,可以称"×××先生"或"×××女士";对于一般熟识的人则可以称呼其职务。这里的"熟识"可以是指仅通信联系而从未谋面的情形,习惯上加"尊敬的"一类词。

2. 结尾的称呼

结尾的落款要求和开头相对应,开头是哪种关系程度的称呼,落款也应是相应的程度。例如,称呼是连姓带名的"×××先生",落款就是连姓带名的"×××";称呼是不带姓的"×××先生",落款就不带姓。商务信函以打印为宜,但落款处还要有亲笔签名。

3. 结尾及敬辞

用简单的一两句话,写明希望对方答复的要求。如"特此函达,即希函复。"同时写表示祝愿或致敬的话,如"此致敬礼"等。祝语一般分为两行书写,"此致""敬祝"可紧随正文,也可和正文空开;"敬礼""顺利"则转行顶格书写。

4. 正文

信文的正文是书信的主要部分,叙述商业业务往来联系的实质问题时,正文格式要规范,通常包括以下几个方面:向收信人问候;写信的事由,例如,何时收到对方的来信,或者表示谢意,或者对于来信中提到的问题进行答复,等等;该信要进行的业务联系,如询问有关事宜,回答对方提出的问题,阐明自己的想法或看法,向对方提出要求等。如果既要向对方询问,又要回答对方的询问,则先答后问,以示尊重;最后提出进一步联系的希望、方式和要求。

(二) 信笺礼仪

1. 使用专用信笺

商务信函最好使用带有公司抬头的专用信笺。信笺上应印有公司的名称、徽标以及地址、电话和传真号码。写商业信函绝不可用有颜色的纸。信笺样式要稳重而具有吸引力,质地要优良,印刷要美观,设计和布局最好能反映本公司的商业特征。

如果信笺上的信息需要更新，应当提前订购新的信笺。在新的信笺来之前如果仍使用旧的信笺，要更正上面的信息；而且使用旧信笺的时间最好不超过一个月，否则会有损本公司的形象。公司专用信笺不要用于私人书信。绝对私人的信，应该用私人的信笺。

2. 保持整洁、恰当折叠

第二张信纸最好与第一张相连，否则看起来会不协调。而且笺头与其余信纸的颜色材质最好一模一样，否则会让人觉得不舒服。信笺表面要保持整洁，信笺的内容写好以后，要把信笺折叠整齐后，再装入信封。即使只是稍微折不好，公司的整体形象仍会遭到破坏。写好信文，将信笺装入信封时，不可令其过大或过小。

在折叠信笺时，既不要随手乱折，也没有必要折得复杂。通常的商务信函的折法是先将信笺纵向对折，随即在折线处再往里卷折1~2厘米宽，最后再将其横向对折。将折好的信笺正式装入信封时，注意一定要将其推至信封的顶端，并且令其与信封的封口之处留有大约1厘米的距离。以免收信人将来拆阅书信时，撕坏信封内的信笺，影响阅读。

（三）信封使用礼仪

1. 使用新的信封来邮寄。

不能使用旧信封或由废旧纸张和有字纸张制成的信封装寄。信件应装入标准信封内，并将封口封好，不必要在封口加上透明胶带以保安全，否则会影响美观。如果用透明窗信封装寄，透明窗必须是长方形，其长的一边应和信封长的一边平行。信件应适当折叠，使其在信封内有所移动时，收件人的姓名地址仍能通过透明窗清晰露出。透明窗的纸张应该使用在灯光下不反光的透明纸制成。

2. 格式

左上角是收信人的邮政编码。收信人地址姓名应写在信封左上角，邮政编码的下方。中间是收信人的姓名，右下方是寄信人的邮编和地址，右上方贴邮票。个人信息，按国名、地名、姓名逐行顺序填写。

【复习思考题】

1. 简析礼仪的原则？
2. 礼仪的作用有哪些？

【情景模拟】

（1）请同学们对自身具备的礼仪知识进行回顾，并列举出其所缺少的部分。
（2）分组对各种不同的介绍方法进行设定和演练。

（3）认真分析，你平时是否做到了应有的礼仪，本章所学的内容是否对你的习惯产生了影响？产生了哪些影响？

拓展阅读 6.1
用礼仪制度增强认同感和归属感

第七章

管理沟通

【学习目标】

1. 了解管理沟通的作用与功能,领会章节中的案例,并用心加以体会。
2. 掌握管理沟通的常用方法及完善策略,并在实际中加以运用。
3. 掌握管理会议沟通的关键点及主要障碍,并在实际中加以运用。

【技能要求】

1. 通过训练,正确运用管理沟通的基本方法。
2. 通过训练,掌握管理沟通的有效策略和技巧。
3. 通过训练,把握提高会议成效的对策。
4. 通过训练,学会科学合理地组织会议。

护士的"嘴"有多重要?3个案例告诉你

俗话说"医生的嘴,护士的腿",这句话本来是想说医生对护士的指导作用。但你是否了解,在临床工作中护士不单单是去执行医嘱,同时也需要多动嘴巴:"多说一句,加强对家属的宣教""多问一句,增加和医生或其他同事的沟通"也是非常重要的。

案例一

今天护士小赵一个人在病房值中班。中午查对医嘱的时候,发现医生开了一条急诊血的医嘱,但是没有备注是什么时候抽,因为医生开急诊血可能会是两种情况,一是开个急诊,表明这个标本项目不需要空腹抽血,对于喜欢挂完水回家的病人,在第二天来院抽血不用一大早空腹过来;第二种情况则是患者有不适,必须立马抽,医生需要立马看到结果。所以护士小赵就打电话问了值班医生,医生回答说:"和明天的血一起抽。"然后就挂电话了。小赵翻了一下标本盒,确实该病人明天有血要抽,于是就将血标签和明天的血标签放在一起了。

但是下午,主任医生一上班,就很生气地教育了小赵,说耽误了患者的病情,他们都在等这个患者的血结果。小赵很委屈的说问过值班医生了,说了和明天的血一起抽,值班医生说她想表达的意思是,想将这个血和明天该患者的急诊血一起放在今天抽。

案例二

外科病房的小张今天非常忙,组上有四台手术,所以一直像陀螺似的在病房转。终于快到下班的点了,和晚班交班发现有个病人的皮下负压引流球是不带负压张开的状态,而且里面什么也没有。小张说今天手术回来时,引流球明明是带负压的,怎么会突然鼓起来,变成张开的状态。这时候病人的老婆在旁边说:"我看这个球瘪着,我以为是他压瘪的,我看它旁边有个小孔,可以把这个球再撑起来,所以我就给撑起来了。"小张只能苦笑,自己交接完手术病人,交代了不能进食,关注肠道排气时间,如何卧床训练,还固定好了管道,交代病人不要随意牵拉;但是就漏说了一句,皮下负压引流球就该是瘪着的,这样才能把术中残留的血吸出来。

案例三

小李和小王今天都上白班。快到下午四点了,小李准备给自己组上的病人配好输液去做下午治疗。她看见小王今天特别忙,于是就顺带帮小王组上的病人把下午的输液也配了,想帮小王减轻点负担。但是小王忙完病人回来时候,发现自己组上有一个病人请假回家,要晚一点回来,所以现在配水配早了。小王也不好怪同事小李,但是心里还是有一点不舒服,后来病人没有晚很久回来,还好输液没有过了时效期,给病人及时挂上了。但是两人心里都捏了一把汗,因为如果输液过期了,只能重新开药,这样就会增加病人经济负担,带来不必要的矛盾。

从以上三个案例,让人不得不从中吸取经验。

和医生沟通:接到有疑问的医嘱,有效沟通

针对护士小赵抽血的问题,虽然她也询问了医生,但是却没有实现"有效沟通"。如果她当时多问一句抽血时间,全在今天抽还是明天抽,可能就会避免这次差错的产生。有时候在临床工作中,我们可能会有一些"想当然",也有时候我们可能会因为医生的一些不耐烦的情绪,就少问了一句,但是责任却是自己的。所以在接到有疑问的医嘱时,必须及时询问,而且实现"有效沟通"。

和患者沟通:"宣教"需要做到全面细致

针对护士小张的问题,可能这些不是故意产生的,而且外科病房确实比较忙碌,但是对于家属的宣教确实不能少,尽量做到面面俱到。因为一般陪护家属和病人并非医疗行业的人,所以他们也没有很多的警惕意识,他们做出来的事情可能很多是认为这样做又不会怎么样的,或者可能这件事就该这么做,但是他们不知道有些行为可能会带来严重的后果。所以,即使病房再忙碌,我们也要学会停留,将该宣教的宣教到位,防止因为家属不了解,护士又没提的问题导致医疗事故的发生。

同事之间沟通:互相照应很重要,照应之前多沟通

临床工作大家都会有忙的时候,所以护士姐妹之间会互相照应帮忙,这也是融洽同事关系的推进剂;当然也有一些护士姐妹吃过像上述案例中的"亏"之后,以后就不会再插手别人的事情了。其实帮人的心是挺好的,也是值得去做的,可是如果当时多问一句,"我配水了,帮你配啊,你有没有不能配的水啊!"这样就不会有上面的事情发生,同时同事之间也不会产生不愉快。

临床工作是忙碌而且繁杂的,也许是因为忙碌,医护之间、护护之间沟通就会变少。大家都想为患者做事情,所以该沟通该说的话,确实不能少。患者和医生之间的桥梁大多数是由护士建立起来的,护士才是陪伴患者时间最长的人,所以作为白衣天使,我们对于和患者的宣教和沟通也很重要,要发挥好"嘴"的作用。

资料来源:https://www.sohu.com/a/233474790_699704.2018-05-30.

第一节 管理沟通的含义及作用

【小贴士】

作为福特公司的董事长,我告诫自己,必须与各界确立和谐的关系,不可在沟通上无能为力。

——亨利·福特

一、管理沟通的含义

管理离不开沟通,沟通隐含在管理的各个职能之中,并贯穿于管理的整个过程。无论是计划、组织、协调,还是领导、控制、决策,都与沟通密切相关。可以说,在企业生产经营活动中,到处都存在着沟通。例如,企业要想达到预期的目标,要使每个成员能够在共同目标的指引下方向一致地工作,无疑离不开管理沟通;企业成员要表达要求、交流感情、提出意见,管理者要了解民情、发布命令等,也同样离不开管理沟通。

管理沟通已经成为与计划、组织、领导、控制等同样重要的概念。没有管理沟通,组织就不能正常运行,管理沟通的过程贯穿组织运行的始终,良好的管理沟通是实现企业目标的保证。所谓管理沟通,是指为了实现组织目标,管理者把信息、观念或想法传递给其他人的过程。要理解这个概念,需要把握以下几点。

1. 管理沟通是一种有目的的活动

严格来说,任何沟通活动都有自己的目的,只不过管理沟通与其他沟通形式相比目的性更为明确罢了。管理沟通的目的是为了实现组织目标,因此,在管理沟通过程中必须依照目标进行沟通,不能为了沟通而沟通。

2. 管理沟通是一个互动过程

多数情况下,管理沟通不是单向或单方面的,而是一个涉及思想、信息、情感、态度或印象交流的互动过程。这种互动不是仅仅发生在对谈话的认识、表述或逻辑层面,而是涉及一个较大范围的相互交流。在这个过程中,人们的态度和印象可能无法用语言表达,但这类沟通的互动性依然存在。

3. 管理沟通强调的是理解能力

从一定程度上说,管理的本质就是给出命令和指示,因此,管理沟通就是传达信息。然而只有当传达的信息被理解和接受,这样的信息才有意义。有效的管理沟通常常通过反馈来核实理解的正确与否。

4. 管理沟通是多层面的沟通

管理沟通是一个涉及个体、组织和外部社会多个层面的过程。在这个过程中,既存在个体与个体之间的沟通,也存在群体与群体之间的沟通,还存在个体与群体、群体内部与外部的沟通等。不同的管理沟通具有不同的特点和要求。

你用什么"语言"来管理团队?

在卓越的团队里,你会发现他们总是节奏一致,甚至嘴里都经常说着同样的词语。

宝洁,刚进公司的新人在汇报时说得最多的就是:"我这个模型……,从这三个维度来看……";在谷歌,从上到下都在谈着目标与关键成果法(objectives and key results, OKR),用着OKR……;在华为,所有的人都在脑海中深植着一些话,如"市场不相信眼泪";在联想,所有的人都在谈着复盘,做着复盘。

这些叫作团队共同语,它会很神奇地让人们的脑电波处在相近的频道里,从而产生共识及一致的行为。

也有人说,我们公司经营情况不太好,但也有团队共同语,比如控制成本、赢得客户等,为什么大家做的事情差异很大,甚至矛盾不断呢?

团队共同语并不是嘴巴里说出来那么简单,而是像企业的统一化系统(corporate

identity system，CIS）一样，不仅仅是看得到那些东西，而是要形成从理念、行为到可视化的一套贯穿系统。这需要领导者亲自带领，并用语言和行为不断向团队传递，所有的人都照此行动起来时，就产生了组织的同频共振。

团队共同语有个最基本的作用：强化效应。你倡导什么就要强调什么，你不强调就等于不重视。但很多领导者把自己认为很重要的观念和工作只是交代下去，内心想着这很重要，却在交代后不管不问，就等着收获结果。而下属很容易在工作中受到各种因素的影响，逐步忽略甚至遗忘。

要让一个理念或者工具方法在组织里应用起来并产生作用，是需要领导者亲自参与强化的，这包括以身作则和持续要求。

PART1：你今天 SWOT 了吗

特别佩服一家民营企业的董事长，他问我："老师，我有几个做企业的好朋友，发现他们都在用一种叫作 SWOT 分析的方法，一张纸就能把公司情况列清楚，对思考策略非常有用。我是学化学专业的，对管理方法不太懂，您能否教我这个工具？"

说实话，当时挺诧异的，因为在很多人眼里，SWOT 已经是很老套的工具了，虽然这个工具的确很有用，但绝大多数人都是简单填写，久而久之就只是知道，但却不用了。

我很仔细地教他使用，他以公司在某区域的市场突破为主题来做 SWOT，每一步都非常认真，反复思考内外部因素，最终形成 SO、WO、ST、WT 等策略；做完后非常满意，因为这个过程带给了他很多的启发。

他很激动地说："我们的中高层干部就是缺乏这种工具和思维的指导，又简单又实用，这应该在全公司普及。"

他立刻召开了全公司主管以上大会，首先把自己手绘的 SWOT 分析表给大家展示，讲到："我作为老板，也在学工具方法，既然化学专业出身的我都能够用好，而且觉得真的很有用，对情况的审视和选择行动的策略支撑非常有意义；那我觉得所有干部，所有员工都应该使用，也许这个工具还是有很多漏洞，但我现在要求大家必须使用。"

"那谁（公司餐厅厨师长属于主管级别，也参与了会议）也必须要用，哪怕你切个西瓜都要脑袋里给我过一下 SWOT！现在开始，所有的周会、月会报告里面，我必须看到 SWOT。"

散会后大家当然对新的要求有一些议论，但还是照做了。

我有点担心使用工具太极端会产生不好的效果，毕竟使用场景不同，不能真的切西瓜都得思考 SWOT 啊。

这位董事长却一点不担心，很开心地说："我这帮员工的情况，我自己最清楚了，只要给他们一点点回旋的空间，他们就一定是往后退的。这个工具我也知道只能用于一些方案，例如，业务发展，但对内外部因素的思考和策略性思维是对的啊。我就要逼他们用，他们没有好好用,没有用到吐为止,怎么有资格选择用什么工具方法?等他们都真的用成习惯了,再看情况使用。"

好一个"用到吐为止",真心佩服这位董事长,这是真正能落地的方式;而很多企业在导入新的理念、流程、工具方法时,给了团队一种"你们先试试看"的感觉,自然无法形成团队共同语。

一个月后,整个公司都SWOT了,这个词语就像一种魔音一样萦绕在每个人的脑袋里,甚至年轻人在休闲时间都在开玩笑互相问:今天你SWOT了吗?

但实际效果真的让人惊叹,冗长的分析报告变成了清晰的表格,谁在思维上按部就班,谁有了优质策略,更是一目了然。

董事长在月度经营会上强调:"SWOT工具要持续用,相信大家也看到了对工作的作用,希望你们都能在工作中有思考,有策略,要会分析,而不是埋头就干,抬头才发现漏了这个漏了那个。"

这家公司虽然规模不算庞大,但在行业里是品质的"领头羊",想来和董事长的这种构建团队共同语的方式有着极强的关系。

PART2:塑造团队共同语的三个要素

1. 场景化推广共同语,让所有人听得懂看得明

推行一个事物,就要用最容易理解的方式,像案例中的董事长那样,自己做了一份SWOT,让所有人都看到是什么样子,对方法的推广起到最直接的作用。

例如,"以客户为导向"为什么在有的企业里成了一句空话,而在华为公司却成了立足之本,成了灌输在每个合格华为人血液里的东西呢?

要知道,华为公司的每一个倡导理念以及引进的方法工具(IPD、BLM等),都使用了大量场景化的宣传、培训,并变成一个个的案例甚至故事在团队成员中传递。

场景化意味着易于理解、共情和触动,当新员工听到在伊拉克市场上,炮火还没停歇,国外设备纷纷撤离时,华为的工程师们却冲上去为当地人民进行通信保障,让他们能够通过电话问候家人,每个人都懂得了什么叫作以客户为导向。

任何一个团队共同语,都应该从领导开始以身作则,创造场景并传递,它才不会停留在一句口号或者纸面上,只有在行动中,才会生根发芽。

2. 建立"布道官"队伍

真正优秀的组织里,并不是只有领导者在摇旗呐喊,而是有许许多多在各个岗位上表现突出的标杆人物参与进来,成为团队共同语的"布道官"。他们通过言传身教,不断影响着身边的人。

也有一些组织里有着专门的角色来承担这项工作,例如,阿里巴巴的文化布道官;华为公司各事业线条里的干部所承担的一些职能,他们从事着收集与团队共同语一致的案

例,不断地通过培训、宣传等方式进行输出。

但对于更多资源无法与巨头相比的企业,我更建议从各层级、各职能人员中,选拔出"布道官";对于普通员工而言,身边人的影响更加自然和直接。

记得多年前我刚加入华为的时候,市场人员都要在技术服务部门实习一段时间,虽然脑袋里已经把"以客户为导向""追求客户满意度"这些话背得滚瓜烂熟了,但其实并没有渗透到自己的日常行为中。

有一次跟随导师前往客户机房进行调试,完成工作后正要收拾走人,却看到导师从衣服口袋中拿出一块抹布,开始认真擦刚才操作台旁边的设备柜面,其实我们只是动了操作台的电脑,没有动这些设备。

我好奇地问导师:"为什么要帮客户擦柜子,我们不是干这个的,也没弄脏啊?"

导师边擦边回答:"每次来客户这里,随手多做一些事,不管客户看不看得见,以客户为导向嘛。"

这个场景一直记在我心里,后来时时刻刻都在思考:我能多为客户做一些什么,并不是为了订单和评价,而是应该做的。

在这样的团队共同语加持下,工作成绩也不断得到提升,让自己进入一种不断向上的发展轨道中。当许许多多的同事们都这样去行动时,团队的力量也就变得愈发强大起来。

3. 让团队共同语成为行事原则

一个组织如果拥有共同语言时,不仅仅可以指导人们日常的行为,更是在发生困惑、矛盾的时候会起到指明方向、辨真去伪的作用。

印象颇为深刻的是方太集团的《日行一善》,七八年前接触这家著名的厨电品牌企业时,他们送了我一本自己印制的口袋本,就叫《日行一善》。他们倡导儒家思想,希望所有的员工都能够做到"善",并且把日常的工作表现、人员配合、甚至家庭关系等方面的细节都和善结合起来。例如,积极帮助同事处理问题是一善、耐心协调跨部门事宜是一善、定期给远在家乡的父母电话问候是一善……

在培训的时候,有学员讲到了一个很有趣的场景:两个部门在一起讨论某个问题的处理时,一不小心就谈成了问题的责任归属,本来处理问题的压力就比较大,这么一来,A部门怪B部门没衔接好,B部门怪A部门没说清楚,扯来扯去,火药味渐浓,会议也陷入僵持,谁都不愿意说话了。这个时候,一个员工掏出随身带着的《日行一善》,放到桌子上,大声说道:"我们这样没有做到善,互相推诿,对问题的解决于事无补。"

所有的人看着这本小册子,脑袋中就仿佛有了一个缰绳把脱缰的暴躁情绪给拉了回来。大家重新开始讨论问题的原因,分头处理,这就是"善"的力量,已经成了行事原则。

但在有些企业里,领导者自己喊出的口号,要求团队去执行,自己却反复破坏,造成团队没有真正的共同语,没有原则,只能看上级的意思来行事。

在一家高举着学习华为的企业里,老板在各种会议上都倡导"客户价值为纲",要求所有部门都紧密围绕客户需求进行优化工作,只有客户满意才是企业的价值所在,等等。

在一段业绩下滑的时期里,这位老板召集研发部门开会,要求大幅降低成本。在砍掉很多项成本后,老板还要求研发总监替换某核心部件的供应商,从 A 品牌换成 B 品牌后成本能下降 13%;研发总监坚决不同意,认为两个品牌的品质差异很明显,客户虽然在初期使用感受不明显,但长期后损耗度和出错率会有较大差异。

老板强压了研发总监的意见,他说:"现在成本下降是最重要的,产品只是降低了一点品质,但不是不合格品,客户不会太在意的,价格不变我们的利润也会增加,先这么办!"

可想而知,在这样的企业里,"客户价值为纲"怎么可能发挥作用呢?企业一旦没有原则,只有利润的追求,是无法产生持续的发展推力的,优秀人才都更愿意加入有使命和意义的企业。

所以,口号和团队共同语之间,有着天壤之别。

卓越的领导者都擅长用这种语言来管理团队,它会在企业里产生无比巨大的收益,团队共同语会无处不在,在经营活动的方方面面,在每个人的一言一行之中。

更为重要的是,这并不是伟大企业的专利,是每个组织都可以学习并应用起来的方法,但前提是领导者们要投入进来,并坚守和言传身教。

资料来源:http://new.qq.com/omn/20211124/20211124A01LA600.html. 2021-11-24.

二、管理沟通的作用

沟通是管理中极为重要的部分,管理者与被管理者之间的沟通可以说是管理艺术的精髓。著名管理学大师彼得·德鲁克(Peter F. Drucker)就明确地把沟通作为管理的一项基本职能,他认为,无论是决策前的调研与论证,还是计划的制订、工作的组织、人事的管理、部门间的协调、与外界的交流,都离不开沟通。

无数事实证明,良好的企业必然存在着良好的沟通。正如美国著名未来学家约翰·奈斯比特(John Naisbitt)指出的那样:"未来的竞争是管理的竞争,竞争的焦点在于每个社会组织内部成员之间及其与外部组织的有效沟通上。"具体而言,管理沟通的重要作用主要表现在下述几个方面。

1. 管理沟通是实现有效管理的基本保证

随着经济全球化步伐的日趋加快和现代通信技术、网络技术的迅猛发展,全球经济的依存度节节攀升,经济活动的国家界限、区域界限及企业界限变得日益模糊,伴随而来的是企业规模越来越大,目标也越来越复杂。为了管理规模更大的企业和实现更为复杂的目标,企业必须加强从高层到中层、基层的各个环节的沟通。

只有企业各部门、各环节沟通渠道通畅,才能实现上下、左右之间的有机配合与协调,从而将机构庞大且业务繁杂的企业整合成一个具有功能放大效应的大团队。

2. 管理沟通能够促进企业与个人和谐发展

有效的管理沟通能使企业各部门紧密配合,增强目标的导向性,促进企业体系的健康发展。企业是由众多个体组成的组织,企业的健康发展有赖于个人的全面发展。心理学家的研究结果表明,心理健康水平越高则个性越健康,与人交往就越积极主动,人际关系也越融洽,越符合社会期望,其工作绩效也越大。

通过管理沟通,员工之间可以互相启发、互相学习,不仅能够培养员工思考问题、解决问题的能力,让员工建立良好的人际关系,同时培养团队精神、形成积极向上的工作风气;而且能够营造团队学习与个人学习的良好氛围,进而实现企业与个人的和谐发展。

3. 管理沟通能够稳定员工的思想情绪,改善企业内的人际关系

在企业生产经营过程中,无论是部门与部门之间、部门与个人之间,还是个人与个人之间,进行有效的沟通都极其重要。企业中之所以经常出现这样那样的矛盾和冲突,导致人际关系紧张、矛盾激化以及合作破裂,其最主要的原因就在于缺乏沟通或者沟通方式不当。

众所周知,人们互相沟通与交流是一种重要的心理需要。沟通可以解除人们内心的紧张与怨恨,使人们感到心情舒畅,并能够加深彼此之间的了解,极大地改善人际关系。

如果企业信息沟通渠道不畅,员工间的意见难以交流,将使人们产生压抑、郁闷的心理。长此以往,不仅影响员工心理健康,还将严重影响企业生产经营活动的正常进行。因此,企业若要顺利发展壮大,必须要保证企业内部上下左右各种沟通渠道畅通,这样才能激发员工的积极性,促进人际关系的和谐,从而更好地提高管理效能。

4. 管理沟通有利于收集资料与分享信息

面对日趋激烈的市场竞争,企业要想顺利实现预期目标,就必须及时、全面掌握企业内外环境变化的各种信息、情报与资料;只有这样,企业才能做出正确的决策,并采取相应的行动。而管理沟通正是企业收集信息并分享信息的重要渠道。

通过管理沟通,企业不仅可以收集有关内外部环境的各种信息与情报,而且能够及时了解员工的意见和工作结果,洞察各部门之间的关系,从而提高管理的效率。不仅如此,通过企业内部上下左右的信息传递与交流,还能够实现信息的共享和集成,从而做到上情下达、下情上传,最后实现上下统一,形成一个有机整体。

5. 管理沟通能够调动员工参与管理的积极性,增强员工责任感

随着社会的发展和人们生活水平的不断提高,人们逐渐由"经济人"向"社会人""文化人"的角色转变。不管人们是否承认,从单纯追求物质享受到追求精神满足与自我实现,已经成为社会发展和人们需求变化的必然趋势。而这种精神满足与自我实现在工作中就主要体现在员工能否参与或者多大程度参与企业管理上。

然而,在企业管理中,管理者的知识、经验及观念往往通过沟通影响着员工的知觉、思维与态度。特别是当管理者为适应发展的需要必须进行某项改革时,他的一项重要任务就是通过管理沟通来转变员工的态度和行为；只有这样，改革才能得到员工的支持与配合，否则，不仅难以推动改革的进行，而且还会产生"积极抵制"的现象。可见，管理沟通不仅有助于调动广大员工参与管理的积极性，而且能够增强员工的责任感，并进而实现员工行为的根本转变，由"要我干"转变为"我要干"。

6. 管理沟通能够激发员工创新意识，使决策更加合理有效

随着企业规模的不断扩大和员工队伍素质的日益提高，民主管理已经成为企业管理的必然趋势；而民主管理的主要形式就是在企业中开展全方位的管理沟通。如目前许多企业采取的高层接待日、意见箱制度、恳谈会、网上建议等，都是实现民主管理的有效形式。

通过构建畅通无阻的沟通渠道，让员工积极讨论、思考、探索企业发展中的各种问题，不仅能够集思广益，激发员工的创意和灵感，而且能够为企业的科学决策提供依据，从而使管理决策更加科学和有效。

【小贴士】

擅长沟通的管理者，也可能擅长掩饰真正的问题。

——柯利斯·阿格利斯（哈佛大学教授）

第二节 管理沟通的功能、内容及常用方法

一、管理沟通的功能

1. 协调

在企业外部环境中，任何企业都要与政府管理部门、竞争者、顾客、股东、供应商等发生各种各样的联系，企业必须与之充分协调，了解其需要，然后才能采取措施满足其需要。在企业内部环境中，管理者必须了解管理对象的各个方面的信息，包括对象的活动特点以及对象间的关系，这样才能协调各个系统向着共同的目标前进。另外，管理沟通的协调作用还使企业内外环境形成了有机的整体。

2. 激励

激励是管理永恒的主题，管理沟通是实施有效激励的基本途径。一方面，企业领导运用领导艺术、采取措施调动员工积极性的基本前提是领导者必须了解员工的需求，而这就需要沟通来实现；另一方面，员工不仅有物质上的需求，而且有精神上的需求，实施有效沟通的企业能使员工自由地与上下左右进行交流，谈论自己的看法、建议，从而极大地满足员工自我实现的需求，并不断激发出他们的积极性和创造性。

3. 交流

管理沟通的一个重要职能就是交流信息。企业的各个部门都必须及时地将有关信息

传递到相应部门,同时也会接收到相应的信息,如果信息交流中断,后果不堪设想。企业员工间的交流既有助于满足员工的心理需要,改善人际关系,又有助于使员工产生强烈的归属感。

4. 创新

创新是企业活力的重要表现,而管理沟通则是企业创新构想与创新方案的主要来源。上下层次有效沟通,不仅能使管理者迅速发现问题所在并获得大量宝贵建议,而且有助于员工们相互启发、相互讨论、共同思考,迸发出新的创意,为企业创新提供强大的动力。

5. 控制

控制是为保证企业目标实现而对企业内部管理活动及其效果进行衡量和矫正的管理行为。有效控制前提是信息获取,一切信息的传递是为了实现有效控制,而一切有效控制都依赖于信息传递,有效的管理沟通能够为控制提供基本前提和保证。

【小贴士】

管理之道,"借力"也!要实现"借力",沟通和激励就是管理者最重要的两项管理技能。卡耐基说,一个人的成功,15%来自于他的专业知识和技能,85%则依靠他与别人相处的方式方法,由此可见管理沟通的重要性。如何合理使用人才,充分发挥每个人的潜能,这些激励问题困扰着企业的每一位管理者。

二、管理沟通的内容

管理沟通是为实现组织目标而进行的信息传递和交流活动。根据企业运转的需要,管理沟通的内容总体上包括信息沟通、知识沟通和情感沟通三个方面。

(一)信息沟通

信息是企业进行活动的前提,企业的有效运转离不开信息,只有信息顺畅流动,才能确保企业按既定目标运转。根据企业信息流动的特点,可以把信息沟通分为下述两类。

1. 任务信息的沟通

任务信息的沟通,主要是指在企业运转过程中各种工作任务协调中的职能型沟通。任何企业都有其自身的任务,只有完成自身的任务才有存在的价值,因此,任务沟通对于任何企业来讲都是最重要的内容。在企业生产经营活动中,最重要的任务信息沟通内容主要包括:公司的目标和价值;公司主要的战略变化;公司预期的财务信息;人员变动情况等。

2. 数据信息的传递

随着信息技术和网络技术的发展,信息已经成为企业生产经营活动中不可或缺的资源。企业拥有的信息多种多样,除了任务信息外,还包含大量数据化的信息。这些数据信息主要包括:市场数据信息,如市场占有率、市场营销费用、顾客信息等;财务数据信息,如财务状况、现金流动、成本费用等;专业技术信息,如技术标准等。

(二)知识沟通

任何企业都是知识的集合体,知识在企业中占有重要地位,作为企业管理手段的沟通也必然为知识沟通服务。

1. 知识的类别

知识是一种能够改变某些人或者某些事物的信息。概括起来,企业中的知识主要包括以下类型:一是关于事实方面的知识,这种知识最为简单明显;二是关于自然原理和规律方面的科学理论,这种知识可以通过学习科学知识获得;三是关于能力与才能,是某人或组织区别于其他的独特知识,是隐性知识;四是有关的专业知识以及如何有效利用它们。此外,企业中的知识还可以划分为显性知识和隐性知识、管理知识和技术知识、一般知识和创造性知识等。

2. 知识沟通的特点与准则

知识沟通的特点包括:沟通的频率较高;沟通的层次多;正式沟通与非正式沟通共存。知识沟通的准则是:层次简单、结构扁平、渠道畅通,以实现知识共享。

(三)情感沟通

企业是由人所组成的,情感是人内心世界的表达。一般来说,情感可以分为情绪、感受和情操。情绪是指员工的社会性情绪,包括愉快、痛苦、愤怒以及悲喜交加等。感受是较为高级的感情现象,具有稳定、持久、含蓄的特点,包括交往需要、尊重需要等。情操是最为高级的感情现象,是人的社会性需求和社会价值观的结合,包括道德观、理智感、审美感等。

沟通时不仅要进行信息沟通、知识沟通,还要进行心理上的情感沟通。尤其是人们需求层次在不断提高,企业更应重视情感沟通。情感沟通具有动力支持和情绪调节作用,可以使管理者了解员工对企业政策的好恶程度,并培养员工对组织的热爱和忠诚。

三、管理沟通的常用方法

沟通方法是指在沟通过程中所采取的具体方式与手段。管理沟通的方法多种多样,既有外部沟通的方法,如广告、谈判、公关等,也有内部沟通的方法,如批示、汇报、会议与个别访谈等。在管理过程中最经常使用的管理沟通方法主要包括下述七种。

(一)发布指示

指示具有强制性与权威性,是上级对下级指导工作时常用的管理沟通方法,它可以使一项活动开始,也可以使一项活动的内容、方式变更或中止。指示明确规定了上下级之间的关系以及各自的职责,它由上级发布,由下级服从并执行。如果上级不能正确地向下级下达命令、发布指示,则会导致下级无所适从,上级的权威也将难以树立;如果下级不服从指示或不恰当地执行了指示,那么上级的指示会失去作用,下级的职位也将难以维持。

为了避免这种情况的出现,就要求上级在发布指示之前必须进行调查研究,征求各方面的意见,并对下级进行必要的训导,这样才能保证上级的指示正确并使下级能够贯彻执行。

在管理过程中,上级应根据不同的情况采取相应的指示方法。常用的有以下三类。

1. 一般指示或具体指示

一项指示是一般的还是具体的,取决于管理人员对周围环境的预见能力以及下级的响应程度。对情况熟悉的管理人员应采用具体指示,而在对周围环境情况不可能悉数预见时,大多采用一般指示。

2. 书面指示或口头指示

在决定指示是书面的还是口头的时,应考虑上下级之间关系的持久性、双方的信任程度,以及指示的重复性等。如果上下级之间关系持久,信任程度较高,则可用口头指示;如果是为了防止命令的重复和司法上的争执,或者是对所有人员宣布一项特定的任务,则书面指示大为必要。

3. 正式指示或非正式指示

对每一个下级准确地选择正式指示或非正式指示是一种艺术。一般而言,当上级启发下级时适宜采用非正式的指示,当上级命令下级时则适宜采用正式的指示。

(二) 请示汇报

请示是下级向上级表达要求的一种常用的沟通方法,它可采用书面与口头两种方式。如果要求上级给予支持的事项较为复杂,且涉及的部门较多,可采用书面请示形式;如果要求上级给予支持的事项较为简单,且不需经繁杂与严谨的手续和程序就可以解决,则可采用口头请示的形式。

汇报是下级在执行上级指示及工作任务的过程中,将其所遇到的困难与问题、工作的进展等情况向上级反映并提出设想的一种沟通方式。汇报通常也可以分为书面汇报与口头汇报两种。若所碰到的问题需要经过上级批示或需要两个以上部门的协调才能加以解决,一般采用书面汇报的形式;若只向上级反映工作进度,可采用口头汇报的形式;若汇报带有总结性质及规划意向,为显示其严肃性与权威性,通常采用书面汇报与口头汇报相结合的沟通方式;如年度工作总结及工作计划,经常采用的就是书面汇报与口头汇报相结合的沟通方式。

（三）召开会议

人与人之间的沟通是人们思想、情感的交流，开会就是给人与人的沟通提供交流的场所和机会。会议的种类很多，包括汇报会、研讨会、论证会、总结会、表彰会、座谈会等。必须强调的是，虽然会议是管理沟通的重要方法，但绝不能完全依赖这种方法。尤其是在信息技术相当发达的今天，随着人们生活节奏的加快、竞争的加剧以及人们效率意识的不断提高，企业内部相当数量的会议完全可以利用计算机网络来进行。

用网络开会可以打破空间的界限，克服会议人员难以集中的困难，提高会议的效率。鉴于会议沟通的重要性，本书将在本章第四节进一步探讨。

（四）个别访谈

个别访谈是企业内部为了收集信息或了解工作进展情况而向员工进行访问谈话的沟通方式。这种沟通方式能够拉近上下级之间以及组织成员之间的情感距离。由于它是一对一、面对面的直接沟通，因而能够消除人们沟通中的心理压力，所获得的信息可信性也相对较强。在这种情况下，人们往往更愿意表露自己的真实思想，提出不便于在会议场所提出的问题，因而有助于领导者掌握下属的思想动态。

（五）内部沟通制度

要搞好企业内部沟通，除了要掌握企业内部人际关系类型、了解各种沟通模式之外，还必须具备一套系统、完善的沟通制度，这样才能取得最佳的沟通效果，使企业走上科学化、程序化、规范化的道路。内部沟通制度主要包括员工建议制度、领导接待来访制度、例会制度等。企业应根据本企业实际情况制定相应的沟通制度，并把沟通制度落到实处，切实贯彻执行。

为此，应注意以下几点：第一，必须有专人负责实施沟通制度。第二，及时反馈信息。"有去无回"会挫伤员工的积极性，使企业沟通失去真诚的协作。第三，适当的奖励。这是保证职工积极参与沟通的重要措施。

（六）员工手册

员工手册主要是用来向新员工或来访者详细介绍企业发展概况、规章制度、工作性质及有关要求的一种沟通形式。员工手册涉及企业的建议制度、利润分享、劳保措施、退休制度、娱乐设施、培训教育以及企业的方针、政策等多项内容，它使员工在工作和生活中能非常方便地查找到所需的专门信息。员工手册不仅能使员工更好地了解企业，而且也让员工清楚地知道自己该做什么、该怎样去做、该向谁负责。

（七）内部刊物

内部刊物主要是以企业内部员工为读者对象的刊物，主要有报纸、杂志、电子读物等形式，内容包括时事通讯、企业消息、文化艺术、体育娱乐等。内部刊物一般是定期或不定期发行。我国许多企业的内部刊物大多以免费赠阅的方式发行。内部刊物是企业内部沟通的重要手段之一，企业管理人员必须掌握为企业内部刊物写作、编辑、摄影、设计的有关知识和技能，不断提高内部刊物质量。

第三节　管理沟通的策略

管理沟通是否能有效进行受到多方面影响。管理沟通的过程常常会受到来自内外部各种因素的影响和干扰，使信息丢失或被曲解，造成管理沟通受阻。为了克服管理沟通中的障碍，管理人员必须采用某些策略和方法，努力解决沟通中存在的各种问题，只有这样，才能实现有效沟通。一般来说，管理沟通中常用的策略包括以下几种。

一、明确管理沟通目的

管理沟通具有很强的目的性，没有目的的"沟通"不能称之为管理沟通，只能谓之聊天。事实上，人们在管理过程中普遍缺乏的不是聊天，而是管理沟通。因此，在进行管理沟通之前必须明确沟通目的，即：为什么沟通？要达到什么目的和结果？是为了提供信息还是为了劝说？是为了质疑还是为了提出建议？不同的目的，沟通渠道和媒介的选择就不同。

只有目的明确，才能在沟通时做到有的放矢，从而使信息接收者能很好地理解所收到的信息进而正确地反馈。但每次管理沟通的目的不能太多，只有管理沟通的范围集中，接收者才能注意力集中，沟通才能顺利、有效。

二、优化管理沟通环境

在管理沟通中，要想实现有效沟通，必须进行企业沟通环境的优化。这具体包括三个步骤。

1. 制定共同的目标

这是消除上下级之间以及不同部门之间沟通障碍的有效途径。成员目标一致，方能够同心协力，从而有效消除管理过程中的沟通障碍。

2. 营造良好的组织氛围

营造一个支持性、值得信赖和诚实的组织氛围，是改善管理沟通的前提条件。管理人员不应压制下属的感觉，而应耐心地处理下属的感觉和情绪。

3. 必须具备一定的沟通知识

企业成员必须具备沟通的操作性知识和理论背景知识,如沟通的含义、沟通的种类、沟通网络、沟通可利用的各种媒介、有关沟通的研究成果和最新观念等。更为重要的是,管理人员不仅要掌握沟通的有关知识,而且还要有能力把这些沟通知识运用到实践中去。

三、疏通管理沟通渠道

企业要经常检查管理沟通渠道是否畅通,一般可通过检查沟通政策、沟通网络以及沟通活动等内容,来保证组织沟通网络的畅通无阻。可以说,检查沟通渠道是克服沟通障碍、实现有效沟通的一个基本途径。

需要经常加以检查的沟通网络主要包括:一是与政策、程序、规则和上下级关系有关的管理网络,或与任务有关的网络;二是与解决问题、提出建议等有关的创新活动网络;三是与表扬、奖赏、提升有关以及联系组织目标和个人所需事项的整合性网络;四是与出版物、布告栏和小道消息有关的新闻性网络。检查管理沟通网络时所发现的问题要及时处理,以实现管理的有效沟通。

四、调整管理沟通风格

在日常工作与生活中,人们使用习惯的某种沟通方式与人交往,使用者便感到得心应手且游刃有余,久而久之这种沟通方式便逐渐发展成为个人的沟通风格。如果不同沟通风格的人在一起工作,彼此不能协调与适应,那么双方不仅不能有效沟通,还会造成许多无谓的冲突和矛盾,阻碍管理工作的顺利进行。

因此,沟通双方首先要尊重和适应对方的沟通风格,积极寻找双方利益相关的热点效应。其次,必须调整自己的沟通风格。这时要始终把握的基本原则是:需要改变的不是他人,而是自己。这方面的技巧主要有:一是感同身受。站在对方的立场来考虑问题,将心比心,换位思考,不断降低自身的习惯性防卫。二是高瞻远瞩。沟通双方要具有前瞻性与创造性,为此,沟通双方必须不断学习,争取持续进步。三是随机应变。要根据不同的沟通情形与沟通对象采取不同的沟通对策。四是自我超越。沟通双方要对自我的沟通风格及行为有清楚的认知,并不断反思、评估、调整并超越。

矛盾的处理

小贾是公司销售部一名员工,为人比较随和,不喜争执,和同事的关系处得都比较好。但是,前一段时间,不知道为什么,同一部门的小李老是处处和他过不去,有时候还故意在别人面前指桑骂槐,对跟他合作的工作任务也都有意让小贾做得多,甚至还抢了小贾的好几个老客户。

起初,小贾觉得都是同事,没什么大不了的,忍一忍就算了。但是,看到小李如此嚣张,小贾一赌气,告到了经理那儿。经理把小李批评了一通,从此,小贾和小李成了绝对的冤家。

案例分析:

小贾遇到的事情是在工作中常常出现的一个问题。在一段时间里,同事小李对他的态度大有改变,这应该是让小贾有所警觉的,应该留心是不是哪里出了问题了。但是,小贾只是一味忍让,这个忍让不是一个好办法,更重要的应该是多沟通。

但是结果是,小贾到了忍不下去的时候,他选择了告状。其实,找主管来说明一些事情,不能说方法不对,关键是怎样处理。但是,在这里小贾、部门主管、小李犯了一个共同的错误,那就是没有坚持"对事不对人";主管做事也过于草率,没有起到应有的调节作用,他的一通批评反而加剧了二人之间的矛盾。正确的做法是应该把双方产生误会、矛盾的疙瘩解开,加强员工的沟通来处理这件事,这样做的结果肯定会好得多。

资料来源:http://wenku.baidu.com/view/7918daec3069a45177232f60ddccda38366be15e.html. 2020-04-10.

五、因人而异进行管理沟通

在管理沟通过程中,信息发送者要充分考虑接收者的心理特点、知识背景等状况,并根据沟通对象的特点选择、调整自己的沟通方式、措辞以及服饰、表情等。要慎重选择语言文字,使用意义准确、对方容易接受的词句,做到叙事条理清楚、言简意赅。

其实在管理沟通的过程中,很多问题就源于你的思考模式。不同层级的管理者要针对具体情况,做到升位思考、降位思考或者换位思考,否则就根本没办法去具备同理心和同情心,沟通的效能就会大打折扣,沟通的效能降低了,生活绩效和管理绩效也会随之降低。

六、减少管理沟通的干扰

对重要的信息应该选择在接收者能够全神贯注地倾听的时间段进行沟通。如果一个人正在接听电话,或者情绪低落,这一时间就不利于其接受信息,因为他有可能听不进去,或者容易误解。因此,在进行管理沟通时应尽量避免外界环境的干扰。例如,组织召开重大会议时,一般都选择安静的场所,以避免被电话、请示工作打断。

七、选择恰当的管理沟通方式

在进行管理沟通时,沟通的时机、方式和环境都会对沟通效果产生重大影响。领导在宣布某项任务时,应考虑何时宣布、采用何种方式宣布才能增加积极作用,减少消极作用,如人事任命就宜采用公开的方式通过正式渠道进行传递。管理者应根据要传递的信息，对沟通的时间、地点、条件等都充分加以考虑，使信息沟通的形式与沟通的时机、方式和环境相适应，以确保沟通的有效。

在实际管理工作中，如果管理者使下属一直处于高压的情况下，那么，你和你的下属工作就特别累。但是也不能只是鼓励，如果下属很容易就得到你的鼓励，天长日久，他也就不当回事了，在下属面前你也最多是一位老好人；也就是说下属可能都很尊敬你，但是并不太尊重你。所以作为管理者，应当善于将沟通的两种模式综合运用，鼓励为主，批评教育为辅，以此来指导自己的日常沟通和管理工作。

管理最大的障碍是沟通，如何进行有效的管理沟通？

日本经营之神松下幸之助说，"企业管理过去是沟通，现在是沟通，未来还是沟通。"

据统计，管理者70%以上的时间用在了沟通上，但同时工作中70%以上的障碍也是在沟通中产生的。这就是著名的"沟通双70定律"。

"沟通双70定律"一方面强调了管理沟通的重要性；另一方面，也说明了要真正做到有效沟通是有难度的，是具有挑战性的。

有效沟通为什么这么难？

有效沟通最终目标是让沟通的双方（或多方）"达成共识，能够落地"，因此沟通是否有效，最终要以沟通对象是否采取行动，落实到位为判断标准。从这个角度来看，即使一个最小闭环的沟通过程，因为涉及多个环节，便形成了一个较长的通路。这条通路上无论哪个环节出现问题，都会让信息衰减，形成"沟通漏斗"。

"沟通漏斗"带给我们的启示是：一方面，我们可以参照"沟通漏斗"，对自己的管理沟通做一个自我诊断，看看我们通常会在哪个环节上出问题。

另一方面，它也给我们指出了今后努力的方向，就是无论我们采取什么样的技巧和方法，其目的就是要让沟通通路关键环节上衰减的信息尽可能少。

众多经验案例表明，"沟通前没想好""沟通时不顺心""只沟而不通"是在沟通的通路上大家比较容易踩坑的地方。

沟通有章法，有效沟通就不再是一件难事。管理者要做到有效沟通，就要在关键环节上多用心，并真正落到行动上。

资料来源：http://www.zhihu.com/question/467101928/answer/2068468516, 2021-08-18.

八、建立双向沟通机制

传统的组织主要依靠单向沟通，即在组织内从上到下传递信息，下级无法表达自己的感觉、意见和建议。而以建议系统或申诉系统为主的双向沟通渠道对下级表达想法和建议有很大的帮助,能增进管理沟通的效果。

【小贴士】

管理沟通的五个必谈,你都做了吗?

一、员工表现优秀得到奖励必谈

奖励,是对工作的一种肯定和鼓励。一方面,奖励让员工感到辛勤付出是有回报的,有利于激发工作积极性;另一方面,树立榜样,号召员工向榜样学习,形成人人争当先进的工作氛围,这对于提高工作效率有重要意义。与受奖励员工进行沟通交流,了解他的创新体会和工作心得,从而总结好的工作思路、工作方法、工作经验,最终把员工想法的精华部分上升为管理层的意志,推而广之。

二、员工有工作过失必谈

当员工出现工作差错,不要只强调制度有严肃性,而忽视适当的"人情味",员工出错,管理者也难辞其咎。作为管理者,应该分析员工出错的原因,向员工详细了解有关情况,让员工放下思想包袱,避免下次再犯类似错误;在与员工谈话时,态度要诚恳、亲切,让员工体会到管理者的关怀,从真正意义上落实"制度管人、感情待人"的管理真谛。

三、员工有情绪必谈

当员工有情绪时,管理人员应该及时找员工谈天,了解员工的思想动态,对产生情绪原因进行分析,帮助员工找到释放情绪的办法和渠道,让员工明白情绪对工作的影响及调节自己情绪的重要性。

四、员工遇到困难必谈

公司不仅是客人的"家外之家",也是员工之家,应该让员工感觉到家的温暖。员工总会有不顺心的时候,或工作上、或生活上、或情感上等;当员工遇到困难时,特别需要别人的帮助,这时管理人员应出面帮忙解决员工的后顾之忧,从而让员工全身心地投入到工作中去。

五、员工之间出现矛盾必谈

当员工之间出现矛盾时,管理人员应及时出面,了解矛盾产生的原因,分析并提出适当解决方法,平息员工之间的怒气,消除员工之间不应有的误会,让员工相互理解,从而营造良好和谐的工作氛围。

"五个必谈"沟通交流制度的实施,让员工明确了工作目的,把管理层想做的事变成员工愿做的事,员工满意度的提升,意味着客人满意度提升有了根本的保障。

第四节 会议沟通

会议是管理沟通中最为重要的内容之一。人们在日常生活和工作过程中都要或多或少地举行或参加各种会议。会议是人们进行信息传递与交流的手段,也是人们进行决策的重要方式。但是,如果会议没有达到沟通信息的目的,而是变成走过场,那么会议就失去了它应有的意义。

社会上曾流传这样的顺口溜:"开会也有八股调,程序齐全不能少。报告发言照本念,何用头脑来操劳?会议事务何其多,简报多如雪花飘。五日开会三日游,古迹名胜眼福饱。会议结束打算盘,三万五万报销掉。若问效果怎么样,拿出材料一大包。解决问题有多少,那就只有天知道。"像这样的会议我们身边并不少见。

难道是我们的会议太多了吗?其实不然,《财富》杂志所评选的世界 500 强企业中,70%的企业的总裁每星期有超过 15 小时的会议,但是这些会议十分严肃,效率也高。可见,问题并不在于管理中会议太多,而在于对会议的管理水平太低。因此,如何提高会议的效率,加强对会议的管理,已经成为摆在企业面前的一个突出问题。

【小贴士】
会议是管理工作得以贯彻实施的中介手段。

——格罗夫

一、会议的含义及目的

人们对会议并不陌生,但要真正给会议下一个确切的定义却并不那么容易。所谓会议,是指有两个以上的人共同参与,有组织、有目的的一种短时间举行的集体活动形式。人们之所以要举行、召开或参与会议,原因多种多样。会议可以给与会者一个表达自己观点的机会。

管理过程中,需要听取员工的意见和建议,调动职工参与管理的积极性,而会议正可以给员工一个表达见解的平台,在这里员工可以献计献策,讨论问题的利弊;会议是集思广益的场所,大家互相交流与探讨,形成共有的价值观、目标、见解;会议可对与会者产生约束力,因为是大家共同讨论的,一旦做出决策,大家就要共同遵守;会议也是职工互相认识了解、展示自己的身份地位与职位的过程。概括起来,可以把会议的目的归纳为下述几个。

1. 上传下达

举行会议的目的是让员工彻底了解经营的目标、公司的现状、企业的工作计划,以此来指导员工的活动;或把上级某些重要的精神、指示、决策等传达给下级,让下属成员知情并遵守。

2. 分配任务

即把大家召集在一起,把某种任务进行具体的分工,落实到每个人头上,使大家知道要做什么、该怎样做、做到什么程度。通常这种任务安排会采取一种协商的形式,征求下属的意见。因为大家是面对面进行交流,所以更有利于意见的交换,不会发生下属不知情或发生问题后相互推卸责任的现象。同时,下属如果感到自身完成任务有困难,可当面向领导提出,寻求支持与帮助。并且,由于分配任务公开透明,因此有利于员工之间相互信任,保持良好的协作关系。

3. 解决问题

在企业生产经营过程中,问题是无法避免的。为寻求解决之道,最有效的方法便是会议。通过举行会议,大家集思广益,献计献策。例如,销售部门讨论新产品投放市场的策略在销售渠道上究竟还要做哪些改进,公共关系部门讨论近期举行的一次大型公益活动还要做哪些准备工作,这些都属于解决问题的会议。

这种会议是群体智慧的集中反映,其效果远远超过个人智慧的简单叠加。因为在这种会议中,大家的头脑都在不停地运转,对别人的意见、会议上反馈的信息进行综合、归纳、分析、处理,所以最终得出的解决方案有可能是最优或仅次于最优。

4. 做出决策

当企业面临某种两难选择的时候,通常要求职工进行投票决策。这时集中开会是既节省时间又有效率的方式。如当企业濒临破产时,是重整旗鼓,从头再来,还是被别人兼并,可让员工充分表达自己的意见,进行投票,然后企业根据投票结果进行选择。因为投票尊重了多数人的意见,可使大多数员工的意愿实现,因而有助于稳定军心;这种民主的气氛也使大家不会产生太多抱怨,从而避免了由于不知情而带来的怨恨情绪。

5. 产生新的创意

新的构思是业务成长与发展不可或缺的因素。任何机构若长期执行某一种制度,势必导致僵化现象,新创意亦难以出现。要打破这种状况,脱离陈旧的观念,同时发掘人们的不同想法,会议无疑是最佳形式。

二、会议的类型

无论是在企业中还是在其他各种组织中,每天都会举行各种各样的会议。按照不同的划分标准,可以把会议分为不同的类型。

（一）按照会议的目的分类

按照会议的目的不同,可以把会议分为谈判型会议、通知型会议、解决问题型会议、决策型会议和信息交流型会议等类型。

1. 谈判型会议

这种会议的目的是为了解决双方在利益上的冲突,常采取双向互动式的讨论方法,力求达成一致的意见或双方达成谅解。

2. 通知型会议

这种会议的目的是为了传播信息,其传播方式通常为单向式。通知型会议一般不鼓励讨论,否则会影响信息的有效传递。

3. 解决问题型会议

这种会议的目的在于利用团队的创造力来解决问题。通常是将待解决的问题摆在桌面上,与会者通过广泛的讨论来找出解决的办法。在这类会议上,人们都会为探求解决的方法而努力。

4. 决策型会议

这种会议的目的是为了在不同方案中权衡利弊,作出抉择。与会者不仅要参与会议讨论和决策,而且还要遵守会议的决议,即使自己持有不同的观点。

5. 信息交流型会议

这种会议的目的在于发表意见,交流消息,了解对意见的反馈。此类会议鼓励广泛讨论和踊跃提问,每一位与会者都可以提出自己对问题的看法和意见,并从相互交流中得到启发,产生创意。

（二）按照会议的内容分类

按照会议的内容不同,可将会议分为业务会议、销售会议、专业分享会议、咨询会议、座谈会议和讨论会议等类型。

1. 业务会议

当不同的部门在工作中因一个共同的计划或项目而合作,或者将一个方法、项目推广至其他部门工作中应用时,所召开的会议就是业务会议。业务会议由各部门主管和被指定的员工参加。会议的主题可能是产生新的并要发送到公司其他部门的信息、讨论程序和建议,或者是关于预算、产品或产量等问题的内容。

2. 销售会议

企业要想在市场竞争中占有一席之地,没有过硬的产品和服务是不可能的。销售会议通常是针对公司产品市场的专门会议,推广新产品、顾客的购买力和接受力分析、产品销售渠道与市场占有率分析等常常是销售会议的中心议题。

3. 专业分享会议

科学技术是第一生产力,随着科学技术的迅速发展,专业技术人员需要互相进行交流与沟通,分享经验与科学技术成果。不同部门、不同领域的员工在分享会议上可以获得最新的信息与方法,分享不同的技术成果。通常参加这类会议的人往往是同事,他们有着相近的身份、知识构成或技术。

4. 咨询会议

为了实现公司的远景目标、进行某项产品的更新或是寻求某种节能的新技术等,公司召集一些关键人物,发布问题,倾听与会者的意见与建议,鼓励与会者畅所欲言,拿出解决问题的办法或方案,这是咨询性会议的主要目的。通常会议主持者以询问的语气征求意见,如"针对……问题,你能否提供一些意见?""如果……你将怎样处理?"

5. 座谈会和讨论会

座谈会是人们之间交流思想的主要形式,大家可以各抒己见、畅所欲言。座谈会也是结构性的会议,会议参与者之间有一定的互动。每个参与者要准备一段简短的演讲或报告,向听众发表。会议主持者要介绍每一位与会者,在每一段演说之间进行串场,之后要感谢每位发言者。在演说之后,其他人可以发表评论并可直接对演说者提问。与座谈会相比,讨论会上与会者的互动机会更多,可随时提问、回答和对发言者做出反馈。

三、影响会议成效的因素

开会虽然是团队沟通的主要形式,但若控制得不好,很容易产生负面的影响,既达不到开会的目的,又浪费了人力、物力和财力。因此,为了提高会议的质量和效率,就必须了解影响会议成效的各种因素,只有这样,才能采取正确的对策,避免无效会议的发生。造成会议无效的因素是多方面的,归纳起来大致有下述几个方面。

1. 会议目的不明确

许多会议之所以没有成效,让人生厌,是因为会议目的不明确,与会者不知道为什么要开会,开会要达到什么目的和取得什么结果。如果对这些问题都没有一个明确的回答,那么会议只能是漫无边际的闲聊,或者变成了大家谈论新闻、发牢骚或抱怨的场所;结果只能是会议彻底陷入混乱,越开越长,毫无效率,既浪费时间、金钱、精力而又得不到任何成果。

有的会议虽然有目的,但目的过于抽象和空洞,如树立企业形象、追求成本节约、提高经济效益、采取流线型管理等,围绕这样的目的开会同样无法收到应有的效果。

2. 会议持续时间过长

有些会议像马拉松似的,开起来没完没了,原本只需要半小时就可以解决问题,结果却非要开上一小时的会;而本该开一小时的会,却要花上两个小时,致使与会者过于疲倦。人的精力毕竟有限,并且要受生物钟的影响。由于每个人都有自己的生物钟和时间表,在一天中何时工作、何时休息,是形成习惯的。因此如果会议时间过长,会使与会者感到无聊、疲倦、精力不集中,会议的成效肯定会降低,甚至让人讨厌、反感会议。

3. 简单问题复杂化

高效率的会议能够把复杂问题简单化,在简单之中把握规律和重点;而低效率的会议正好相反,常常把简单问题复杂化,结果是为了复杂而复杂。如有的会议,对于一个很简单的问题,本来三言两语就可以解决,却要与会者反反复复地讨论、争辩;这样不仅花费了与会者大量的时间和精力,而且往往会使问题变得复杂化,引出许多不必要的矛盾和争论,进而导致方案太多或细节没法处理,太多的情绪、对立面和误解产生,甚至还会使会议再生出新的会议,产生恶性循环,会议越开越多,越开越解决不了问题。

4. 意见分歧处理不当

与会者由于知识结构、文化素质、个人阅历、所处地位及部门等各不相同,难免对同一事情会有不同的看法,产生意见分歧。如果处理不好意见分歧,双方各执己见,互不相让,就可能导致冲突的发生,从而影响会议的正常进行,使会议的效率降低,甚至无法实现会议的目标。

5. 会议主持人主持不力

会议主持人是会议的领导者与组织者,其主持能力高低直接影响会议的效率和效果。一般来说,会议主持人主持不力主要表现在以下几个方面。

一是不告诉开会的目的。领导者唯恐别人的意见超过自己,以致在开会时不告诉人们开会的目的,结果是"一人台上讲,众人台下听";领导者高谈阔论、口若悬河,而与会者则"丈二和尚摸不着头脑"。

二是不准时到场。有的主持人为了凸显自己的地位,故意迟到,向与会者显示自己是会议中的主角。要知道,如果领导不能以身作则,准时参加会议,那么下次会议迟到者会更多。

三是官气十足。有的主持人说话慢而低沉,意图用这种声音吸引观众,让他们知道自己是老板。还有的领导者经常"打官腔"、"嗯""哈"等口头语过多,显示出一种高高在上的姿态,官气十足。

四是搞形式主义。有的领导善于做表面文章,开会时泛泛地让大家自由发言、讨论,但最终还是自己一人说了算,并不接受与会者一些善意、合理的建议。

五是"控制"会议。有的领导者在会议上常常讲一个长长的故事,来显示自己的经验和学识,而对关键问题又常常打太极拳,东拉西扯,回避主要问题;还有的领导在会议上经常用一些信号来强调自己的地位,如看手表、打哈欠、插话等,其意图在于告诉别人自己时间紧、地位重要等。所有这些,都严重影响会议的成效。

6. 物质环境不利

开会需要一定的物质条件和安静的周边环境,如果会议的物质条件欠佳或者环境条件过差,则会影响会议的有效性。例如,会议场所选择在闹市区或车流量较大的公路旁边,声音嘈杂,与会者会受到外部环境的强烈干扰,很难集中注意力,而且这种嘈杂的环境还会令与会者变得烦躁不安,希望能够早点结束会议。

另外,会议室房间过小,人员拥挤,灯光昏暗,座椅不舒服,缺乏可利用的视觉辅助设备,房间温度过高或过低,音响设备效果差,开会时手机铃声不断,以及服务员沏茶倒水的时机不当等,都会影响会议的效率。

四、提高会议成效的对策

有时会议是一种既耗时费力又令人疲倦的活动。因此,若要提高会议的效率,掌握一套行之有效的策略显得尤为重要。经常运用的策略主要包括以下几个。

1. 明确会议目的

在会议开始的时候,会议主持人或组织者最好向与会者明确交代会议的目的与目标,使与会者清楚为什么要开这次会,在这次会上重点讨论哪些问题,要达到什么目的,与会者围绕会议的目的应该做哪些准备。这样才能使与会者对开会的意图做到心中有数。值得注意的是,会议的目的既要明确又要具体,如"这个计划是执行还是不执行""如何提高产品的市场占有率"等,让与会者围绕这些具体问题展开分析与讨论,这样不仅能使讨论更加集中、针对性更强,而且也便于控制会议和检验会议目标。

2. 缩短会议时间

会议举行时间不要太长,如果有很多议题要讨论,可以分几次会议进行。在会议进程中,应适时安排一定的休息时间,在这段休息时间内,与会者既可以自由活动,放松一下紧张的神经,又可以对会议内容进行更为自由的讨论和交流。在会议议题和时间的分配上,可将会议的大部分时间放在重要议题的商讨上,不要在次要的议题上耽搁太多的时间。

另外,在会议刚开始时,与会者注意力较集中、精力较充沛,此时可安排讨论一些重要、复杂的问题,会议节奏也可以稍快些;在会议的后半段,与会者开始感到疲劳,可以安排一些例行的、次要的、易于达到目标的活动,会议节奏可以放慢一些。为了方便主持人控制会议节奏与进度,可以在主持人对面的墙上挂一个时钟,以使主持人随时注意时间,掌握进度,根据所剩的时间把每件事情安排好。

3. 领导者以身作则

领导者要以身作则,要求与会者做到的,自己首先必须做到。如在开会期间规定不能接听电话,要准时参加会议,不管与会者是一般员工还是各级领导,都要遵守,这样才能保持会场安静、维持开会的秩序。如果会议的一些规定只要求其他人遵守,而领导者可以违背,那么这种要求就没有约束力,最终谁都不会遵守规定。

不仅如此,领导者还要和与会者保持平等的地位,坦诚相待,要表明自己是一个服务者而非领导者。要知道,领导者是下属效仿的对象,领导者如果能严格要求自己,下属也能够严格要求自己。这样的领导者不仅能得到下属的尊重和信任,而且也能确保会议取得应有的成效。

4. 选择好会议主持人

会议主持人在会议中扮演着重要的角色,发挥着重要的作用,因此要在开会前选好主持人,以便能更好地控制会议的议题和进程。主持人在主持会议时应注意让每个与会者都有发表意见的机会。讨论中虽然常有主要发言者,但发言不能被某几个人所垄断,必要时可以限定发言时间。

主持人还应随时把握讨论的方向,使之不偏离主题,要对发言者进行必要的引导,避免发言之间毫无联系,各唱各的调,问题分散,甚至形成小群体。主持人在这中间可以通过一些必要的插话、简短的小结使讨论问题集中在某一点上。有时,为了保证与会者都有机会发表意见,主持人也可以采取限制参加人数或分小组讨论的方式进行会议。

5. 正确处理各种矛盾和分歧

会议进行中常会出现这样那样的不同意见,甚至出现争执,这也是多数会议不可避免的问题。对会议中出现的矛盾和分歧,既不能听之任之、放任自流,也不能一味压制和排斥,这样不仅无助于矛盾和分歧的化解与缓和,而且还会冲击和影响会议的主题,甚至影响人际关系和团队凝聚力。因此,采取正确的方式和方法处理会议的矛盾和分歧,也是提高会议成效必须关注的问题。一般来说,处理会议中的矛盾和分歧可以采取以下方法和策略。

(1) 对争论各方的观点加以澄清

使争论各方明确彼此争论的焦点是什么,这种争论是否与会议主题有关,是否是解决会议主题的关键,以此将人们的注意力引导到对会议主题或重要问题的争论上,从而避免为了一些细枝末节而争论。

(2) 分析造成分歧的原因

了解各方的分歧是根本性的还是表面的。可能某些分歧只是语言表达方式的不同,或者是看问题的角度不同;也可能某些分歧带有根本立场的差别。通过分析造成分歧的原因,了解协调的可能性。

(3) 对不同的分歧采取不同的解决办法

对那些表面性的分歧可采取求同存异的方法加以解决,对那些根本性的分歧可将其作为会议的主题之一,展开全面的讨论,以便把会议引向深入;或者将这些分歧暂时搁置,按照会议议程进行下一项,待以后有时间时再专门解决这些分歧。

6. 做好会议备忘录和会议简报的分发工作

在会议召开之前,应以备忘录的形式提前通知与会者,以便他们有充足的准备时间。备忘录的内容包括时间、地点、会议参加人员、主要议题等。在会议结束之后,要及时整理好会议简报,将会议做出的决定、采取的主要方法和措施、职责分工和完成时间要求等传达给有关人员,以使会议精神和各项决定、措施能更好地得到贯彻落实。

【小贴士】

会议中可应用的技巧

对所有与会者参加会议的目的进行深入、细致的研究,并对不同的目的加以分组和归类;处理好会议的显在目标与潜在目标的关系,并在会议中尽快实现近期目标和较易达到的目标;利用与会者的经验、专长;对与会者的错误采取宽容态度。

【复习思考题】

1. 管理沟通的作用有哪些?
2. 简述管理沟通的常用方法?
3. 怎样才能进行有效的管理沟通?
4. 一般而言,会议的主要目的有哪些?
5. 简述会议的基本类型。
6. 影响会议成效的因素有哪些?
7. 怎样才能提高会议的成效?

【情景模拟】

(1)模拟情景:某企业销售科长布置销售任务会议现场。

(2)模拟目的:通过现场观摩或模拟,对管理沟通有直观的感知和印象,并对具体的要求能有较深的记忆。

(3)模拟环节:提前要求学员作为管理者对如何沟通进行准备,由老师带队组成销售员,对布置的任务不满,设置沟通障碍,考察学员沟通中语言、举止、态度、技巧等方面的表现,并由学生观察指出其中的问题。

(4)技能要求:熟练管理沟通,在实践中发现问题并及时纠正,提高实际管理沟通能力。

拓展阅读 7.1

学会这几招,帮你搞定 90% 的职场沟通痛点

第八章

求职应聘

【学习目标】

1. 了解自己大学毕业前的求职应聘准备及应聘技巧。
2. 领会将自己推销给用人单位,找到满意工作的具体要求。
3. 掌握求职应聘的技巧,并在自己求职中加以运用。

【技能要求】

1. 掌握简历的主要内容及好简历的标准。
2. 了解应聘者应做好哪些方面的心理准备,熟悉求职应聘技巧并能灵活运用。

警惕! 求职应聘小心这四大骗局

春季招聘即将来临,又是一波求职高峰。然而此时骗子们也蠢蠢欲动,打着"招工""介绍工作"等名义实施诈骗。人民网"求真"栏目整理了几种常见的招聘骗局,提醒大家注意防范。

骗局一:网络刷单兼职

近日,王女士在社交平台上添加一名假冒社区工作人员的骗子为好友。很快,王女士被其拉入群聊中对短视频点赞,并按照对方要求下载了某 App 开始刷单。后来她发现无法提现,至此意识到被骗,损失近 20 万元。

一些不法分子以"动动手指就赚钱""高回报""收益快"等噱头发布兼职招聘广告,待受害人上钩后,再通过"入职考核""业绩考核"等名义诱骗受害人刷单,进而实施诈骗。"刷单""刷信誉"本身就是商业违规行为,已被明令禁止,并非正当兼职。

骗局二:网络"高薪"招聘

一些中介机构在网络上发布"高薪"招聘信息,吸引人注意。很多招工信息写得天花乱坠,薪资水平、福利待遇非常好,让人看了就心动。当求职者在网上报名,去到线下公司后,才发现工资并不是发布信息所吹嘘的"高薪"。

求职者在应聘过程中应留意招聘地点、环境是否固定或正规;慎签用工合同,尽可能考察了解招聘单位的真实情况,不要因为急于工作而心存侥幸。

骗局三:"见面交费"招工诈骗

骗子诱骗求职者面试后,以交服装费、体检费等名义收钱或者承诺交了押金后就可以上班。求职者交费后,骗子要么找借口不给其安排工作,要么就是人去楼空,杳无音讯。

招聘单位以任何名义向求职者收取押金、保证金、报名费等行为,属非法行为。求职者遇到此类情况,要坚持拒交,更不要将身份证、暂住证等证件随意交给招工者。

骗局四:"监控面试"招工诈骗

骗子往往以高档酒店、服务场所急需员工、待遇优厚为名发布假消息,再以需要面试为名,将求职者骗到一些高档场所,声称面试官"身份特殊",必须使用监控设备进行面试。往往没有见到"面试官",却被告知面试已经通过,接下来骗子就会要求应聘者使用银行汇款等方式交纳各种费用。整个过程骗子与求职者不见面,全部使用电话联系,一旦得手,骗子便立即失联。

此类招聘往往是通过小广告、网络、短信等非正规媒介发布,求职者在面试之前要认真了解招聘单位的相关情况,看清对方营业执照,了解经营范围是否与其所称的相符。

【求真观察】

人民网舆情数据中心助理研究员赵紫荆表示,节后不少求职者找工作心切,相比于传统招聘,网络招聘平台的便捷性更高,更容易受到求职者青睐,但其信息不对称性也可能更大。不少招聘诈骗都利用了劳动者求职心切、渴望高薪的心理。对于求职者而言,一方面需要警惕低门槛且高薪的职位,尤其要对招聘信息中出现的"月入过万""高薪日结"等词汇更加谨慎;另一方面,求职者需要尽可能了解清楚公司情况,例如,使用专业的求职中介机构、在全国企业信用信息公示系统等权威平台查证公司信用信息、实地考察公司所在地等。如果仍旧"中招",要及时保存证据,并第一时间报警求助。

资料来源:http://society.people.com.cn/n1/2022/0223/c1008-32358112.html. 2022-02-23.

毕业后的就业是我们每一名大学生都要面临的一个问题,怎样才能找到自己理想的工作呢?怎样才能把自己推销出去呢?本章讲授自荐材料的准备、应聘的程序及应聘技巧等知识,希望能帮助各位同学顺利走向工作岗位。

第一节 求职前的准备

对很多大学生而言,在求职时很盲目,大多的同学在求职时常有这样的疑问:我没有工作经验,我的优势在哪里?我要加入什么样的行业?什么样的公司?我能从事什么工作?结束了为期四年的大学生涯,在即将跨入社会这个大家庭之前,不能盲目的做选择,一定要明白自己的职业选择方向,并有目的的进行分析设计,为今后顺利的职业道路奠定最坚实的基础,才能防止因盲目选择给职业生涯带来的障碍。

一、做好职业选择

职业是社会分工的结果,职业是人们参与社会分工,利用专门的知识和技能,为社会创造物质财富和精神财富,并获取合理报酬作为物质生活来源、满足精神需求的工作。

由于我们的性格特征、兴趣爱好以及职业能力等不同,因此每个人在选择职业之前一定要根据自身的情况进行有效选择,对自己和职业有清楚的认知,这样才能在最初进入到社会时给自己正确的定位,选择合适自己的职位,保证自身今后的发展。

(一)三定

同样是马和青蛙,如果在一起比赛跑步和比赛游泳,就会有截然不同的结果。让姚明打篮球可以称为篮球巨星,设想一下如果让姚明练习体操呢?因此在择业之前一定选择适合自己的职业。所谓三定就是在择业之前一定要确定职业方向和自己的心理定位,具体包括以下方面。

(1)"定方向":确定自己的专业方向和适合自己兴趣的职业岗位。

(2)"定点":确定自己职业发展的地点。

(3)"定位":确定与自己水平、能力、薪酬期望、心理承受度等相适应的定位。

在对自身状况和职业做具体分析之后再做出具体职业选择,这样才不会盲目的模仿或者攀比,使自己今后的求职之路以及职业发展之路变得比较顺利。

【小贴士】

中华人民共和国职业分类大典

2015年7月29日,国家职业分类大典修订工作委员会全体会议在京召开,会议审议通过并颁布了2015版《中华人民共和国职业分类大典》。人力资源和社会保障部、国家质检总局、国家统计局有关领导出席会议,质检总局党组成员、国家标准委主任田世宏出席并讲话。

我国第一部《中华人民共和国职业分类大典》(以下称《大典》)颁布于1999年。由于经济社会的不断发展,我国社会职业构成发生了很大变化。为适应发展需要,2010 年底,人力资源和社会保障部会同国家质检总局、国家统计局牵头成立了国家职业分类大典修订工作委员会及专家委员会,启动修订工作,历时五年,七易其稿,形成了会议审议通过的新版《大典》。

2015 版《大典》主要从以下四个方面进行了修改、调整和补充。

第一,对职业分类体系的修订;第二,对职业信息描述内容的修订;第三,对职业信息描述项目的调整;第四,增加绿色职业标识。职业分类修订工作是一项长期任务。要继续发挥《大典》修订平台的作用,建立职业分类动态更新机制,对《大典》进行及时调整和补充完善。

2015 新版《大典》职业分类结构为 8 个大类、75 个中类、434 个小类、1481 个职业。与 99 版相比,维持 8 个大类,增加 9 个中类和 21 个小类,减少 547 个职业。经过系统专家努力,质检行业共 24 个职业列入大典,质检工作重要性进一步凸显。

总体情况

从总体修订的内容情况来看,主要从以下四个方面进行了修改、调整和补充。

第一,对职业分类体系的修订。2015 版《大典》延续职业分类的大类、中类、小类和细类结构,细类是最基本的类别,即职业。调整后的职业分类结构为 8 个大类、75 个中类、434 个小类、1481 个职业。与 1999 版相比,维持 8 个大类不变,增加 9 个中类、21 个小类,减少 547 个职业(新增 347 个职业,取消 894 个职业)。新增职业包括"网络与信息安全管理员""快递员""文化经纪人""动车组制修师""风电机组制造工"等。取消职业包括"收购员""平炉炼钢工""凸版和凹版制版工"等。

第二,对职业信息描述内容的修订。维持 142 个类别信息描述内容基本不变,修订 220 个、取消 125 个、新增 155 个类别信息描述内容;同时,维持 612 个职业信息描述内容基本不变,修订 522 个、取消 552 个(不含 342 个"其他"余类职业)、新增 347 个职业信息描述内容。

第三,对职业信息描述项目的调整。为更好反映我国企业人力资源管理实际,将 1999 版"下列工种归入本职业"的表述调整为"本职业包含但不限于下列工种",其含义有二:一是同时包括与对应职业名称重名的工种;二是对检验、试验、修理、包装、营销等因其工作性质相似、数量众多、无法穷尽的工种未予列举。

第四,增加绿色职业标识。本次修订借鉴发达国家经验,结合我国实际,对具有"环保、低碳、循环"特征的职业活动进行研究分析,将部分社会认知度较高、具有显著绿色特征的职业标示为绿色职业,这是我国职业分类的首次尝试。旨在注重人类生产生活与生态环境的可持续发展,推动绿色职业发展,促进绿色就业。绿色职业活动主要包括:监测、保护与治理、美化生态环境,生产太阳能、风能、生物质能等新能源,提供大运量、高效率交通运力、回收与利用废弃物等领域的生产活动,以及与其相关的以科学研究、技术研发、设计规划等方式提供服务的社会活动。2015版《大典》共标示127个绿色职业,并统一以"绿色职业"的汉语拼音首字母"L"标识,如环境监测员、太阳能利用工、轮胎翻修工等职业。

类别变化

从具体修订的内容情况来看,2015版《大典》对1999版中各类别的内容进行了修订。

1. 第一大类名称修订为"党的机关、国家机关、群众团体和社会组织、企事业单位负责人",其职业分类修订参照我国政治制度与管理体制现状,对具有决策和管理权的社会职业依组织类型、职责范围的层次和业务相似性、工作的复杂程度和所承担的职责大小等进行划分与归类。修订后的第一大类包括6个中类、15个小类、23个职业。与1999版相比,增加1个中类,减少1个小类、2个职业,并对部分类别名称和职业描述进行了调整。

2. 第二大类名称为"专业技术人员",维持原大类名称不变,其职业分类修订除遵循职业分类一般原则和技术规范外,还着重考量职业的专业化、社会化和国际化水平。修订后的第二大类包括11个中类、120个小类、451个职业。与1999版相比,减少3个中类,增加5个小类、11个职业。

3. 第三大类名称为"办事人员和有关人员",维持原大类名称不变,其职业分类修订主要依据我国公共管理与社会组织中从业者的实际业态进行。修订后的第三大类强化其公共管理、企事业管理等领域行政业务、行政事务属性,包括3个中类、9个小类、25个职业。与1999版相比,减少1个中类、3个小类、28个职业。

4. 第四大类名称修订为"社会生产服务和生活服务人员",其职业分类修订主要参照国民经济行业分类以及我国服务业发展现状,特别关注新兴服务业的社会职业发展,主要按照服务属性归并职业。修订后的第四大类包括15个中类、93个小类、278个职业。与1999版相比,增加7个中类、50个小类、81个职业。

5. 第五大类名称修订为"农、林、牧、渔业生产及辅助人员",其职业分类修订以农、林、牧、渔业生产环境、生产技术和产业结构的变化,现代农业生产领域中生产技术应用、生产分工与合作的现状为依据,参照国民经济行业分类进行。修订后的第五大类包括6个中类、24个小类、52个职业。与1999版相比,中类维持不变,减少6个小类、83个职业。

6. 第六大类名称修订为"生产制造及有关人员",其职业分类修订按照国民经济行业分类以及生产制造业发展业态,以工艺技术、工具设备、主要原材料、产品用途和服务与技能等级水平相似性进行。修订后的第六大类包括32个中类、171个小类、650个职业。与1999版相比,增加5个中类,减少24小类、526个职业。

7. 第七大类和第八大类沿用1999版《大典》做法,维持原大类名称及内容表述不变。

2021年2月26日,人社部副部长李忠在国新办举行的发布会上表示,2021年我国将启动修订《中华人民共和国职业分类大典》。这几年随着经济社会发展、科技进步,产生了很多新职业,这些新产生的职业将被纳入这个分类大典里面,进一步健全完善符合中国国情的现代职业分类。

(二)选择适合自己的工作

在做好自己的职业定位之后,还要详细地对自己和环境进行客观分析,并且尽量了解公司在招聘时对职位的要求。具体可以从内外两个方面进行分析。

1. 向内看

向内看,即做好自我探索。了解自己性格特征、能力特长、工作兴趣、价值观,以及自身的阶段性目标与需求;分析自身专长与优缺点,对自己做好职业适性分析,并了解自己的薪资价值。

2. 向外看

向外看,即了解就业市场。可以通过报章杂志、公司网站等公开信息、人际网络、亲朋好友以及就业辅导机构等渠道对公司职位进行了解。对职位一定要提前了解清楚,选择职位时要考虑的具体因素包括:产业成长与发展趋势、公司愿景与竞争力、企业文化与管理制度、薪资与福利以及学习与发展的机会。作为年轻人而言,在一个企业中的学习和发展机会非常重要,它将是今后生存的厚重资本,因此在考虑薪资福利时要做长远打算。

(三)了解信息来源

在确定职业范围之后,就要尽量多的增加应聘职位信息来源,一般我们建议对有意愿领域单位广撒网、而对目标单位精挑选。适合自己的职位首先需要你去发现,才有把握与追求的机会。因此,多留意并且尝试更多的渠道和方式来收集就业信息对求职非常有益,这里将详细介绍一些常见的信息渠道来源。

1. 招聘会

(1)校园招聘会

一些大公司尤其是著名外企、大型国企通常都会把需求职位的信息发给各大高校的就业处,与就业处联系协商妥当后,来学校召开专场招聘会(即现场宣讲会)。

校园招聘会提供的职位主要是针对应届毕业生,通常不会面向社会人士;一般不要求工作经验,而注重应聘人员的综合素质和未来发展潜力,所以这是应届毕业生找工作最好的途径之一。你应当予以校园招聘会充分的重视;不仅可以参加本校组织的招聘会,还可以去同类院校、本专业的强势院校组织的招聘会,以获得更多工作机会。

(2) 政府组织的招聘会

通常,每年春节前后或是夏季,各省市的政府都会组织大规模的招聘会,参与的企业较多,覆盖面更广,也是应聘者找到工作的途径之一。

2. 网络上的招聘信息

利用网络找工作是现在非常流行也很方便的途径之一。

(1) 专业求职网站

专业求职网站在大学生求职信息来源中扮演着越来越重要的角色。现在很多专业招聘网站提供大量招聘信息,这些网站与大公司合作,发布最新的招聘信息,很多公司直接通过这些网站提供在线职位申请。大部分网站上还可以帮助你制作在线简历与求职信,并提供简历在线投递服务。

(2) 学校网站就业专栏

学校网站的就业专栏上会有各公司在该学校的招聘信息,同时也是同学们一起交流就业信息、分享求职经验的重要领地。而你可以不只局限于自己学校的网站,许多学校都会有这样的就业专栏,如清华、北大等,综合起来能为你提供海量的就业信息和求职经验,是一个十分贴近你的信息来源。

(3) 各大公司网站

很多公司尤其是著名外企都会将最新的招聘职位放在本公司网站上,提供在线职位申请。所以,随时关注各大公司网站上的招聘专栏,能让你方便地对准自己心仪的岗位。

我们在关注职业信息方面,要重点关注的内容包括:招聘单位的基本情况;需求岗位的工作情况;招聘单位的工资待遇;招聘条件;招聘数量和报名办法。

(四) 职业信息的整理

面对海量的招聘信息分门别类地收集整理才不至于混乱,以下介绍信息整理的方法和步骤(以网络上刊登的职业广告为例)。

第一步,收集。登陆专业招聘网站,搜索相关职位关键词,以积累原始信息。

第二步,筛选。将有关的信息下载保存在专门的文件夹中或打印出来,去粗取精。

第三步,分类。将信息分为具体的和宏观的两大类职业信息,并将具体的职业信息整理、编辑为用人单位直接招聘的广告、招聘洽谈会举办信息和中介机构的广告三种。

第四步,提炼加工。在广告和报道上用红笔将与自己关系密切的句子或段落勾画出来,进行浓缩、提炼加工。

第五步,存贮。把经过加工的信息,分门别类地粘贴或打印装订,存好备查。在此基础上,还可以将之后收集来的信息再补充进去,这就等于建立了自己的"信息库"。

就业进行时"云招聘"中如何掌握更多招聘信息?

扎实做好湖北高校毕业生就业创业和校园疫情防控工作

党中央、国务院高度重视高校特别是受疫情影响较重的湖北地区高校毕业生就业工作,出台了很多帮扶政策,关键是抓好落实。湖北、武汉和各高校要做好就业服务和指导,优化网络招聘流程,加强特殊困难群体帮扶。有关部门要加强倾斜支持,坚决纠正对疫情严重地区劳动者的就业歧视,千方百计把疫情对毕业生就业的影响降到最低。

教育部面向战略性新兴产业、电子商务行业开展"24365校园招聘"专场活动

据悉,教育部面向战略性新兴产业、电子商务行业开展"24365校园招聘"专场活动。目前"24365校园招聘"平台共提供833万条岗位信息,累计新增注册人数132万人,投递简历超过1100万人次。据介绍,教育部后续将推出更多专场招聘活动,围绕重点行业、重点领域、重点区域,提供更多岗位信息,促进岗位需求与毕业生就业精准匹配。

宁夏开展"千校万岗"行动 为高校毕业生提供岗位5041个

宁夏首场"千校万岗·就业有位来"高校线上大型招聘会近日举办,共计吸引了3484名全区高校毕业生报名参会,同步在线面试最高达494人,在线投递简历6528份。"千校万岗"行动实施以来,在全区各级团组织的共同努力下,宁夏19所大中专院校积极行动,成效显著。今年"千校万岗"行动开展以来,已发动667个企业,为全区大中专院校毕业生提供5041个岗位。

湖南多举措助力高校毕业生就业 精准帮扶湖北籍学子

当"春招"遇上疫情,如何应对?据湖南省大中专学校学生信息咨询与就业指导中心统计,截至3月22日,该省已举办大中型网络视频专场招聘会1920场,26339家用人单位报名参会,提供239763个岗位需求,473063位学生报名参加,意向签约27918人。疫情发生以来,湖南各高校积极对湖北籍家庭困难学生进行资助。除了经济支持,湖北籍学子还得到高校多方面的帮扶。

山西高校打出"组合拳"做好毕业生就业工作

每年的三四月是毕业生就业的黄金期。但在新冠肺炎疫情影响下,高校延期开学、各类面试推迟、招聘会取消,这无疑是一场意料之外的考验。面对新情况,山西省各主管部门和高校采取多种举措助力毕业生就业——云招聘、云面试、空中宣讲、远程指导、电子签约领offer……让疫情下的高校毕业生招聘工作不仅有力度更有温度。

福州地区高校毕业生线上招聘月启动

"福州地区高校毕业生线上招聘月"活动启动,将持续至月底,通过双向打通用工、就业信息渠道,帮助企业解决员工短缺问题。截至目前,共有1515家用人单位参加线上招聘,提供91595个工作岗位;来自全国各地的10545名求职者线上求职,10495人次与用人单位达成初步就业意向。

3月份已经过去,"云招聘"因疫情而成为当下的主流招聘方式,也让同学们发现了"云招聘"的便利,还有许多人希望"云招聘"在未来能成为常态。那么,我们如何在"云招聘"中获取更多的招聘信息呢?一起来看!

辅导员发布信息

毕业班班群里辅导员们总是会贴心地发布各类招聘信息,信息可能来自校友会,也可能是学校、学院为大家争取的"福利"。越发临近毕业,越能感受到学校的温暖,多多关注辅导员发布的招聘信息,抓住更多就业机会。

学校就业网站

没错,除了操心大家的学业,学校也很关心毕业生们的就业问题。各个学校的就业网站上相关招聘信息,大都经过学校审核,为大家提前把关。不同的企业会选择与不同的学校对接,提高招聘效率,反过来也说明某学校的相关专业和教育质量受到企业认可,提高了大家应聘时的成功率。

企业官方招聘网站

主动出击,浏览企业的官方招聘网站,找到校招等相关栏目,选择和自己职业发展方向匹配的岗位进行简历投递。了解并记录企业的招聘时间及进程,还能根据岗位要求提前补课,提高自己与心仪公司的岗位匹配度。

行业招聘网站

还有一个便捷的方法就是去行业招聘网站上寻觅就业信息。如果你已经决定以后做哪行、走哪条路,行业招聘网站上就已经收集这行业的大部分招聘信息。获取别人归纳整理好的信息,能帮我们在招聘季里省去许多筛选信息的时间。

企业内部员工推荐

传说中的内推就是通过企业内部员工推荐,把简历直接投递给hr。根据企业的规定,可以直接省略掉校招烦琐的笔试和群面等环节,或是越级到电面、hr面、部门主管面试等。恰当地利用人脉资源,也是职场上的必修课。内推名额有限,遇到别害羞,要抓住机会哦。

人民网大学生就业服务平台

人民网通过人民智云APP推出大学生就业服务平台,提供"一键通""空中宣讲会""云互动"等特色信息服务。此外,平台广泛宣传和助推就业资源对接,联动企业、高校及地方政府,在特殊时期进一步助力大学毕业生顺利就业。目前已有9个招聘专题、4个招聘专区,分类涉及各行各业,超多招聘讯息等你查收。

资料来源:http://jx.people.com.cn/n2/2020/0410/c355213-33940067.html. 2020-04-10.

二、做好心理准备

要得到一份称心如意的工作,绝非易事,尤其是从象牙塔中展翅欲飞时,请做好以下几方面的心理准备。

1. 社会需求

首先,要了解职业的社会需求及行业发展的趋势,哪些行业处于发展上升时期,哪些处于发展平稳时期,哪些将会出现收缩或下降趋势,要做一个比较,选出自己所希望参与的领域;其次,在做出选择之前,多搜集一些相关资料,以便择优而选。

2. 职业选择

选择最熟悉的行业和自己最熟悉的职业,这样才有可能全身心地投入到工作中去,才有可能有所发展、有所创造、有所前进,才有可能从中体会到工作的乐趣。

3. 认识自我

要了解自己的长处和不足,全面分析自己,希望能胜任什么职位,薪水多少合适,工作环境怎样,等等。在经过仔细分析之后,再决定自己到什么公司应聘何职。

4. 应聘时间

要考虑自己准备在某职业从事多长时间,如3年、5年或更长的时间;或是通过目前的职业学习一些东西,积累一些经验,以图更大的发展。忽略这一问题,可能会出现定位不准、目标不明、频繁跳槽等一些对自己不利的结局,以致最终影响自己的发展。

5. 薪金

金钱无疑是选择职业的一条较为重要的参考标准,但如果把薪金放在首位考虑就常常会与机会擦肩而过,可能会错失适合自己的工作机会,这样,金钱也将会远离而去。

6. 重新选择

在选择职业时可能因一时冲动,择业后发现所选职业并不满意,此时不妨换另一个职业,这也许是个转机。

在做好以上心理准备后,就要再做到以下几点。

(1) 要充满信心

请相信,天高任鸟飞,海阔凭鱼跃;天生我材必有用。保持良好的状态,快乐的心情,这样的"润滑剂"对你大有好处,不仅让你充满信心,还可能因为状态极佳,不再厌烦手头枯燥的工作。这样的良性循环会事半功倍。

(2) 把自己好好剖析一番

列出自己的长处优点,工作能力,问问自己:我能干什么,我想干什么?确定自己的求职目标。注意:"充电"是必要的。世界日新月异,复合型人才才会有竞争力,满足于现状的"井底之蛙"只会被淘汰。充足了电,再为自己好好策划一下,打印一份漂亮的履历表。谦虚是美德,但恰如其分地表现自己,包装自己,非常重要。

(3) 把自己修饰一下

整好衣冠,拿上你的简历,带着你的微笑,到人才市场来应聘。应聘的时候,你要先有概念:应聘什么职位,应聘什么样的公司,是选择三资企业还是国营企业,是选欧美公司还是亚洲公司,必须先决定好。小型交流会可以慢慢看;大型交流会场内摊位多,求职者也多,所以建议先在场内浏览一圈,看看哪几家公司有吸引力,决定好主攻目标和次要目标。主攻目标,你要多费些心思,好好展现你的魅力,坐下来和招聘者好好谈一谈,向他展示你的才能,表明想为公司效力的强烈愿望;次要目标,留下你的简历和简短介绍即可,自始至终,你都要充满信心,从容不迫。

第二节 求职材料的准备

选择好自己的目标之后,就需要第一块敲门砖,也就是要递送的求职材料。如果递送的材料不符合单位要求就不可能有面试的机会,因此求职材料的认真设计和准备至关重要。求职材料主要有以下几种形式:履历表、求职信、个人简历。为了帮助毕业生更好地准备求职材料,现将求职材料的内容、格式、注意事项等简单介绍如下。

一、履历表

(一) 履历表的格式

履历表是以最直观简单的表格方式呈现给用人单位的求职资料。履历表是企业人事主管对你产生好的第一印象的关键,如果有一个理想工作值得你去争取,履历表就应该好好研究、撰写。一般的履历表中包括几个部分。

(1) 表头。包括姓名、籍贯、政治面貌、身体状况、联系方式等。

(2) 教育经历。最好能用倒叙的方式写你的教育经历,如果有辅修的专业也一定要体现出来。

(3) 证书及获奖情况。包括英语、计算机等级证书、获得的职业资格证书等以及在校期间获奖情况。在履历表中所撰写的所有证书都需要在履历表之后附上复印件以证明其真实性。

(4) 社会实践。可以把在学校期间的实习情况或社会实践状况写清楚。这部分对于缺少工作经验的大学生而言,是用人单位考量的重要部分。如下表 8-1 所示,是一个履历表的实例,可做参考。

表 8-1 履历表范例

履 历 表

姓名	王××	籍贯	××××××	照片
政治面貌	××	身体状况	××	
身高	××	体重	××	
地址	××省××市××区××小区			
联系方式	15267530000			
Email	××××××××@QQ.COM			
教育经历	时间	学校名称		担任职务
	1999年—2000年	××市××区××中学		纪检委员
	2000年—2005年	××市××区××中学		团支书
	2005年—2018年	××省××外国语学院		组织委员

证 书 情 况

时间	荣誉称号或证书名称	奖励部门(颁证机构)
2018年6月	韩国语能力等级中级	国际国立教育局
2018年6月	商务韩国语中级	中国对外贸易经济合作企业协会
2018年5月	大学英语四级	全国大学英语四、六级考试委员会
2017年4月	国际商务单证员证书	中国商业技师协会

续表

2006 年 5 月	××省计算机一级	××省教育厅
2005 年 12 月	××省普通话水平测试等级考试	××省语言文字工作委员会

社 会 实 践

2018 年暑假:路桥汽车美容中心,前台接待

2017 年暑假:麦当劳,服务生

2017 年暑假:圣安娜西饼屋,导购

(二)如何写好履历表

1. 搜集履历表必要资料,并有条理的列出

在履历表的格式上,有无工作经验的人不尽相同。刚出社会的人的资料包括个人资料、个性优势简介、学历背景、社团经验与经历、荣誉、特殊技能与训练、参与过的活动、推荐人等。有工作经验者的资料则包括个人资料、经验与优势简介、工作经验、荣誉、特殊技能与训练、参与过的活动、推荐人、学历背景等。

2. 突出你的才能与技能

先了解想要求职的企业的背景、工作内容、企业文化,并将自己在教育背景、经验或技能中的优势突出出来。

3. 强调个人的优点、成就与能力

在自己的教育背景、社团经验或工作历练、荣誉、特殊技能与训练、参与过的活动等经历上,强调符合企业需求的个人优点、成就与能力。

4. 运用简明清晰格式,以便快速、清楚阅读

以点列式、表格、粗体字及副标题等方式,让企业能够快速且清楚地了解你的资料,同时也展现出了你的组织能力。

5. 不超过两页为宜

履历表的页数以不超过两页为宜,所有的项目应按时间发生先后顺序以倒叙法列出,并且在叙述内容上,文字应该精简有力。

6. 准备一页具个人特色的求职信

在履历表最前页,附上一封求职信,表达你对该企业某一职务有兴趣,然后简单地介绍自己的学历背景与工作经验,并简列出人生规划重点。这个举动可以让招聘人员在浏览履历表时,能够立刻了解你,同时也突出了自己的优势。

二、求职信

求职自荐信是毕业生向用人单位自我推荐的书面材料,是毕业生所有求职材料中至为关键的支柱性文件,其写作质量直接关系到毕业生择业的成功与否。因此,自荐信被称为毕业生求职的"敲门砖"。

(一) 求职信的格式及内容

自荐信格式一般分为标题、称呼、正文、附件和落款五部分。

1. 标题

标题是求职自荐信的标志和称谓,要求醒目、简洁、庄雅。要用较大字体在用纸上方标注"自荐信"三个字,显得大方、美观。

2. 称呼

这是对主送单位或收件人的呼语。如用人单位明确,可直接写上单位名称,前面以"尊敬的"加以修饰,后面以领导职务或统称"领导"落笔;如单位不明确,则用统称"尊敬的贵单位(公司或学校)领导"领起,最好不要直接冠以最高领导职务,这样容易引起第一读者的反感,反而难达目的。

3. 正文

正文是自荐信的核心,开语应向对方表示问候致意。主体部分一般包括简介、自荐目的、条件展示、愿望决心和结语五项内容。

简介是自我概要的说明,包括自荐人姓名、性别、民族、年龄、籍贯、政治面貌、文化程度、校系专业、家庭住址、任职情况等要素。要针对自荐目的作简单说明,无须冗长烦琐。

条件展示是求职自荐信的关键内容,主要应写清自己的才能和特长。要针对所求工作的应知应会去写,充分展示求职的条件,从基本条件和特殊条件两个方面解决"凭什么求"的问题。基本条件应写清政治表现和学习活动两方面内容。

愿望决心部分要表示加入对方组织的热切愿望,展望单位的美好前景,期望得到认可和接纳,自然恳切,不卑不亢。

结语一般在正文之后按书信格式写上祝语或"此致,敬礼""恭候佳音"之类语名。

4. 附件

求职自荐信附件主要包括个人简历、证书及文章复制件,需要附录说明的材料,也可作为附件一一列出。

5. 落款

落款处要写上"自荐人"的字样,并标注规范体公元纪年和月日。随文处要说明回函的联系方式、邮政编码、地址、信箱号、电话号码及呼机号等。如打印复制件署名处则要留下空白,由求职人亲自签名,以示郑重和敬意。

自荐信写作虽有一定的自由度,但务必要注意文明礼貌,诚朴雅致;特别要注意突出才艺与专长的个体特征,注意展现经验、业绩和成果。自荐信要精心设计装帧,讲求格式美观雅致、追求庄重秀美,使其像一只报春的轻燕,飞进心仪企业,为你带来佳音。

(二) 如何写好求职信

成功的求职信应该表明自己乐意同将来的同事合作,并愿意为事业而奉献自己的聪明才智。要写好一封令人满意的求职信,必须注意以下几点。

1. 字迹整洁,文字通顺

古人云:"字如其人,文如其人。"如果你的文章流利,字又写得漂亮,这首先从门面上就压倒其他竞争对手;并且能够把你的工作态度、精神状况、性格特征介绍给对方,加上你的求职条件,就会使你在众多的求职者中取胜。事实上,现在求职信都用打印机打印出来,那就要求你的文件必须做到整洁,即没有手印;且字体、字形、字号以及排版等都让人看着很舒服。所以,为了达到你的求职目的,就应该将你的求职信做到让人一目了然,赏心悦目。

2. 简明扼要有条理

用简练的语言把你的求职想法以及个人特点表达出来,切忌堆砌辞藻。因为求职信的读者大都是单位负责人,他们不会把很多时间浪费在阅读冗长的文章上。因此,写作求职信要开门见山、简明扼要,切忌套话连篇、浮词满纸。求职信不在于长,而在于精,精在内容集中、明确、语言凝练明快、篇幅短小精悍上。

3. 要有自信

先想好自我推销的计划再下笔。不论你是从报纸上看到的招聘广告,还是从亲友那里得来的信息,都要说明自己的立场,以便能让收信者印象深刻。写开场白之前一定要深思熟虑,如果气势不足,一开始自然就没有吸引力。应按写一则新闻导语或是拟广告词的态度来对待。

4. 富有个性,不落俗套

书写一封求职信,正如精心策划一则广告,不拘泥于通俗写法,立意新颖,以独特的语言及多元化的思考方式,给对方造成深刻的印象,并挑起其兴趣。一封求职信,无论内容多么完备,如果吸引不了对方的注意,则一切枉然;如果对方对你的陈述不感兴趣,则前功尽弃。

5. 确定求职目标,实事求是

一个人对求职目标的确定也并不是一件容易的事情,一定要符合人才市场的供求规律和竞争法则。在我国实行社会主义市场经济的今天,人才在某种程度上来讲,也可以被看成是"商品"。市场的供求规律无时无刻不在影响着商品的价格。

供不应求时,价格高于价值,也就是说,这是人才的卖方市场;供大于求时,价格就低于价值,是人才的买方市场。了解了这一规律,你进入就业市场的时候,就不会一厢情愿地只凭你的学历,时刻想着应该得到什么样的工作,而是去适应市场的运行机制和竞争法则。至于你能"卖"到什么样的价格,要凭市场行情而定。

在大学生多如牛毛的今天,你要价太高,势必无人问津。最明智的选择是顺应市场,调价处理。同样道理,如果你学的是社会冷门专业,即使是博士生,恐怕也只能找到一个本科生的职位。同时,市场竞争法则也制约着你对职业的选择。

求职的竞争从本质上讲,是人的才能、素质的竞争。参与竞争前,你应先对自己有一个明确的估价,确定一下自己属于哪个档次,然后再确定向哪个水平的职位挑战。只有这样,你才能在符合市场供求规律和竞争法则的前提下,摆正自己的位置,确定合理的目标,也才能使你的求职信有的放矢,提高成功率。

6. 自我推销与谦虚应适当有度

写求职信就是推销自己,就要强调你自己的成就,强调你对所选单位的价值,这就少不了自我介绍一番,但是一定要讲究技巧。例如,你信中要表达"有能力开创企业的新局面",让人听起来就很刺耳;应用点儿技巧来表达,可以说:"我可以用所学的知识建立一套新的管理计划,以提高企业的生产率""可以为企业搞一些形象设计"等。

对于中国人来讲,谦虚是一种美德。一个谦虚的人,可以使对方产生好感。但对于求职者来说,过分的谦虚,同样会使人觉得你一无是处。谦虚不是自我否定,是实事求是、恰如其分地表现自己。所以,写求职信应遵循"适度推销"的原则,但要视具体情况而定。由于文化上的差异,对外资企业可多一些自我赞美,对国内企业应多一些谦虚。对不同的企业求职信的内容不能一样,要针对用人单位的要求修改自己的推销词。

7. 少用简写词语,慎重使用"我"的字句

平时你与人交谈时,可能习惯简称自己的学校或所学的学科专业,但在求职信上最好不要用简称,因为用人单位的领导不一定都了解你的学校或专业的简写,往往容易使他们因不明白而产生误解。如"科大",究竟是指中国科技大学还是北京科技大学?专业的简称有时就更让人莫名其妙。另外,多处简写有时还会使人觉得你做事不能脱离学生本色,或认为你态度不够慎重,从而影响录用。

此外,在求职信中需要用"我觉得、我看、我想、我认为"等语气来说明自己的观点时,要慎重,否则会给用人单位留下你自高自大,思想不成熟的感觉。

8. 突出重点

求职信要突出能引起对方兴趣、有助于获得工作的内容,主要包括专业知识、工作经验、自身特长和个性特点等。有一点特别注意,即在介绍专业知识和学历时,切忌过分强调自己的学习成绩。许多人,特别是刚出校园的学生容易产生一种错觉,以为社会也和学校一样重视学习成绩,认为只要学习成绩优秀就会谋到一份好职业,甚至为自己全优成绩而沾沾自喜,这是不成熟的表现,很容易导致求职失败。

因为以自己的学习而夸夸其谈,只能给人以幼稚和书生气十足的感觉。而用人单位要重视的是经验和实际能力,所以应简单地介绍知识和学历,重点突出工作经验和能力。这里所谓的"工作经验和能力"主要是写在校期间参与的社会实践活动或者是老师布置的以小组为单位的大作业,自己在活动中从事的职位或在组内起的作用。

应该鼓励学生在校期间在不影响学习的情况下,尽早找到实习单位,学生可以不计报酬,但一份实习岗位的历练更重要;如果你实习时单位看到了你的不断进步,很有可能毕业时就留在公司工作。另外,自己的兴趣一定要写具体。如"喜好音乐",这就太笼统了,再加上"是校合唱团团员"这样就具体了。

9. 建立联系,争取面试,莫提薪水

在求职信中,不要提薪水的具体数目。求职信所要达到的目标是建立联系,争取面谈的机会。此时谈钱为时尚早,以后会有更适当的场合,更何况薪水的数目并不是你选择职业的主要因素。如果同时有两个职位,其中低薪的那个职位更有利于今后发展,那么应当毫不犹豫地选择它。这种例子在应聘者中比比皆是。在求职信的最后,要特别注意提醒聘人单位留意你附加的简历,并请求给你回音,以争取能够建立下一步的联系,获得面试的机会。

10. 以情动人,以诚感人

写求职信也要有感情色彩,语言有情,会更有助于交流思想,传递信息,感动对方。那么写求职信怎样做到以"情"动人呢?关键在于摸透对方的心理,然后根据你与对方的关系采取相应的对策。

如果求职单位在你的家乡,你可以充分表达为建设家乡而贡献自己聪明才智的志向;如果求职单位在贫困地区,你就要充分表达为改变贫困地区面貌而奋斗的决心;如果是教学单位,你就要充分表达献身教育事业的理想……总之,你要设法引起对方的共鸣,或者得到对方的赞许。这样对方会自动地伸出友谊之手,给你以热情的帮助。

写求职信在注重以"情"动人的同时,还要以"诚"感人,以诚取信。只有诚于中才能形于外。"诚"指"诚恳""诚实""诚意""诚信"。就是态度诚恳、诚实,言出肺腑;内容实事求是,言而可信;优点要突出,缺点不隐瞒;恭敬而不拍马,自信而不自大。只有"诚"才能取信于人,令人喜欢。人们常说"真诚能感动上帝",就是这个道理。

11. 要不断地修正

建议你先打一个草稿,把所有的想法列出先后次序,并巧妙地将它们串联起来。切忌把第一份草稿寄出去。无论日期怎么紧迫,都要谨守"纪律"。经过一番改正、推敲之后,才能邮寄。

📌【小贴士】

中文求职信范例

尊敬的领导：

您好！

首先感谢您能在百忙之中阅览我的求职信，我是一名××大学（北京）电气工程及其自动化专业的2020届本科毕业生，应聘贵公司××职位。希望您能予以审查，并以录用为盼！以下是我的自我介绍：

宝剑锋从磨砺出，梅花香自苦寒来。在大学四年间，我以勤勉进取的积极态度全方位地充实锻炼自己，系统地学习和掌握了较为扎实的专业基础知识，以及本专业所需的制图、运算、试验、测试的技能和较强的计算机应用能力，有较强的自学能力和解决实际工程问题的能力，能从事电力系统和电气技术等方面的工程设计、科技开发、应用研究、运行、管理等工作。

此外，我还阅读了大量与电力系统有关的书籍，使我对电力系统有了更深刻的认识。为了扩大自己的知识面，我学习了企业战略、电力市场概论、国际经济法等课程。

英语水平达到国家四级，具有一定的交际能力和较强的阅读翻译能力。计算机水平达到国家三级（网络技术），初步掌握了局域网的组网技术。同时也通过了国家二级、北京市计算机应用水平考试。掌握C、PASCAL等语言并能熟练编程，熟悉单片机原理并能熟练编程。熟悉网页制作，能使用Photoshop、Dreamweaver、Flash等网页制作工具，以及熟练使用Word、Excel、PowerPoint等办公软件。

在思想方面，我积极追求进步，早在高中时，我就光荣地加入了中国共产党。大学四年中，我积极参加社会活动，是"太阳雨"文学社成员，这些活动培养了我的组织能力，磨砺了我的意志品质，丰富了我的学习生活。假期的多种社会实践也给我积累了很多经验。

稳重、勤奋、认真以及力求上进是我的个人特点。天行健，君子以自强不息。事业上的成功需要知识、毅力、汗水、机会的完美结合。同样，一个单位的荣誉需要承载它的载体——人的无私奉献。我恳请贵单位给我一个机会，让我成为你们中的一员，我将以无比的热情和勤奋的工作回报您的知遇之恩，并非常乐意与未来的同事合作，为我们共同的事业奉献全部的真诚和才智！

随信附上个人求职简历，期盼能得到您的回音！

最后谢谢您能在百忙之中给予我的关注。

此致

敬礼

×××

××××年××月

对于我们即将毕业找工作的同学来说,虽然没有工作经历和经验可写,但是要把自己在学校的实习经历或者分小组做的大作业,在其中担任的角色及任务完成情况写出来,这样给用人单位领导的印象并不是死读书,而是学以致用,进行了岗位练兵,从而加大了录用概率。

三、个人简历

个人简历应该浓缩大学生活或研究生生活的精华部分,要写得简洁精练,切忌拖泥带水。个人简历后面,可以附上个人获奖证明,如三好学生、优秀学生干部证书的复印件,外语四、六级证书的复印件以及驾驶执照的复印件,这些复印件能够给用人单位留下深刻的印象。个人简历是自己学习和实习生活的简短集锦,也是求职者自我评价和认定的主要材料。它是一扇窗户,能使用人单位透过它了解到求职者的部分情况,也能激起用人单位与求职者进一步接触的浓厚兴趣。

(一) 个人简历的内容

(1) 基本情况。姓名、地址、邮政编码、电话号码,这些一定要填写正确、清楚,以确保准确无误地联络。

(2) 求职目标。简述你目前的求职目标。如果面临多种机会的选择,最好将它们定为一个概括性的目标,这样就为自己创造了一个广阔的择业机会。

(3) 资格。简述获得你意中职位的资格,写有成绩的经历不要吝啬。描述时,不要公开自己的坏消息或劣势,而要择优选用,但不要说假话。

(4) 成就。将自己的主要成就列成一览表。具体办法是将自己的成就列成几个小条目,每个条目后附上几个例子。在描绘成就时,可以用富有表现力的、有一定分量的词,如开发、研制、创造、完成、组织、设计、策划、协调、管理、训练、节省、有效等。

(5) 就业经历。首先列出最后一份工作,然后依次向前追溯。所列内容包括:每次就业的日期(写出季节、月份即可)、头衔、公司名称和工作地点、所从事的工作。对多数大学生来讲,就业经历大多是业余时间打短工或假期勤工俭学。

(6) 有关课程。列出你所学过的用人单位或雇主可能感兴趣的各种课程,并把它们编组、排序,不一定要将所有课程全部列出;在编组时把最能体现你所选职位的课程列出,然后按与此相关程度的大小依次排列。

(7) 附件。包括履历表、学历证书、培训证书、获奖证书、其他证明材料。如果再附上一些能反映个人特长的近期照片,效果就会更好。在求职信的最后,应列出一份附件的清单,以引起招聘人员对附件的注意。

（二）简历制作注意事项

1. 强调成功经验

列出具体数据,雇主们想要证明你的实力的证据。记住要证明你以前的成就以及你的前雇主得到了什么益处,包括你为他节约了多少钱、多少时间,你有什么创新等。强调以前的事件,然后一定要写上结果,例如,"组织了公司人员调整,削减了无用的员工,每年节约资金60万元。"

2. 醒目而简短

审视一下简历的空白处,用这些空白处和边框来强调你的正文,或使用各种字体格式,如斜体、大写、下划线、首字突出、首行缩进。用计算机来打印你的简历。雇主可能会扫视你的简历,然后花30秒来决定是否召见你,所以一张纸效果最好。如果你有很长的职业经历,一张纸写不下,试着写出最近5~7年的经历或组织出一张最有说服力的简历,删除那些无用的东西。

3. 为你的简历定位

雇主们都想知道你可以为他们做什么,含糊的、笼统的并毫无针对性的简历会使你失去很多机会。为你的简历定位。如果你有多个目标,最好写上多份不同的简历,在每一份上突出重点,这将使你的简历更有机会脱颖而出。简历的真正作用不在于告诉用人单位"我是什么样的人",而在于告诉它"我就是你想录用的人"。

4. 写上简短小结

这其实是最重要的一个部分,"小结"可以写上你最突出的几个优点。很少有应聘者写这几句话,但雇主们却认为这是引起注意的好办法。

5. 力求准确

文字、语法要准确无误。在调查中许多招聘人员都说他们最讨厌错别字。许多人说:"当我发现错别字时我就会停止阅读。"所以,简历要认真写。雇主们总认为出现错别字说明人的素质不够高或者不够细心。

6. 注意简历的规范性

虽然简历不像公文那样有严格的格式,但也有一定的规范性。如使用A4纸打印,一般不使用彩色纸,内容从个人信息开始等,都体现出它的规范性,随意设计的简历往往被招聘人员随手丢到垃圾桶里。简历可以表现你的独创性,但一定不能太另类,另类在公司文化里是不被接受的。当然需要创意的行业就对此没有限制了,如广告业,你完全可以制作海报形式或者广告形式的简历,更能吸引雇主的注意。

另外,现在彩色打印也渐渐流行起来,只要设计得当,并且你预算充足,也可以采用。不过用彩色打印不宜颜色太鲜艳繁杂以致喧宾夺主,盖住了内容的重要性。

【小贴士】

某学生的求职简历

基本资料

姓　名	＊＊＊＊	照片
出生年月	1986-10-02	
生源地	安徽蚌埠	
身　高	175cm	
目前所在	河北石家庄	
电　话	＊＊＊＊	

综合信息（经历、证书、技能）

毕业院校	××科技大学	专业	纺织工程（20××-2010）
英语	CET四级（正准备六级）	计算机	AutoCAD VB MATLAB
校内表现	辩论赛最佳辩手、话剧比赛二等奖、校社团社长、志愿活动先进个人		

工作实习经历

单位	北京××护卫公司（20××-7到20××-9）
职能	保安（值班巡逻）
工作说明	按照北京电网公司合同规定的线路，巡护奥运输电线路安全，保证奥运电力的正常运行，在工作期间，很好地完成巡逻任务，任务区段内没有发生任何险情
单位	南京多味坊食品公司（20××-7到20××-9）
职能	销售（推销）
工作说明	向南京的汽车站、火车站、公交站及附近商业点推销公司产品，取得了很好的销售业绩，占公司新增业务的近一成。

自我评价

1. 吃苦：我最满意的就是自己对吃苦做好的准备。我觉得吃苦是成功的必由之路。我有时感觉不吃点苦，就很难达到自己理想的成绩。在我心里始终认为，做事，肯定先苦后甜，没有什么是能够轻易得到的。当我的汗水累积足够多，我就离我的目标不远了。

2. 汲取：在生活里，我是个乐观开朗的人，喜欢与人分享交流，与人交流是快乐的，同时会收获很多。每个人都有你我所不了解的东西，和他们在一起，我能不停汲取，汲取经验，分享对生活对工作的感悟，时时刻刻都能感到自己的进步。我把生活看作一个学习的过程，只要用心，时刻都能有营养供我进取。

3. 合作：我做事不太习惯封闭在自己的范围内，与人合作，能提高做事的效率和效果。而且在做事过程中，若能成功协调各人能力及利益，那就感觉更好。如果没有了内部矛盾，大家就能集中力量一起努力，就能把团队作用发挥到最强。

4. 纠错：反省能力强，对于别人的批评，能真诚接受，别人的批评总有产生的原因，我如有错能迅速纠正。

续表

意向应聘职位：销售类
对应聘岗位-销售业务的认识： 　　我觉得做销售既考验人的心理,也考验科学销售。你得科学客观地了解客户心态、市场走向、对手的信息……它们允许有小偏差,但不能有误差。获得信息越准确,成功概率越高,销售成绩越好。但做这些的大前提,就是你得懂行,也就是知己,知道自己手里的牌什么特点,长在哪里,短在哪里。在销售中,把握人脉很重要,你的关系网很有可能就是你将来的销售网。"不要放弃任何一个你可以记录的电话"。营销很考验人,也很锻炼人,它能磨炼最好的人才,我想不怕苦,也是它的基本要求之一。
我觉得自己适合这个职位的原因： 　　1. 我有基础行业知识。纺织专业出身,学过材料学、化学,可以节省对产品的熟悉周期。 　　2. 我不怕吃苦,不惧陌生环境,对于考验,我能咬牙抗过去,我相信困难总会被克服的。 　　3. 我对于把握客户的心理,有一些底气。在生活中,我经常是同学谈心的对象,对于不同人的思想,理解的比较多。 　　4. 我做事情有很好的直觉,能预判事情的走向。洞察力很敏锐,在工作中,我应该同样可以感知市场的变化。对于人脉,现在的人都挺重视的,我也一样,很受朋友喜欢,熟power朋友的各种信息。 　　5. 销售经验丰富,曾多次在不同地方做过销售工作,在学校也做过代售日化产品业务。

你的个人简历被5元出售？智联招聘回应16万份简历泄露

　　近日,据中国消费者报报道,一起"智联招聘"员工参与倒卖公民个人信息的案件在北京市朝阳法院第二次开庭审理。据报道,一份填满详细个人信息的简历在出售时,价格仅为5~6元不等,该案涉及公民个人信息高达16万余份。

　　简历是如何被泄露出去的？信息泄露后是否有补救措施？7月9日,智联招聘对此接受了媒体采访回应简历泄露一事。据智联招聘公关部相关负责人介绍,2018年6月,公司员工发现有人在淘宝上售卖简历,随即报警。据警方调查,该案为一名无业人员通过伪造假的企业执照,勾结公司员工以骗取企业会员账号的方式获得大量简历而后在淘宝上进行销售。

　　智联招聘公关部相关负责人表示,公司对倒卖用户信息的行为零容忍,现在一方面在管理层面加强相关培训;另一方面也通过技术手段推出新举措,防范此类事件再次发生。

　　媒体通过梳理发现,这次的泄露事件已不是智联招聘员工首次盗卖客户简历的情况了。2017年6月2日,北京市朝阳区法院审理智联招聘员工私售15万条简历一案。智联招聘大客户部销售申某利用智联招聘网站系统漏洞,于2016年3月至10月间,在智招聘的客服李某帮助下,将该网站15.5万余条个人简历廉价卖给余某。官网报价为50元一条的简历,他们卖出的价格为2至2.5元一条。

同时,除了员工的管理问题,智联招聘网站也曾被曝出存有漏洞。2014年12月3日,漏洞报告平台乌云网曝出智联招聘存在漏洞,涉及86万用户简历信息泄露。对此,智联招聘表示,乌云网站上公布的疑似泄露信息图片中,标有智联招聘字段的简历信息,绝非来自智联招聘。

资料来源:http://capital.people.com.cn/n1/2019/0711/c405954-31226897.html. 2019-07-11.

第三节 求职面试技巧

在求职材料得到认可之后就进入了非常关键性的环节——面试环节,一般面试合格后就意味着可以进入应聘企业了。面试的时间往往非常有限,如何在短暂的时间里能成功获得面试人员的青睐,在竞争中脱颖而出,以下一些建议能帮助你在各种面试中获得成功。

一、面试前

从接到面试通知开始,就要积极做好面试前的准备工作。俗话说:"不打无准备之仗",面试前的准备越充分,面试时就越能够表现出众,那么面试之前要做些什么呢?

1. 搜集应聘公司信息

应聘公司的信息包括企业基本资料、成立日期、董事长/总经理(老板背景、经营理念、现阶段营运策略)、产业概况(营业内容/产品项目)、分公司/海外据点、经营绩效、资本额/员工数/组织架构等,总之通过各种途径对该公司了解越详细,越有利于把握该公司的状况和需求。

2. 提前做好准备

事先观察地点或了解路线,模拟演练面试过程,与他人分享及请教面试经验和心得。服装很重要,要准备干净合宜的衣着服饰,随身携带履历表、笔、笔记本等,提醒自己应注意的礼貌,避免过多口头禅。面试前准备一份在一两分钟内的推销自己的"广告",可以肯定的是,对方将要求面试者回答"请谈谈你自己"或某个意图与此完全相同的问题。建议准备一小段与所求职位相符的有关自身背景的"广告词"。

3. 心理准备

保持一颗平常心,相信自己。既然企业给了自己面试机会,就说明自己的状况企业满意,所以只要在面试中发挥出自己的水平就有希望。在面试前一天,一定要保证充足的睡眠,不要熬夜。

二、面试当天

1. 防止求职陷阱

为了防止出现意外和求职陷阱,应提前清楚地告诉亲友面谈时间、地点;并提前15分钟到达观察公司场地与员工穿着,如果发现公司所在地是居民小区,人员很不正规,可以提前离开。另外不要随便交付证件正本,不要随便缴纳任何名目的费用。

2. 注意着装和自信

求职当天服装仪容应自然大方得体,符合工作需要。精神奕奕充满活力,穿戴整齐整洁,勿做"白雪公主"或"王子"。态度上要面带微笑、积极开朗、保持自信。交流过程中勿眼光闪烁,可注视对方眼睛。语音语调上要保持口齿清晰,态度诚恳,避免小动作(转笔、抓头、敲桌、折名片、弹手指等)和口头禅。

三、面试流程

进入面试公司后,面试活动就展开了。在等候室等待面试时,应避免无精打采的举止仪态行为。当叫到自己的名字时,应轻轻地叩门二次,此为一般进入面试会场的礼节。

进入面试会场后,求职者应正对着房门,将房门轻轻带上,然后背对着房门向面试主考官微笑点头问好,待面试主考官说请坐后,方可就坐。入座后,只坐座椅的前半部分,这是维持良好坐姿的最佳方法。在面试的问答过程中,目光视线应时时注视着主考官的眼睛;面试结束后,应起立横移至座椅的旁边,并礼貌道谢。最后身体正面迎向主考官,将房门轻轻带上。

四、面试的测评内容

1. 仪表举止

这主要来自于对求职者的外貌、体态、衣着、举止以及精神状态的观察所获得的信息。对于某些职业,如国家公务员、教师、公关人员、企业管理人员等,在仪表风度方面的要求较高。

2. 教育背景与工作经验

根据求职者的个人简历和有关资料对求职者进行相关的提问,弄清求职者的教育及培训背景以及过去的工作情况,以补充和证实其所具有的实践经验。

3. 语言表达能力

主要考察的是求职者是否能够将自己的思想、观点、建议和意见等清晰而流畅地用语言表达出来。考察的内容包括表达的流畅性、逻辑性、准确性和感染力等。

4. 思维分析能力

通过对求职者提出问题进行考察。考察的指标主要有:是否抓住问题的本质,分析问题是否全面,思维是否有逻辑,思维的灵活性如何,思维是否有条理,是否善于把握事物之间的联系,等等。

5. 自我认知能力

往往要求求职者对自己做出评价。例如,经常让求职者自己来评价一下自己的特点、自己的主要优点和不足。

6. 应变能力

主要是考察求职者对突发问题的反应是否机智敏捷,对意外事件的处理是否得当,反应的迅速性和准确性如何。

7. 情绪稳定性与自我控制能力

在面试中,通过给求职者施加一定的压力或精神刺激,可以考察其情绪稳定性和自我控制能力。

8. 人际交往意识与技巧

询问过去曾参加过哪些人际交往的活动,喜欢与什么类型的人打交道,在各种社交场合中所扮演的角色,这些可以考察求职者的人际交往倾向和与人相处的技巧。

9. 进取心与成就动机

通常要询问求职者关于未来职业规划的问题,从中可以看出求职者的进取心和成就动机。

10. 求职动机

主要是指求职动机与拟任职位的匹配性。了解求职者为什么希望来某用人单位工作,对哪类工作感兴趣,在工作中追求什么,从而判断某用人单位所提供的职位或工作条件等能否满足其工作要求和期望。

五、面试的技巧

(一) 基本注意事项

1. 要谦虚谨慎

面试和面谈的区别之一就是面试时对方往往是多数人,其中不乏专家、学者,求职者在回答一些比较有深度的问题时,切不可不懂装懂,不明白的地方就要虚心请教或坦白说不懂,这样才会给用人单位留下诚实的好印象。

2. 要机智应变

当求职者一人面对众多考官时,心理压力很大,面试的成败大多取决于求职者是否能机智果断,随机应变,能当场把自己的各种聪明才智发挥出来。

首先,要注意分析面试类型。如果是主导式,你就应该把目标集中投向主考官,认真礼貌地回答问题;如果是答辩式,你则应把目光投向提问者;如果是集体式面试,分配给每个求职者的时间很短,事先准备的材料可能用不上,这时最好的方法是根据考官的提问在脑海里重新组合材料,言简意赅地作答,切忌长篇大论。

其次要避免尴尬场面。在回答问题时常遇到这些情况:未听清问题便回答,听清了问题自己一时不能作答,回答时出现错误或不知怎么回答,这些情况可能使你处于尴尬的境地。避免尴尬的技巧是:对未听清的问题可以请求对方重复一遍或解释一下;一时回答不出可以请求考官提下一个问题,等考虑清楚后再回答前一个问题;遇到偶然出现的错误也不必耿耿于怀而打乱后面问题的思路。

3. 要扬长避短

每个人都有自己的特长和不足,无论是在性格上还是在专业上都是这样。因此在面试时一定要注意扬我所长,避我所短。必要时可以婉转地说明自己的不足,用其他方法加以弥补。

例如,有些考官会问你这样的问题:"你曾经犯过什么错误吗?"这时候就可以选择这样回答:"以前我一直有一个粗心的毛病,有一次实习的时候,由于我的粗心把公司的一份材料弄丢了,害的老总狠狠地把我批评了一顿。后来我经常和公司里一个非常细心的女孩子合作,也从她那里学来了很多处理事情的好办法,一直到现在,我都没有因为粗心再犯什么错。"这样的回答,既可以说明你曾经犯过这样的错误,回答了招聘官提出的问题,也表明了那样的错误只是在以前出现,现在已经改正了。

4. 显示潜能

面试的时间通常很短,求职者不可能把自己的全部才华都展示出来,因此要抓住一切时机,巧妙地显示潜能。例如,应聘会计职位时可以将正在参加计算机专业的业余学习情况"漫不经心"地讲出来,可使对方认为你不仅能熟练地掌握会计业务,而且具有发展会计业务的潜力;应聘秘书工作时可以借主考官的提问,把自己的名字、地址、电话等简单信息写在准备好的纸上,顺手递上去,以显示自己写一手漂亮字体的能力等。显示潜能时要实事求是、简短、自然、巧妙,否则也会弄巧成拙。

(二)面试时如何消除紧张感

由于面试成功与否关系到求职者的前途,所以大学生面试时往往容易产生紧张情绪,有的大学生可能还由于过度紧张导致面试失败。所以紧张感在面试中是常见的。紧张是应考者在考官面前精神过度集中的一种心理状态,初次参加面试的人都会有紧张的感觉,慌慌张张、粗心大意、说东忘西、词不达意的情况是常见的。那么怎样才能在面试时克服、消除紧张呢?

1. 要保持平常心

在竞争面前,人人都会紧张,这是一个普遍的规律。面试时你紧张,别人也会紧张,这是客观存在的,要接受这一客观事实。这时你不妨坦率地承认自己紧张,也许会求得理解。同时要进行自我暗示，提醒自己镇静下来，常用的方法是大声讲话，把面对的考官当熟人对待；或掌握讲话的节奏，"慢慢道来"；或握紧双拳、闭目片刻，先听后讲；或调侃两三句；等等，都有助于消除紧张。

2. 不要把成败看得太重

"胜败乃兵家常事"要这样提醒自己，如果这次不成，还有下一次机会；这个单位不聘用，还有下一个单位面试的机会等着自己；即使求职不成，也不是说你一无所获，你可以分析这次面试过程中的失败之处，总结经验，得到宝贵的面试经验，以新的姿态迎接下一次的面试。在面试时不要老想着面试结果，要把注意力放在谈话和回答问题上，这样就会大大消除你的紧张感。

3. 不要把考官看得过于神秘

并非所有的考官都是经验丰富的专业人才，考官可能在陌生人面前也会紧张，认识到这一点就用不着对考官过于畏惧，精神也会自然放松下来。

4. 要准备充分

实践证明，面试时准备得越充分，紧张程度就越小。如果考官提出的问题你都会，还紧张什么？"知识就是力量"，知识也会增加胆量。面试前除了进行道德、知识、技能、心理准备外，还要了解和熟悉求职的常识、技巧、基本礼节，必要时同学之间可模拟考场，事先多次演练，互相指出不足，相互帮助、相互学习，到面试时紧张程度就会减少。

5. 要增强自信心

面试时应聘者往往要接受多方的提问，迎接多方的目光，这是造成紧张的客观原因之一。这时你不妨将目光盯住主考官的脑门，用余光注视周围，既可增强自信心又能消除紧张感。在面试过程中，考官们可能交头接耳，小声议论，这是很正常的，不要把它当成精神负担，而应作为提高面试能力的动力；你可以想象他们的议论是对你的关注，这样你就可以增加信心，提高面试的成功率。

面试中考官可能提示你回答问题时的不足甚至错误，这也没有必要紧张。因为每个人都难免出点差错，能及时纠正就纠正，是事实就坦率承认，不合事实还可婉言争辩，关键要看你对问题的理解程度和你敢于与主考官争辩真伪的自信的程度。

（三）面试时应注意的礼仪

1. 服饰要得体

应聘者在去求职面试前，必须精心选择自己的服饰。即服饰要与自己的身材、身份相符，表现出朴实、大方、明快、稳健的风格。在面试时，着装应该符合时代、季节、场所、收入的条件，并且要与自己应聘的职业相协调，能体现自己的个性和职业特点。

如应聘的职位是机关工作人员、管理人员或教师、律师等，打扮就不能过于华丽，而应选择庄重、素雅、大方的着装，以显示出稳重、严谨文雅的职业形象；如应聘的职位是导游、公关、服务员等职位,则可以穿得时髦、艳丽一些,以表现热情、活泼的职业特点。

一般说来,服饰要给人以整洁、大方得体的感觉,穿着应以保守、庄重一点为好,不要追求时髦,浓妆艳抹;尤其是女性,如果衣着过于华丽,描眉搽粉,项链、耳环、戒指都戴上,这样会给用人单位一种轻浮的印象,影响面试的成绩。此外,如果衣服的面料、品牌都挺好,却不洗不熨,不按正确的方法穿着,也容易给人一种精神不振的感觉。女同志的装束以朴实、庄重为好,男同志则以整洁、干练为好。

2. 遵守时间

守时是现代交际时效观的一种重要原则,是作为一个社会人要遵守的最起码的礼仪。面试中,最忌的就是不守时,因为等待会使人产生焦急烦躁的情绪,从而使面谈的气氛不够融洽。有专家统计,求职面试迟到者获得录用的概率只有不迟到者的一半。可见,守时这一礼仪在面试中的重要性。

因此,面试时,千万不能迟到,而且最好能够提前十分钟到达面试地点,以有充分的时间调整好自己紧张的情绪,也表示求职的诚意。假如依照约定的时间匆匆前往,对方也许已在等候你,那样就显得你欠礼貌、欠诚意,同时还容易使你情绪紧张而影响面试效果。遵守时间有时还会有这样一种含义,即要遵守事先约定的面试时限。有时招聘者主动提出只能谈多长时间,有时需要你主动问可以谈多长时间,无论何种情况,求职者都一定要把握好时间,以体现你的时间观念和办事效率。

3. 表情要自然,动作要得体

进门时,不要紧张,表情越自然越好;在对方没有请你坐下时切勿急于坐下,请你坐下时,应说声"谢谢";坐下后要保持良好的坐姿,不要又是挠头皮、抠鼻孔,又是挖耳朵,或跷起二郎腿乱抖。对于女同学来讲,动作更应得当,任何轻浮的表情或动作都可能会让招聘人员对你不满。另外各种手势语也要恰当得体、自然。

4. 要讲究文明礼貌

进门时应主动打招呼:"您好,我是某某",如果是对方主动约自己面谈,一定要感谢对方给自己这样一个机会;如果是自己约对方面谈,一定要表示歉意"对不起,打扰您了"等。面谈时要真诚地注视对方,表示对他的话感兴趣,绝不可东张西望,心不在焉;不要不停地看手表,否则,显得不尊重对方。

另外,对对方的谈话的反应要适度,要有呼应。他说话幽默时,你的笑声会增添他的兴致;他说话严肃认真时,你屏住呼吸则强化了气氛,这种反应要自然坦率,不能故意做作或大惊小怪地做出表情。

5. 保持安静

在等候面试时,不要到处走动,更不能擅自到考场外面张望;求职者之间的交谈也应尽可能地降低音量,避免影响他人应试或思考。最好的办法就是抓紧时间熟悉可能被提问的问题,积极做好应试准备。

6. "听"的学问

有位大学毕业生到一家编辑部去求职,主编照例同他谈话,开始一切都很顺利,由于对他第一印象很好,主编后来就拉家常式地谈起了自己在假期的一些经历,大学生走了神,没有认真去听。临走时,主编问他有何感想,他回答说:"您的假期过得太好了,真有意思。"主编盯了他好一会儿,最后冷冷地说:"太好了? 我摔断了腿,整个假期都躺在医院里。"可见,善于聆听,是面谈成功的又一个要诀。那么怎样听人说话才能取得对方的好感呢?

首先,要耐心。对对方提起的任何话题,你都应耐心倾听,不能表现出心不在焉或不耐烦的神色,要尽量让对方兴致勃勃地讲完,不要轻易打断或插话。

其次,要细心。也就是要具备足够的敏感性,善于理解对方的"弦外之音",即从对方的言谈话语之间找出他没能表达出来的潜在意思,同时要注意倾听对方说话的语调和说话的每一个细节。

再次,要专心。专心的目的是要抓住对方谈话的要点和实质,因此,你应该保持饱满的精神状态,专心致志地注视对方,并有表示听懂或赞同的声音或动作;如果对方提出的问题本身很明确,但你没有完全理解,那么你可以以婉转诚恳的语言提出不明确的部分,对方会进一步解释的。这样既能弄清问题的要点和实质,又能给对方以专心致志的好印象。最后,要注意强化。要认真琢磨对方讲话的重点或反复强调的问题,必要时,你可以进行复述或提问,如"我同意您刚才所提的⋯⋯""您是不是说⋯⋯"重复对方强调的问题,会使对方产生"酒逢知己千杯少"的感觉。

7. 交谈的学问

"听"有学问,"说"同样有学问。参加面谈的求职者不可避免地会产生不同程度的紧张情绪或羞怯心理,因此你谈话之前应尽可能地消除紧张、克服羞怯,并坦率、谦虚地告诉对方"对不起,我有点紧张"等,对方会理解你,甚至会安慰你,帮助你放松。承认紧张对推荐自己没有什么消极影响,反而会显示你实在、坦率和求职的诚意,这是良好交谈的第一步。

其次,采用呼应式的交谈,并巧妙地引导话题。求职面谈既不同于当众演讲,又不同于自言自语,而在于相互间的呼应。成功的对话是一个相互应答的过程,自己每一句话都应是对方上一句话的继续,并给对方提供发言的余地,还要注意巧妙地引导话题。如当所谈内容与求职无关,而对方却大谈特谈时,你可以说:"这件事很有意思,以后一定向您请教。现在我有个问题不明白⋯⋯"从而巧妙地转移了话题;"您认为某项工作应具备哪些素质?"从而引起双方兴趣的话题。

再次,谈话要动之以情,处处表现情真意切,实实在在。不要海阔天空,华而不实,更不能虚情假意,说假话、空话。另外,人们在紧张的情况下,往往讲话的节奏加快,这不利于进行情感交流。因此,谈话时应掌握节奏,必要时可用机智、幽默、风趣的语言使双方都放慢谈话的节奏。

8. 尊重对方,善解人意

取得招聘者的好感必须真正尊重对方,善解人意。在求职时往往有这种情况:招聘者的资历或学历、职称等可能不如求职者,此时千万不能妄自尊大。如果一旦流露出不尊重对方的表情,处处显示出优于对方、待价而沽的情绪,引起了对方的反感,往往会将好事办砸。

(四)面试九忌

1. 忌握手无力,靠近主试者过近

中国人见面问候的方式是握手,面试时与主试者应恰如其分地轻轻一握,不要有气无力地被动握手,给对方一种精力不足、身体虚弱之感。落座后应与对方保持合适的距离,不能过分靠近对方,逼视对方;更不能以姓名称呼主试者,而应时时表现出你对他们的尊敬。

2. 忌坐立不安,举止失当

面试时绝不能做小动作,如摇头晃脑、频频改变坐姿,更不能嚼口香糖、抽烟。主试者可能示意你抽烟,但最好谢绝他的好意。主试者的"宽宏大量"是暴露应聘者弱点的最佳武器之一,在整个面试过程中,注意不要让自己的小毛病浮出水面。

3. 忌言语离题

有的求职者讲话不分场合,不看对象,让主试者听得莫名其妙。例如,说些俗不可耐的笑话,谈及家庭和经济方面的问题,讲些涉及个人生活的小道消息,或随意对面试室的家具和装修评头论足。主试者可没有时间猜测你真正想表达的是什么。

4. 忌说得太急

言谈中迫不及待想得到这个工作,急着回答自己没听清或没有理解透彻的问题,而不是有礼貌地请对方再说一遍或再说明;不加解释就自称掌握某种技术,何处培训、何时参加、何人教授一律避而不答,令人生疑。

5. 忌提问幼稚

在向考官提问时要考虑自己提的问题是否有价值或者主考官已经回答过或解释过。千万别提一些很幼稚的问题,如"办公室有空调吗?""你知道某某主任在哪里吗?"。

6. 忌言语粗俗

粗俗的语言,毫不修饰语言习惯并不代表你男子汉的气概或不拘小节,反倒令人难堪、生厌。

7. 忌反应迟钝

聆听主考官讲话并非单纯用耳朵,还包括其他的器官;不仅用头脑,还得用心灵。如果对方说话时你双眼无神、反应迟钝,这足以让考官对你失去信心,不论你将来如何推销自己,基本上都是徒劳,败局已定。

8. 忌做鬼脸

顽童做鬼脸，人们往往觉得其天真可爱，而且在平时人们的表达中也经常用到。但是，在面试中，夸张的鬼脸会使主试者认为你过于造作、善于伪装、会演戏；另外，表达恶意的鬼脸更容易令对方觉得你没有礼貌、无教养。

9. 忌像个嫌疑犯一般

应聘者应当意识到面试是一种机会平等的面谈，不是公安机关审讯嫌疑犯。不要过多理会主试者的态度。一开始就与你谈笑风生的主试者几乎不存在，多数人的表情都很严肃。但应聘者还是应该把自己解放出来，不要担当被审查的角色。这样才利于自己正常的发挥，自信别紧张，保持微笑。

职场面试只是套路而已，3大技巧助你轻松拿下offer

在我们的日常生活中，无论考研留学还是找工作，面试都是避无可避最重要的一环。而大学应届毕业生找工作面试，其实并不难，只要掌握了HR的套路，往往可以披荆斩棘、无往不利。

但有些人却因为不懂面试的套路，与自己心仪的工作失之交臂。而那些深谙"游戏规则"的人，则成功上岸。那么，面试到底有什么"潜规则"呢？这里有三点送给你，掌握以后让你轻松拿下职场首秀。

职场面试只是套路而已，3大技巧助你轻松拿下offer。

1. 调整求职心态

很多人在求职过程中都有一种学生思维，觉得自己去求职面试的时候，低于用人单位或是HR一等，导致自己在面试表现或是谈薪资的时候没有底气。

求职本身就是双向选择的事情，你展示出自己的真实水平，根据市面价值给自己合理开价，用人单位根据自己的用人要求来选择人才，两相情愿一拍即合，不合适再找就是了。

2. 优质的自我介绍让你成功一半

一个好的开始，就是成功的一半。如果你能在面试一开始就做出一个精彩的自我介绍，让面试官眼前一亮，便能够迅速抓住他们的注意力，从而会更有利接下来的面试。

那如何能有一个完美的自我介绍呢？有这2点就够了。

首先，介绍简单的基本信息，即使简历上写得很详细。因为你要知道，不是所有的面试官都有时间或者精力去看简历，并记得清清楚楚。优秀的学历、成功的学校活动策划，都能够引起面试官的注意，为你加分。

其次,列明你的优势,表达你的价值。因为公司是要你来提供价值,而不是无偿扶贫。要想获得相应的工资和待遇,就要提供相应的价值。一旦你将自己的优势和特点成功推销出去,那么这场面试,已经胜券在握了。

3. 要有特点,但不宜锋芒太露

大家都在应聘,如果条件也没啥突出的,那么你的谈吐及说话内容就要有与众不同之处,来给对方留下深刻的印象。

如果你没有自身的特长,就要刻意去思考一些更好的办法,但不要太另类,太哗众取宠,这样反而弄巧成拙;可是同时也不要把锋芒显得太突出,毕竟这是应聘,锋芒太露有些时候会带来意想不到的副作用。

当然个性是要有的,但很可能不是你自己认为的那种个性。某应聘者在应聘时,曾这样说道:"如果领导给我充分的空间,我会把工作做好。"

其实简单的一句话虽然不能代表什么,但是很容易给面试考官留下容易不服从领导、自作主张的印象,因此会给面试印象大打折扣。面试是职场上的一场硬仗,但面试也有套路可循,所以并不可怕。

资料来源:http://news.sohu.com/a/528104224_120012591,2022-03-08.

【复习思考题】

1. 从哪些渠道得到求职信息?
2. 面试中要注意哪些礼仪?

【情景模拟】

(1) 模拟情景:某企业面试现场。

(2) 模拟目的:通过现场观摩或模拟,对求职面试礼仪有直观的了解和印象,并对具体的要求能有较深的记忆。

(3) 模拟环节:要求学员按照求职面试要求着装,由老师带队组成面试考官,从进入公司开始考察学员着装、举止、言谈中哪些地方不符合面试要求,并由学生观察指出。

(4) 技能要求:熟练面试礼仪,在实践中发现问题并及时纠正,提高实际操作能力。

拓展阅读8.1
面试官最爱提的11个问题,你都知道吗?

第九章

跨文化沟通

【学习目标】
1. 了解文化的含义及差异性的表现,理解文化差异对跨文化沟通的影响因素。
2. 掌握跨文化沟通的原则和策略。

【技能要求】
1. 掌握跨文化沟通的基本技巧。
2. 熟悉几个主要国家的文化风俗。

"一带一路"跨文化沟通与语言能力建设国际研讨会在沪举行

人民网上海12月24日电 12月21日,由上海财经大学外国语学院主办、上海财经大学-赫尔辛基大学联合跨文化研究中心协办的"一带一路"跨文化沟通与语言能力建设国际研讨会暨第四届语言研究青年学者海上论坛在上海财经大学举行。

本次国际研讨会以"一带一路"与构建"人类命运共同体"等国家战略为背景,聚焦跨文化沟通与语言能力建设的新思想、新理念、新方法,主要围绕"一带一路"跨文化沟通研究、组织机构与跨国企业(多语)语言能力建设、跨文化与多语教育等热门议题展开研讨。会议汇聚了国内权威学者、知名青年学者、(英国)社会科学院院士以及国内外期刊主编,来自全国各地的一百余名师生参加了此次研讨会。

开幕式上,上海财经大学党委副书记朱鸣雄教授、北京语言大学语言资源高精尖创新中心主任兼首席科学家李宇明教授、新南威尔士大学高雪松教授致辞,上海财经大学外国语学院院长乔晓妹教授主持。

朱鸣雄教授致辞时充分肯定了本次会议的召开正当其时,期待会议汇聚全球智慧,提升高校教育国际化的水平,助力跨文化领域的合作研究、国家和区域发展的智库建设,为推动建设人类命运共同体贡献智慧和力量。李宇明教授指出当今世界国际规则不断发生重大变化,语言学学科也面临新的发展机遇,语言学可利用社会科学和自然科学的各项技术实现跨学科发展,且应更加重视我国对公民语言能力的培养。高雪松教授介绍了由国内外知名学者牵头建立的国际青年应用语言学者联盟及其近几年的高质量学术活动,联盟致力于推动中国学者的国际发表,让国际学界有更多中国声音。

研讨会共设十三个主旨发言。在上午的主旨发言中,北京语言大学语言资源高精尖创新中心主任兼首席科学家李宇明教授深入分析了中国语言政策发展面临的"两个共同体"构建、人工智能时代以及中华文化弘扬和中国经济发展三大新形势。教育部语言文字应用研究所魏晖研究员主要从个体、机构、国家三个层面就"一带一路"语言文化交流能力进行了分析。北京语言大学高级翻译学院王立非教授指出我国的跨国语言管理研究的五个发展方向,并且依据最新研究成果构建了我国企业走进"一带一路"的跨国语言管理能力评价指标体系。同济大学外国语学院沈骑教授梳理了新中国成立以来中国国家外语能力建设的范式变迁,提出全球治理新时代应建构以资源范式为主的国家外语能力建设新范式。北京航空航天大学任伟教授调研了国际留学生在中国学习期间中文语用能力的习得发展,研究表明留学生在不同领域的语用能力发展受到留学时间、二语水平、与母语使用者的接触等多方面影响。上海财经大学外国语学院赵珂教授通过三个个案研究探讨中国双语及多语跨国公司的语言管理,指出公司之间与内部均存在不同的语言信念以及跨国公司在实施语言政策时使用的主要语言管理策略。

在下午的主旨发言中,英国伦敦大学学院应用语言学中心主任李嵬院士在报告中结合语言景观和语言政策的研究,聚焦目前受关注较少的书写混码现象,讲述了文字系统和文字书写混码现象的重要社会文化和政治含义。英国伦敦大学 Birkbeck 学院院长助理祝华博士结合对中国性讨论文献的批判性概述和对某国际品牌争议性广告的分析,提出应采用基于历史的跨文化视角,关注权力不平等在历史、人们的记忆以及期望的浸润。

英国华威大学 Malcolm N. MacDonald 教授对源于后殖民研究的第三性、第三文化、第三空间等相关概念在跨文化领域的产生、修正、与语境重置展开讨论,他还结合对目前中国跨文化现象的观察指出第三性这个概念的现实意义。

英国巴斯大学 Xiao Lan Curdt-Christiansen 教授介绍了巴斯大学新成立的中国与东亚教育研究中心的目标与战略,并着重介绍了中心语言与教育小组的主要研究活动,指出探索中国和东亚教育发展意义和潜在成果的研究变得越来越重要。澳大利亚新南威尔士大学高雪松教授和澳门大学龚阳博士从教师身份的视角探究在跨文化教学语境中对外汉语教师提升学生跨文化交际能力的教学实践,发现教师们的教学策略与他们的社会文化身份与职业身份有密切的联系与互动。

复旦大学外国语学院副院长郑泳滟教授调研了母语为汉语、第一外语为英语的学生学习西班牙语的动机,分组对照研究发现自愿学习者多呈现实现多语自我的积极性,而非自愿学习者的动机则主要受到英语普及化以及国家外语政策的影响。

上海外国语大学英语学院李茨婷教授和研究生李文栋调查了在中国留学的国际学生的社交网络对他们语用选择的影响,发现为了趋同或偏离汉语规则,参与者在使用、拒绝使用或创新修饰语中呈现了充分的主观能动性。

在主旨发言结束之后,大会开设参会者与期刊主编对话环节,参与此环节的嘉宾有 SSCI 一区期刊 International Journal of Bilingualism and Bilingual Education 主编李嵬教授、SSCI 一区期刊 Language and Intercultural Communication 主编 Malcolm N. MacDonald 教授、SSCI 一区期刊 System 主编高雪松教授、CSSCI 期刊《语言文字应用》执行主编叶青编审、CSSCI 期刊《外语教学》编辑刘锋博士。与会者踊跃参与,就期刊文章的质量把控、跨学科文章的发表等方面提出问题,五位主编从各自不同的期刊角度出发回答了问题,并且与与会者开展了富有建设性的讨论。

闭幕式由上海财经大学外国语学院副院长赵珂教授主持并致辞。本次会议为与会者提供了跨文化研究与实践的新思想、新理念和新方法,是开展国际广泛对话、交流和合作的重要实践。会议汇聚中外智慧,聚焦前沿话题,现场学术氛围浓郁,与会代表积极探讨、热情互动,以学术研究为引擎,对接国家战略、社会服务和企业需求,旨在促进"一带一路"沿线国家语言相通、民心相通、文化交流与文明互鉴,构建人类命运共同体。

资料来源:http://news.sufe.edu.cn/fd/91/c181a130449/page.htm. 2019-12-24.

第一节 文化与文化差异

一、文化的定义和特征

(一)文化的定义为何重要

首先,在跨文化沟通学中文化是一个至关重要的问题。研究时,不可避免进行文化对比。其次,在研究任何学科前,术语的界定是前提,关系到学科本身的科学性。最后,对于文化定义的讨论能够帮助了解文化的性质和特点。

(二)对于文化定义的一般性讨论

《现代汉语词典》中对于文化的定义如下。

(1)人类在社会历史发展过程中所创造的物质和精神财富的总和,(将文化分为三个层次:第一层是物质文化,是经过人的主观意志加工改造过的;第二层主要包括政治及经济制度、法律、文艺作品、人际关系、习惯行为等;第三个层次是心理层次,或称观念文化,包括人的价值观念、思维方式、审美情趣、道德情操、宗教感情、民族心理等)特指精神财富,如文学、艺术、教育、科学等。

(2) 考古学用语,指同一个历史时期的不以分布地点为转移的遗迹、遗物的综合体。

(3) 指运用文字的能力及一般知识。

关于文化的讨论大体有两种趋向。一种是广义的界定方法,认为文化是人类区别于其他动物的独特创造,包括人类所创造的一切成果——物质成果和精神成果;一种是狭义的界定方法,把文化当作是人类所创造的精神成果。对于文化的界定大致上从三个不同角度进行划分。

(1) 人学角度,强调文化的本质关系到人的本质,本质上是与自然相对的人造物,文化的本质是创造。

(2) 社会功能角度,强调文化是生产力,是信息和知识,是一种文化心态和符号系统。

(3) 传播学角度,强调传播是文化的本质,没有传播就没有文化。

(三) 我们所使用的文化的定义

文化是历史上创造的所有的生活形式,包括显型和隐型,包括合理,不合理以及谈不上是合理或不合理的一切,它们在某一个时期作为人们行为的潜在指南而存在。

(1) 文化是人们通过长时间的努力所创造出来的社会遗产。

(2) 文化既包括信念、价值观念、习俗、知识等,也包括实物和器具。

(3) 文化是人们行动的指南,为人们提供解决问题的答案。

(4) 文化并非生而知之,而是后天所学会的。

(5) 价值观念是文化的核心,可以根据不同的价值观念区分不同的文化。

二、文化的差异性

由于自然地理状况、历史发展过程的差异,不同国家和地区的价值观、生活习俗等表现出差异性。这些差异主要体现在以下几个方面。

1. 价值观念

价值观念是人们对社会生活中各种事物的态度、评价和看法。不同的文化背景下,人们的价值观念差别很大。价值观的差异表现在人们对年龄价值、时间价值、自我价值、生命价值等等方面的认知差异。不同的价值观念在很大程度上决定着人们的思维方式、生活方式,影响着对人、对事的看法,决定着人们交往的范围、方式和处理问题的方式。

2. 宗教信仰

不同的宗教信仰有不同的文化倾向和戒律,从而影响人们认识事物的方式、价值观念和行为准则。

3. 审美观

审美观通常指人们对事物的好坏、美丑、善恶的评价。不同的国家、民族、宗教、阶层和个人,往往因社会文化背景不同,其审美标准也不尽一致。有的地方以"胖"为美,有的地方以"瘦"为美,有的地方以"高"为美,有的地方则以"矮"为美,不一而足。例如,缅甸的巴洞人以妇女长脖为美;而非洲的一些民族则以文身为美,等等。

因审美观的不同而形成的消费差异更是多种多样。例如,在欧美国家,妇女结婚时喜欢穿白色的婚礼服,因为她们认为白色象征着纯洁,美丽;在我国,妇女结婚时喜欢穿红色的婚礼服,因为红色象征吉祥如意,幸福美满。又如,中国妇女喜欢把装饰物品佩带在耳朵、脖子、手指上,而印度妇女却喜欢在鼻子上、脚踝上配以各种饰物。

4. 风俗习惯

风俗习惯是人们根据自己的生活内容、生活方式和自然环境,在一定的社会物质生产条件下长期形成,并世代相袭而成的一种风尚,并由于重复、练习而巩固下来变成需要的行动方式的总称。它在饮食、服饰、居住、婚丧、信仰、节日、人际关系等方面,都表现出独特的心理特征、伦理道德、行为方式和生活习惯。

【小贴士】

不同的国家、不同的民族有不同的风俗习惯,它对人们的嗜好、生活模式、交往行为、消费行为等都具有重要的影响。

高佑思:为什么我们都要勇敢作跨文化交流的桥?

受访者简介:

高佑思,以色列籍,1994年出生,歪果仁研究协会会长、联合创始人,入选2019年中国福布斯"30位30岁以下精英"榜单(30 Under 30),是唯一入选的海外人士。高佑思的父亲早年就在中国经商,并决定将全家搬到中国。高佑思在香港读完高中后,考入北京大学国际关系学院,在2017年时和团队联合创办了歪果仁研究协会。歪果仁研究协会现已有超过1亿的全球粉丝,尤其高佑思和团队在香港经历"修例风波"、新疆经历"棉花风波"时探访两地的视频,受到海内外广泛关注。

近百年前,一批怀着好奇和勇气的西方记者,向世界介绍了不为外界了解的中国共产党和红色中国。而在今日中国,来自各国的"网红"们,以自己的镜头和视角,架起中国与海外双向了解的桥梁。高佑思(Raz Galor)便是其中引人注目的一位。去年新疆经历"棉花风波"时,他的团队专门前往新疆,探访包括棉农在内的普通新疆人的生活,并将所见所闻分享给中外观众,但也遭到一些西方媒体的恶意攻击。怎样看待这些攻击?又为何选择这样的题材?在他眼中,中国与世界的相互了解走到了哪一步?中新社"东西问"近日独家专访歪果仁研究协会会长、联合创始人高佑思,探讨了上述话题。

现将访谈实录摘要如下：

中新社记者：您为什么会想观察中国？

高佑思：我在多元文化的环境中成长，接受了三种不同的文化教育体系：以色列教育、希伯来语和犹太文化；国际教育、英语和西方式的知识体系；以及在中国接受的教育、中文和中国文化。这使我看到不同教育体系间的差异乃至偏见。

我的高中同学（高佑思高中就读于中国香港的一所国际学校）大多选择去美国、英国、加拿大等国的大学学习。而我爸爸一直看好中国，对中国感兴趣，受他的影响和鼓励，我来到内地上大学。我发现以前所了解的中国经济模式、政治体制、思维方式等与实际情况不太一样。这让我非常好奇，也对以前的教育体系有些失望：中国历史如此悠久，为什么过去的教育中却不太提及中国？为什么不去真正了解中国？

20年前，可能很多中国学生会选择去美国留学，学习西方的知识体系、技术创新。今天这个时代，为了更好地了解未来发展趋势，必须到中国学习。相信再过10年，很多人会更关注中国，不管是个人发展机会、科技水平还是经济模式。我觉得自己算是一个早期"冒险者"。

我所做的工作的本质是文化交流。如果我在别国学习生活，肯定也会努力了解那个国家。能在中国拍视频，对我来说是一种缘分。任何到国外的人，要做的第一件事就是尊重、理解和与当地人共情，这样才能成为好的跨文化交流者。

中新社记者：展现国家风土人情的短视频中，美食、风景等是比较常见的题材。而在香港经历"修例风波"、新疆经历"棉花风波"时，您和团队特地去当地拍摄，为何选择拍摄这类题材的视频？

高佑思：我和我的团队希望能成为一座双向的桥梁，让世界更好地了解中国，同时让中国更好地了解世界。无论去香港、武汉、新疆或者其他地方，都是同样的目标。

具体到每个视频，背后都有不同的故事。我在香港度过5年的青春时期，有种"本地人"的感觉。当看到香港出现一些乱象，我自己心里挺慌，也非常担心。拍香港的视频是我一个人去的，只带了一台相机，一是想去看看我的朋友们，第二是想知道香港为什么那么乱。系列视频发出后，海外观众的反应大多是心疼这个城市，但也有人攻击说我是带着政治立场去的，给我贴标签，但我不后悔。

去新疆跟香港不太一样。去年3月新疆"棉花风波"期间，我收到超过500条私信，其中有200多条是海外平台粉丝的私信，他们希望我能去新疆看看。我自己也一直想去新疆，有两个来自新疆的好朋友一直约我去玩，他们和一些人所说的新疆百姓形象完全不同，他们有海外留学背景、创业经历，也在北京、深圳这样的城市工作过。

收到私信后，我开始研究去新疆的行程。原以为去新疆可能需要特别证件或复杂手续，但我的新疆朋友说只需要订张机票。"这就可以了吗？""这就可以了。"这也打破了我对新疆的一个刻板印象。

在新疆拍视频很快乐。新疆像别的地方一样,大家有工作,有生活,有孩子,有学校。在路上有3个接受随机采访的朋友愿意带我去参观他们的家,挺可爱的。我很感谢他们,现在还有他们的微信。这很勇敢,毕竟一个陌生的外国人到你家还是一件奇怪的事。

中新社记者:新疆之行还有什么与你想象中的不同之处?

高佑思:有很多有趣的地方。比如从北京到新疆要飞8个小时,像国际航班。我觉得世界上没有哪个国家在8小时航程距离下还能体会到民族认同感,中国真是一个神奇的国度。这么多人口,能统一很不容易。

到了新疆以后,我发现新疆人特别友好。之前没想到棉花生产会如此大规模机械化作业,不过不能说是"被震撼",因为我对中国农业和农村的发展情况还是有所了解。比较令人惊讶的是他们的收入比我想象中高很多,比我在中国别的地方见过的农民收入更高一些。有个英国小哥在我的视频下留言,说在英国送外卖感觉还不如去新疆种棉花好。

中新社记者:您拍摄的新疆系列视频在中外平台上得到很多正向反馈,也有一些评论怀疑您的立场和视频真实性,甚至有西方媒体点名攻击。您怎么看待这些负面言论?

高佑思:我看那些评论,觉得挺可笑。新疆系列是随机拍摄的,拍的是大家好奇的东西。我们正好有一个视频系列叫"别见外",体验中国各种职业,所以正好在这个系列中加了一期体验在新疆种棉花的内容。但有人说这是与政府的合作。你无法控制别人怎么理解你,因为很难改变他们的固有偏见和刻板印象。

《纽约时报》写文章骂我的最大目的,不是要"黑"我,而是想让人们害怕做与中国相关的内容,即"你别碰我的观众"。我觉得这不可怕,但的确会影响到一些做类似事情的人。一些外国博主可能不会去做真正给外国人看的关于中国的视频了。

现在很多外国博主做中文的、给中国人看的内容,讲外国文化,帮助中国人了解其他国家,这很好。若仅此而已,文化交流就变成单行道,而不是一座双向的"桥"。现在中国人有很多渠道了解美国,通过努力学英语,学习美国历史、经济、文化,看美国电影,赞赏美国科技创新等,有更丰富的世界观。但要让美国人了解中国还是很难,其他国家对中国的了解程度与中国对那些国家的了解程度无法相提并论。我的视频可以"威胁"到某些西方媒体对中国的刻画,或者说能在一定程度上改变现状。

2022年我有一个大计划,准备去美国待两个月,接受一些媒体采访。我希望我的内容能被那些平常接触不到中国相关内容的外国人看到。从这个角度说,被某些西方媒体骂,其实也达到了目的:我的视频能被更多不了解中国的人关注。同样,我觉得香港、新疆经历这些风波,也让更多中国人和外国人更关注香港、新疆。"二战"中犹太人大屠杀的幸存者埃利·威塞尔(Elie Wiesel)曾说,冷漠比仇恨更可怕。什么都不做才是问题。

中新社记者:您觉得再过5年、10年,世界会更多了解中国吗?

高佑思:现在世界对中国的了解已经比几十年前好多了,从来华外国人数量、说中文的人数、中国文化作品的影响力、中国的科技发展、中国产品在海外畅销等方面都可以体现。海外民众了解中国的渠道是有的,但我也很疑惑在西方媒体方面,大量有关中国的内容为什么还是被政治化和负面化,这让我感到难过。

与此同时,新冠疫情还影响了本来还算不错的人文交流。此前许多外国人来中国学习或旅游,但受疫情影响,交流机会大大减少。即便如此,中国也还在做跨文化交流。从自身经验来说,我认为可以通过新媒体了解中国,因此需要培养跨文化交流的博主,由他们与本国民众沟通,展示真实的中国。这些人也应勇于去国外交流和接受外国媒体采访,不要害怕有些媒体的攻击,不要因此不敢回应和变得"冷漠",需要更勇敢地发声。否则海外的声音会更负面,他国民众更没有机会了解中国。

而且,这些内容可以更丰富,也不是所有外国媒体都不友好。很多媒体和受众其实更关心外国人在中国如何生活,有什么有趣的故事,中文怎么难学等问题。

我有信心,5年、10年之后世界会更了解中国。但这需要人们更勇敢地讲述中国故事,不仅是我一个以色列小哥,也需要更多中国人勇敢地去传播、讲中国故事。讲好你的故事,会有人想听,也会有机会改变固有印象。

资料来源:http://m.chinanews.com/wap/detail/chs/sp/9705844.shtml. 2022-03-18.

5. 语言文字

语言文字是人类交流的工具,它是文化的核心组成部分之一。不同国家、不同民族往往都有自己独特的语言文字,即使同一国家,也可能有多种不同的语言文字;即使语言文字相同,也可能表达和交流的方式不同。一些企业由于其产品命名与产品销售地区的语言等相悖,给企业带来巨大损失。

例如,美国一家汽车公司生产了一种牌子叫"奎克脱"(Cricket)的小型汽车,这种汽车在美国很畅销,但在英国却不受欢迎,其原因就在于语言文字上的差异。"Cricket"一词有蟋蟀、板球的意思,美国人一提到"Cricket"就想到是蟋蟀,汽车牌子叫"Cricket",意思是个头小,跑得快,所以很受欢迎。但在英国,人们不喜欢玩板球,所以一说"Cricket"就认为是板球,人们不喜欢牌子叫板球的汽车。

6. 伦理道德

道德是调整人与人之间关系的行为规范。不同国家和地区,经济发展水平不同,习俗不同,相应的道德规范也就不同。

跨文化沟通的 8 个法则

某公司的周老板发现自己被一家跨国企业列上了采购"黑名单",原因是"不讲诚信"。问题出在哪里?他想起了半年前助理给他翻译的一封客户采购经理皮埃尔(Pierre)

发来的电邮,说他们"答应的降价不执行",要求立即更正这个错误。当时他很纳闷儿,虽然当面不好对大老远从法国跑来的 Pierre 说"不",但他已经给了足够暗示让对方明白价格不能再降了。

周老板赶紧进一步查证,弄明白当时价格会谈的最后一天正好是客户全球采购部需要上交预算计划的日子。经过一天的艰苦谈判,当终于从周老板助理(担任翻译)口中得到"可以"后,喜出望外的 Pierre 在赶在机场登机前迫不及待给老板发了电邮汇报成绩。事后当 Pierre 的老板得知"供应商不兑现降价承诺"时非常生气。不久周老板的企业被列入采购黑名单,作为杜绝此类问题的措施。周老板还打听到半年来该公司几个新项目都给了东南亚的一个供应商,因为该供应商没有足够的经验,供货有不少问题,工厂一直抱怨。周老板马上带着助理飞赴欧洲。

目前的全球化进入了一个前所未有的崭新阶段,变为"更广阔、更快速、更深入和更廉价",这导致不同国家和文化之间的交往更频繁和紧密。尽管全球化已经持续了很久,但许多跨文化的业务发展往往不能达到所设想的目标,或者虽然达到目标中间过程的效率却很低,或者就干脆以失败告终。

造成这种情况的主要原因之一是跨文化沟通没有做到位,许多处在跨文化合作重要岗位的管理人员没有足够的技能和方法帮助企业克服相关的困难,这种问题在中国企业中表现尤其突出。

最近一些中国企业在全球化中遇到的一些问题充分说明在国际上"有钱并不是万能的"。经济实力要转化为真正的影响力和领导力,需要更有效的沟通力。另一方面他们在跨文化沟通和管理方面积累的经验和知识相对少于西方伙伴,甚至少于中国周边的其他国家和地区。如果不迅速改善,中国企业和商务人士会在全球化迅速发展的时代失去许多机会和付出很大代价。

本文根据我们对中国和西方之间跨文化沟通的研究,提出中国企业在与西方合作伙伴沟通中应该遵循的 8 个法则,以及西方合作伙伴如何进行相应的配合及支持。其中重要的一个概念是:要使沟通更加有效,双方必须同时努力,相向而行,突破文化不同造成的障碍。

法则 1:"勤拜访"与"以礼相待"(酬答接待)

距离会产生误解和隔阂。久而久之误解和隔阂会降低彼此之间的信任,让本来就不容易的与不同文化伙伴之间的沟通更加困难。见面时借助肢体语言和察言观色等当面交流的优势,还可以有机会了解业务伙伴所处的文化环境,为以后的远程交流打下基础。

我们给中国企业家和职业经理人建议的第 1 个法则就是勤拜访,即要经常到合作伙伴所在地和他们见面,当面交流澄清积累的问题和讨论解决方法,再做一些有助关系发展的活动。在西方,供应商或客户见面到中午,大家握手再见各自解决午餐是很正常的。但中国业务伙伴可以主动邀请对方一起到当地有特色的地方共进午餐或晚宴,熟悉的人也可以邀请对方配偶一起参加。一次拜访带来的效果并不是一劳永逸的。时间一长,问题又会积累,所以再一次拜访的需要又产生了。为了在这方面配合和鼓励中国业务伙伴,我们建议西方业务伙伴对来访者应该以礼相待,在签证、旅行、饮食、介绍当地风土人情旅游胜地等方面给予特别的帮助。一个原则是中国伙伴在被拜访时如何照顾和帮助西方伙伴,西方伙伴也应尽可能地展示同等的热情,即酬答接待。这么做有两个效果:一是可以让远道而来的客人感到方便有面子从而愿意常来,二是可以让对方感到你是个知道回报、值得信任的好伙伴。这一点在对方最高层到访时尤其重要。

上例中,周老板发现自己丢了项目并上了黑名单后马上飞去欧洲客户那里确实是明智之举。但如果他之前就"常拜访"说不定可以防微杜渐避免问题的出现。

法则2:"增加话语交流"与"放慢语速"

西方人更注重从言语中得到信息和肯定,更相信所谓看着对方的眼睛听到的话。而中国文化则更注重书写文字中的信息和肯定,更相信所谓的"白纸黑字"。这个现象和西方使用拼音语言而中国使用象形文字语言有关系。在用非母语进行口头交流时,如果感到语言水平相差过大,人们会产生压力和忧虑感,更容易在沟通中发出混淆和错误的信号,甚至会逃避必要的澄清和更正。

我们建议的第2个法则是"增加话语交流",即尽量多地使用电话、视频会议、面对面谈话和当众的讲话等方式,来沟通关键和敏感问题,并在关键时刻勇于发声,不必太在乎英语发音和语法的完美。同时,我们建议西方业务伙伴在沟通时应该"放慢语速",为澄清要点和提问留出足够间隔,并且尽量使用基本和简单的英语表达,让对方感到你完全理解他们的观点。

"我们培训和评估了许多中国经理人,发现越是语言能力强的人就越容易得到外国企业的认可。"在中国从事领导力培训并担任上海美国商会人才变革委员会主席的罗伯特·亚伯纳特(Robert Abbanat)说。

法则3:"入乡随俗"与"给面子"

在交往中,一个人如果显得过于不同,甚至给别人"奇怪"的感觉,会在潜意识中引起他人的怀疑,从而降低他人的信任感。另外,在中国文化中"面子"的重要性往往高于具体业务或事物本身,尤其对于高层而言。

由此引出的第3个法则是入乡随俗,尽可能地按照国际范儿(着装、社交活动、文件和资料样式、称谓等)行事,并在拜访他国时尊重当地风俗和业务伙伴的习惯。权高位重的老板和领导也不应该例外(国际范儿绝不是"豪华和奢侈",相反"豪华和奢侈"反而会招来反感和疑惑)。为了在这方面配合和鼓励中国业务伙伴,我们建议西方业务伙伴注意在交往和沟通中"给面子",尊重他们独特的文化习惯,比如尊重客人内部的权级关系(安排入门先后和座位等);安排一些有助了解本地文化的活动,比如有特色和历史背景的餐馆和文化景点。

法则4:"老板亲做发言人"与"自带翻译"

西方文化比较确信在见面时"四目相对"时听到的话,所谓"确认过眼神",但"能说会道"在中国传统文化中并不是领导者所必备的才智,甚至有时会被看成不慎重和没有城府。在翻译过程中重要细节也可能丢失或被错误表达,尤其在翻译对话题不熟悉的情况下。中国文化中长大的翻译在压力之下有可能将具有负面性和批评性的话进行"中和"和"柔化"后再讲给上级听,或者意识到翻译错误后,为了保全面子而不去更正。

我们给中方企业的第4个法则是老板亲做发言人,即由在场的公司级别最高的人员代表发言介绍公司和陈述本方观点,而不是一开始就让翻译按照事先准备好的资料和PPT用英语陈述。如果老板讲话时需要翻译,也要让在场级别高、对题目熟悉、会讲英文的代表来承担(不用太追求发音和语法)。同时,我们建议西方业务伙伴自带翻译,即让自己团队成员或本方雇用的翻译(需要一定的专业背景)把本方情况和观点直接翻译给对方人员,而不是让对方翻译代劳。同时在会谈中,双方都要目视对方发言人或决策者,而不是翻译者。

"在和一些中国公司商谈重要事情时,我有时很担心如果对方决策人听不懂英文,那翻译用英文向我们承诺的事情是否是决策人真实的意图。"一位不久前到中国寻找经销商的美国销售总监说。

法则5:直接说"不"与事后书面确认

在中国一些文化中,为了表示对自己非常在乎之人的尊重,人们往往会对其提出的要求立刻说"行"或"没问题"。之后虽然意识到不可能实现,也不去做直白的澄清。西方文化中大多数人习惯于直接表达"是"或"不是"。这一差别极有可能造成西方业务伙伴对于中国企业和个人"诚信"的误解。

因此,我们给中方企业的第5个法则是直接说"不",并有意识地在对方提出要求时暂停一下,可以做三个暗暗的呼吸来帮忙,以有机会摆脱潜意识产生的冲动,想好之后再做是否可以的回答。如果你不能或是不愿满足对方要求,就要直接明了地说"不",而不是给一个含糊礼貌性的"可以",然后试图通过"暗示"让对方撤回诉求。当然在说"不"后,为了表示你重视对方的要求,同时提出可以为对方做什么,也可以给对方提出一定的条件来协助自己设法满足对方的诉求(西方文化中所谓的"帮助我帮助你"的理念)。为了在这方面配合中国业务伙伴,我们建议西方业务伙伴适时做事后书面确认,即对于重要的事情在得到中国业务伙伴"可以"或"没问题"的答复后,在事后(注意:不是当面)使用电邮等书面形式礼貌地确认结论和需要执行的细节。

在得到书面答复后,也要认真阅读,注意字里行间的含义和隐含的条件及假设。虽然书面确认有可能让一些人(尤其是东方文化中长大的人)感到有些不舒服和不够被信任,但我们得出结论这样做的好处很明显。另外西方业务伙伴,尤其是特别崇尚法律文书的美国业务伙伴也要注意不乱用书面确认,把它限制在关键问题上。还要避免让业务伙伴当面书面签字,尤其是让老板级人物当着其下属做这种事。

本文开始的案例中,如果周老板当时能直接明确地告诉法国品类经理Pierre不能降价,而不是客气礼貌地暗示,就可能避免了之后各方的损失和麻烦。

法则6:"用价值说话"与"投资关系"

在建立业务和信任的过程中,中国文化比较重视关系和潜在的价值,而西方文化则比较重视直接的价值和当下业务进展及表现。拥有大片土地、进口设备、政府领导莅临参观的照片等在中国是价值和实力的象征,但这些对西方业务伙伴没太大的吸引力。中国文化比较含蓄和隐秘,西方文化则比较直接和公开,不太在乎谈论自己业务的难处、痛点及问题。

我们给中国企业家和职业经理人建议的第6个法则就是"用价值说话",即一开始就要花时间了解业务伙伴的难处和痛点,用西方可以直接感受的方式告诉对方你如何可以帮他们解决问题(尤其是最头疼问题)并提供方案。同时,我们建议西方业务伙伴应该在业务开始时适当花时间"投资关系",尤其是和对方的老板和高层之间,良好的关系能让他们放心地和你沟通业务中的敏感问题。

全球某知名工业企业把需要的价值归结为四类:帮助客户提高其产品的市场售价;帮助客户更快完成市场订单;帮助客户降低总运营成本;帮助客户降低采购价格。供应商只有明确指出在这四个领域如何帮助公司,采购部才有兴趣和他们接洽。

法则7:"从相同点开始"及"拥抱多样化"

有研究表明,不同文化使用不同语言的人们对于音乐表达的认知非常一致。双方沟通之初,从一个共同话题开始则可以增进了解和信任。正如在自然界中多样化可以保证物种的延续和发展一样,公司价值链中供应商、客户及其他合作伙伴的多样化也可以促进业务的长久和健康的发展。

因此我们给中国企业家和职业经理人建议的第7个法则是"从相同点开始",即找到共同熟悉和感兴趣的话题,比如音乐、体育人物,以及两个国家历史上的友好和合作经历、业务上的共同的竞争对手、共同想打入的行业等,而不是一开始就强调合作中的困难和分歧。我们建议西方业务伙伴应该在自己业务的价值链中尽量拥抱多样化,多花力气与不同文化和市场中的供应商、客户和其他合作伙伴建立关系,在合作和沟通中展现出更大的包容和适应不同文化差异的态度。

在某中国公司国际业务部工作多年业绩优秀的王勇,每次接待或拜访外国商务伙伴之前都上网寻找一下客户的相关信息,包括所在国家和城市的情况,再看看来客的领英账号。他说,"在初次见面时,我总能找到一些共同话题,这样大家的沟通会更快进入状态。"

法则8:"有所不谈"与"看向一边"

虽然文化因素很重要,但有些话题需要引起重视,如近代历史、人物、实事、风俗等,有可能引起会议双方"别扭"和防范的情绪。相对而言,中国文化对于个人隐私问题不是太敏感,但同时怕丢面子。

因此我们给中国企业家和职业经理人建议的第8个法则就是"有所不谈",即不去谈及自己没有把握、不知道是否会引起误解的话题,尤其不要谈及对方一些个人问题,比如是否有孩子、房子车子衣服多少钱、对于实事和政治问题的立场、住址、老家在哪里等。如果说西方国家的体育英雄一般是个好话题的话,他们的政治英雄或国际公认的反面政治人物就是需要避免的话题。如果发现对方对于话题感到"不舒服",你就立即转到"安全话题"。同时,我们建议西方业务伙伴应该在对方谈及一个令自己不舒服的话题时不要直接表示不快,也没必要回答,可以不动声色地把话题转向一个自己愿意谈及的领域。你的中国伙伴一般会领会,顺着新话题配合你,也会在内心感谢你给面子,让之后的正式沟通更顺畅。

在多年实践中,我们观察到不少"英语好"的中国商务人士因为太想展示语言能力而更容易忽视文化的因素,在发音正宗、用词时髦的夸夸其谈中"说顺了嘴"而忘记"嘴上需要把门"的重要性。因此这个群体在"有所不谈"这方面要尤其注意。

最近,我们在一个针对中国精密零部件制造企业的老板和高级销售人员进行的调研中发现,绝大多数的被访者认为如果和国外客户的沟通更好的话,业务会有明显的增加。同时进行的针对海外负责从中国购买精密零部件的采购经理和总监们的调研也得出了类似结果:大多数被访者认为如果中国供应商和他们的沟通效果改善的话,业务可以有明显的增加。这说明大家都认识到跨文化沟通的重要性,更重要的是双方要采取具体行动、运用有效的方法来提高跨文化沟通的效果。

在实践中人们可能会发现自己努力很久,也作出了牺牲,但在跨文化沟通方面的改进只有一点点。那是否值得呢?我们想说的是,开始的一点点优势可以经时间的积累变成决定一个人是否成功的主要因素,而跨越文化沟通障碍最重要的就是:现在就采取行动。

资料来源:http://new.qq.com/rain/a/20210423a002e600. 2021-04-23.

第二节 跨文化沟通的含义及其影响因素

一、跨文化沟通的含义

跨文化沟通即具有不同文化背景的人从事交际的过程。跨文化沟通之所以在今天日益引起人们的注意,主要原因是由于交通工具的进步与通信手段的发展,使得不同国家、不同种族、不同民族的人能够频繁地接触和交往。

在世界范围内的交际经历了五个阶段:语言的产生;文字的使用;印刷技术的发明;近百年来交通工具的进步和通信手段的迅速发展;跨文化沟通。近二十年来的交际是以跨文化为特征的。

二、跨文化沟通的意义

在当前经济全球化的趋势下,越来越多的企业进入了全球化发展的阶段,其经营的环境不再是单一的本土化经营,而是多种文化主体和多种差异很大的文化环境,这就不可避免地涉及企业的跨文化管理问题。要进行成功的跨文化管理,离不开成功的跨文化沟通。企业管理人员必须面对跨文化沟通问题。

随着我国加入世界贸易组织,跨国经济活动日益频繁,在这个过程中所碰到的文化冲突也日益增多。目前,我国已成为仅次于美国的外商投资最多的第二大国,外商在华办企业的一个重要障碍是中外文化的差异和隔阂,而我国本土企业与外商的合作与竞争中最大的障碍也是因文化差异而导致的处事方式的冲突与互不理解。文化差异增加了企业管理沟通的复杂性和难度。实践证明,要想在国际市场上占有一席之地,提高企业的国际竞争能力,具备有效的跨文化沟通能力是每一位管理者所必须拥有的能力。

三、文化差异对跨文化沟通的影响

(一)感知差异对跨文化沟通的影响

感知是指人通过自己的感觉器官对外部世界的刺激进行选择、评价和组织的过程。影响人的感知的因素有生理因素、环境因素和文化因素三大类。其中,文化因素对人的感知会产生重大的影响。如欧美人把干酪作为一种美食,可中国人对它的味道却感到恶心,难以入口;而欧美人对中国的臭豆腐的味道也难以接受,认为它有一种发霉的味道。这些都是因为不同的生活习惯、成长环境,造成了对事物不同的感知。

(二)思维方式差异对跨文化沟通的影响

思维方式是指人们的思维或思维程序。思维方式因人而异,来自不同文化背景的人之间差别很大。世界各种文化群体既有人类所共有的思维规律,也有在自己文化氛围中形成的具有各自特色的考虑问题、认识问题的习惯方式和方法。如中国人偏好综合思维,欧美人偏好分析思维;中国人注重"统一",欧美人注重"独立"。

在跨文化沟通中,很多人都倾向于认为对方能用与自己同样的方式进行思维。正是这种错误认识,常常使跨文化沟通难以顺利进行。由一种思维方式组织起来的一系列语言信息发出后,接受者以另一种思维方式去破译或者重新组织,就可能发生歧义或误解。

(三) 价值观的差异对跨文化沟通的影响

价值观是个人或社会对某种特定的行为方式或存在状态的一种判断和持久的信念。价值观具有相对稳定性或连续性,即不会每时每刻发生变化,也不会完全僵化和一成不变。价值观直接决定着人们对事物的判断,从而决定着人的行为方式。这种文化价值上的差异对管理观念起着重要的影响。

1. 年龄观念差异

在对员工年龄的看法上,不同文化背景的管理者有不同的看法。东方文化强调"尊老",认为这是一种美德,而西方文化却强调"尊重青年"。大多数亚洲国家在管理上都具有尊重年长的观念,视年长者为知识、经验能力和权威的代表,因而在用人政策上实行传统的"论资排辈"的模式。日本企业实行"参与管理",尽管很有特色,但真正得到参与机会的大多数是中老年员工,企业所重视的也是老员工提交的合理化建议。

对此,现代意识较强的日本青年人对企业中盛行的这种"年龄价值观"尤为不满,使日本企业对历来重视"培养员工对企业的忠诚信念"的管理传统产生了动摇。

2. 时间观念差异

不同文化中,人们对时间的利用差异很大。在很多国家人们不愿意让时钟控制其活动,对时间表现得相当随便,如拉美地区,人们相约迟到是常有的事。例如,在巴西,你的合作伙伴可能让你等上1小时。整个拉美地区,只有巴西圣保罗的商人最守时。

有趣的是,法国人要求别人赴约一定要准时,而自己却常常迟到。如果有求于法国人,自己应按时赴约;对方若迟到,不必感到意外,因为这种习惯为普通法国人广泛接受。另外应注意:在法国越有身份的人参加活动时越晚出现,以此显示其身份高贵。

在其他发达国家情况就大不相同了,尤其是在大城市,人们的活动深受时间的影响,"时间有价"的观念深入人心;不守时被认为是不礼貌。美国人具有强烈和坚定的"时间神圣"的观念,非常注重和计较人们对待时间的态度。

反映到管理观念上,美国首先提出了"时间就是金钱"的思想,并将"时间"列为现代企业的资源要素之一。他们认为在任何产品的生产和加工中,不仅消耗了人力、物力和财力,而且还消耗了时间;时间这种资源相对于其他企业资源又具有稀缺性和不可替代性的特点。所以,作为管理者,如果让一位美国来访者白白等上30分钟,他一定会发怒,并一走了之。这种怒气的心理动机是出于时间价值观。

我国员工的时间观念比较淡漠,开会迟到,工作拖拉,甚至签约迟到等现象时有发生。在与外商的交往中,由此带来的损失巨大。

3. 自我观念差异

如何看待和认识"自我"以及"自我"相对于其他事物的重要地位,也是价值观体系的重要内容之一。

西方文化倡导竞争精神,其心理动因是出于强烈的自我意识和"自我"在价值观体系中的"中心地位",在这种以"自我为中心"观念的驱动下,西方人表现得自主独立、争强好胜,注重个性的发挥和个人利益。而自我观念在东方传统文化中却被视为一种否定自我、主张"无我"的精神信念。

在这种观念的长期统治下,就形成了一种自制的行为模式,它要求人们克制自己的个性表现,一切行为都以"从众"为判断的标准。在管理上,"无我"观念的表现处处可见。如在处世行为方面,表现为顺从、小心翼翼、决不冒尖、言谈谨慎、虚多实少、甘愿夹着尾巴做人;在价值取向上,自恃清高、重义轻利。"无我"观念一方面带来社会的祥和;另一方面,也导致了不良的后果:故步自封、不求进取、不思改革,使企业失去竞争和发展的活力。

4. 成就观念差异

不同文化的成就观各不相同。西方文化中的成就观着重创新、注重务实、注重效率,是一种"创业"的观念;而东方文化中的成就观着重人情的表面平稳、和气,是一种"守业"的观念。

另外,西方的成就观较侧重个人的自我表现和个人目标与价值的自我实现;而东方的成就观侧重于集体表现和集体利益的实现。

(四)行为动机的差异对跨文化沟通的影响

行为动机取决于人的需要,不同国家的经济发展水平与文化背景不一样,人们的需求表现也不一样。按照马斯洛的需要层次理论,人们总是为满足某种需要而工作,一旦某种需要得到满足,这种需要就不再是工作的动力。因此,在贫穷的国家,企业只要能给工人们提供足够的食物和住所,他们就会努力工作;而富裕国家,也许必须强调其他需要的满足才能使工人更好地工作。

不同国家,人们对不同需要的重要性看法也不一样。如荷兰人比美国人更看重社会需要,较少看重自我利益的实现。换句话说,在荷兰利用群体激励更有效,而在美国鼓励个人工作绩效激励的措施可能更有效。具有不同行为动机的人们进行沟通,很难接受或理解对方的思想和行为。

（五）社会规范的差异对跨文化沟通的影响

社会规范是指人们应该做什么、不应该做什么，可以做什么、不可以做什么的规则。社会规范的具体形式主要有风俗习惯、道德规范、法律规范和宗教规范，它们是跨文化沟通中容易引起误会和冲突的重要因素。

1. 风俗习惯

风俗习惯是流行最广的社会规范，是各族人民在长期历史发展中形成的一种生活方式。它表现在饮食、服饰、节庆、婚姻、丧葬、交际礼仪等各个方面。在国际商务活动中，跨文化沟通必须了解、尊重、适应当地的风俗习惯，特别要注意其中的禁忌。

从异国他乡的民俗中看殡葬文化的差异

在美国，你经常会看到墓地，就在人们的房子旁边或者教堂后面，我经常会在开车时，见到在路的左边抑或是右边出现像公园一样的墓地。美国的墓地和教会一样，星罗棋布到处都是。

墓地在中国人的文化中，让人首先想到的是不吉利，要是选择住宅，谁也不愿意靠近墓地。但是，在美国则不然，有很多美国人都喜欢选择靠近墓的地方居住。甚至在闹市区，你也会看到墓地和民居的房子连在一起，或者就在教堂的后面。

美国人如果全家去扫墓的话，有时候会显得好像是去郊游一样。甚至有的人家还会带上吃的喝的，在墓地周围野餐、游玩，真的就好像全家一起郊游。

在美国的葬礼文化中，一般有守灵、追思、安葬三个部分，这三个议程大多都安排在两天或者三天里。一般家属会在邀请函中标注出具体的时间和地点。接受邀请的亲朋好友可以根据自己的时间安排和亲疏关系，选择在合适的时间参加活动。在美国参加葬礼不需要为考虑送多少"钱"发愁，他们认为不管逝者是穷还是富，现在都不需要了。唯一需要注意的是肃静、礼貌，着黑色或者深色服装。

守灵，一般都是逝者家属和非常亲近的朋友，没有什么固定的仪式，守灵的时间长短也没有固定。受邀到来的人，可以安安静静地坐下听听悠扬缓慢的音乐，也可以打开一本自己带来的图书低头阅读；还有更加亲密和熟悉的人，会在灵棺前和逝者低语诉说；也有的会和家属坐下喝一杯咖啡，聊表问候。

追思，参加追思仪式的大多都是逝者亲朋，也可能有慕名而来的朋友。一般在教堂或者墓地礼堂举行，仪式中会有一些逝者的生平介绍或者图片、遗物展示，家属分享逝者的生前故事，穿插感人故事和幽默，不时引起听众的笑声。有些追思活动现场门口或者签到处，会放一个捐款盒，上面标明清楚，所有的募款是为逝者捐赠给某一个慈善机构的。

安葬，安葬仪式在墓园内举行，大多墓园都同时有土葬和火葬两部分，现在越来越多的人选择火葬，骨灰安放的龛钵，可供于室内壁龛或室外墓地。棺木落葬时多由牧师进行祈祷，并在专业人员的操作下完成。亲友们可以将事先准备好的花束抛入墓穴，离开时也不需刻意道别，悄然退出即可。

中国人的殡葬从古至今都是非常烦琐复杂的，而且不同的民族还有其自身的殡葬文化。可谓是若大个中国的殡葬文化模式多种多样，五花八门。新中国成立后，在殡葬文化方面已经做了重大的改革。但是，几千年遗传下来的封建习俗不是那么轻易消除的。

生老病死，人生常态。但人们往往不太注重活着时的质量意义，却非常在意死后的归属问题，"入土为安"就是这种思想的一个最典型反映。

殡的基本含义是表示停灵柩之意，并由此而引申为人们在停柩期间，对死者的哀悼和哀悼形式。如《汉书》说："王者七日而殡，七月而葬，诸侯五日殡，五月而葬，大夫经时而葬，士及庶人逾月而已。"这里的殡则是指停灵柩的时间，殡无论是指停灵柩的地方，还是指停灵柩的时间，在后来都被引申为人们对死者的哀悼形式。沿用至今。

葬的含义是指处理和掩埋死者的遗体，即对死者遗体的处理方式。司马光在《葬论》中进一步解释道："葬者藏也，孝子不忍其亲暴露，故敛而藏之。"殡葬是一种自然现象，反映在人与人之间的关系上；反映在殡葬习俗上则是一种社会现象。

厚葬，是中国重要而根深蒂固的传统，来自正统的儒家理论，自古盛行，为宦官富商身份所象征。棺椁是厚葬的内容重点和体现，古代"天子棺椁七重，诸侯五重，大夫三重，百姓有棺无椁"。

中国殡葬的发展是由简到繁，再由繁至简。虽然殡葬礼仪在形式上随着时代的发展不停变化，但殡葬礼仪中缅怀先人的精神内核是不变的。现代殡葬既传承了过去的精神，又减少了过去遗留下来的复杂烦琐的殡葬过程。

这就是美中殡葬文化的差异。随着时间的推移，美国的殡葬文化会逐渐地改变。

资料来源：http://www.163.com/dy/article/GOPBS41I05448C8J.html. 2021-11-14.

2. 道德规范

不同文化中有共同的道德，也有不同的道德。如不忠诚、偷盗，在各国文化中都认为是不道德的。但有些道德在不同国家却存在认识上的差异。如中国文化中不赡养老人是不道德的，美国文化中这种观念很淡薄；在美国，父亲请儿子帮忙干活还要付款，这在美国人看来是正常的事，在中国人看来则不成体统。

为了确保一个合同顺利执行，而付给供货人一笔钱，在美国被认为是"行贿"；在某些国家这种行为并不是非法的，可能被认为是"佣金"。在美国的办公室里男女之间某些言语或相当开放的行为被认为是"性骚扰"，并且是不道德的；在地中海国家的办公室里，同样的言辞或行为却并不被认为如此严重。

跨文化沟通中,由于道德规范比风俗习惯更高一个层次,因而沟通者对道德规范的差异更难适应。道德规范出现的摩擦或冲突往往会造成沟通者心理上的不悦或痛苦。

3. 法律规范

法律规范差异是影响跨文化沟通的一个重要因素。在涉外经营过程中,不可避免地要遇到法律问题。有时候"法不接轨"会导致国际商务活动寸步难行。

另外法律规范的不同,也会给跨文化交流带来一定的困难。由于经济体制的差异,中国和西方国家在经济概念上往往难以相互理解。如对什么是全民所有制、专业户、联产承包责任制等经济形态常常使西方人迷惑不解,有时甚至产生误解。

4. 宗教规范

宗教规范包括信仰、宗教节日、宗教仪式、礼拜所在地点、教规、组织系统等方面。不同的宗教信仰有着不同的价值观念、行为准则和清规戒律,因而会有不同的思维方式、消费偏好、工作态度和习惯,这对跨文化沟通影响很大。

宗教规范上的冲突往往比风俗习惯更难以调和。在政教合一的国家,违犯教规常常就是违犯法律。中国人的宗教意识比较淡薄,对异文化的宗教规范往往不了解,在跨文化沟通中要格外注意,否则将会引起很大麻烦。

(六) 物质文化差异对跨文化沟通的影响

物质产品是通过人们的劳动创造出来的物品,如工具、武器、器具、服装、饰物、住宅、寺庙、都市、坟墓、公园等。在它们上面凝聚着人的观念、需要和能力。不同的文化创造了各具特色的物质产品。在跨文化交流中,最容易发现的明显的文化特征,就是物质产品方面的不同。它体现在衣食住行生活的各个方面。如在衣着上,阿拉伯人的大袍、印度妇女的面纱、日本人的和服、朝鲜妇女的长裙都代表了着衣者的文化属性。不同民族的物质文化差异对跨文化沟通会产生障碍和影响。

在与外国人的交往中,我们经常遇到这样的情况:对于中国许多传统的物件,如十八般兵器、传统的风味小吃、装饰品等,往往找不到合适的词来表达。因为每一种物件可能都反映了一定的文化特征,只有了解它的历史和文化背景后,才可能对它有清楚的认识和准确的表达。这也增加了我们进行跨文化沟通的难度。

(七) 语言差异对跨文化沟通的影响

语言是人们进行交际、沟通的工具,每个民族都有自己独特的语言及语言规则。这些往往会给跨文化沟通带来最直接、最明显的障碍。往往语言或非语言的共同点越少,沟通越困难。全球说英语的人约有 10 亿,但英国人、美国人、印度人、澳洲人等说的英语不尽相同。

如美国人把戴的小圆软帽和穿的皮靴分别称为"bonnet"和"boot",而在英国,人们却指汽车引擎的盖子和汽车的后车厢。美国人的"scheme"是阴谋的意思,英国人却可能指一个计划。通过背单词学英语的中国人夸人聪明时常用"clever"一词,而英国人常把它用作贬义词。

同一种语言因不同人群使用,沟通时会出现障碍,讲不同语言的人们进行沟通时要经过翻译的过程,此时就会产生麻烦。如中国古代美女王昭君被日本人译为"昭君先生"。

非语言沟通中的误解也数不胜数。在所有的文化中,大量的沟通通过非语言进行。例如,跟美国人交往如果你不看着他的眼睛,或者让人觉得眼神游移不定,那么他就会担心:你是否不够诚实,或者生意中有诈。而跟日本人交往如果你老盯着他,他可能认为你不尊重他。在德国或澳大利亚,员工对老板说话时,从不两手插口袋。

第三节　主要区域文化简介

一、美国人的文化习俗

(一) 概况

美国是一个移民国家,其中84%为欧洲移民后裔,13%为黑人。美国几乎容纳了全世界各民族的人。居民主要信奉基督教(新教)、罗马天主教、犹太教和东正教等。官方语言为英语。国花为玫瑰,国鸟白头鹰,国石蓝宝石。美国主要名胜有国会大厦、白宫、五角大楼、华盛顿纪念馆、林肯纪念馆、国家自然历史博物馆等。

(二) 交往礼俗

1. 价值观

在美国社会中,人们的一切行为都以个人为中心,个人利益神圣不可侵犯。这种准则渗透在社会生活的各方面。人们日常交谈,不喜欢涉及个人私事。有些问题甚至是他们所忌谈的,如询问年龄、婚姻状况、收入多少、宗教信仰、竞选中投谁的票等都是非常冒昧和失礼的。

2. 性格特征

美国是个移民之国,它的祖先来自于全球各地。人们移居美国时不仅仅是地理位置上的挪动,而且还把他们所在国的评议和风俗习惯带到了新的居住地。因为杂,人们各自的差异十分突出;因为差异十分普遍,人们就不特别注重统一性。久而久之,美国人的文化习俗中形成了较高程度的宽容性,对异质文化和不同评议持容忍、可接受的态度。在这一点上,美国社会里的可行习俗要比世界上其他国家来得宽泛。

(1) 美国人以不拘礼节著称于世

从文化角度上讲,美国人不拘礼节的习性与他们的民主平等观念相关。我们知道,美国历史发展进程中,没有封建社会这一阶段,不存在贵族、贱民、等级、王室等欧洲大陆盛行的一套东西。不管是下属见到上司,还是学生见到师长,美国人一般只需笑一笑,说声"嗨"(Hi)或者"哈罗"(Hello)即可,而不必加上各种头衔。

更有甚者,美国教授讲到来劲之处,会一屁股往讲台上一坐,神采飞扬地滔滔不绝一番,不分年龄,不分性别。更常见的情形是美国父子之间、母女之间的随和、轻松关系。无论是在电影里还是在实际生活中,我们常看见美国长辈与幼辈互拍肩膀、无拘无束的镜头。所有这一切都源于美国人不拘礼节的习性。

(2) 自己动手

在美国,不管是医生、教授、律师、商人,他们都是自己煮饭、洗衣、去市场购货。他们有社会身份,但不认为干家务会降低他们的体面身份。去美国人家里做客时,人们可以常常看见大教授、名医生自己下厨烧饭做菜。至于修剪草坪、整理车库和油漆屋顶等之类的粗活,有社会身份的人不仅无厌烦之感,反而会乐此不疲地投入其中。

"自己动手"的习惯与美国人的拓荒精神有密切关系。当然,"自己动手"的文化习俗还有其他原因。美国人喜欢务实,而雇佣他人干活实际上就是花钱"买"服务。一般的美国人,只要自己能干、能胜任这项劳动,就不愿花钱请他人代劳,认为这是不必要的开销。还有,美国人重视隐私,关注家里的宁静;有陌生人在屋内经常走动,无疑会对隐私和宁静造成消极性的影响。因此,他们不愿牺牲隐私和宁静去换取一份清闲。

(3) 说话直率

中国有一条古训,"礼多人不怪。"我们请人来家吃饭时,明明做了一桌子的菜,却对客人说:"今天没什么菜,随便吃吃。"我们之所以这么做,是因为自谦在我们文化里是一种礼貌。然而,美国人对这类"拐弯抹角"方式表达的礼貌觉得难以恭维。与大多数欧洲国家的人一样,美国人喜欢直率地表述自己的观点和意见。

在他们看来,一是一,二是二,没有必要在简单的事实面前添加多余的修饰词句。例如,美国人请人去他家做客,他们会指着桌上的菜肴明确地告诉客人:"我们为你的到来,准备了这些好吃的东西,希望你喜欢它们。"美国人认为,我真诚地邀请你来,当然要让你明白我的诚意所在。由于美国人讲究直率,在平时的交往中,他们对事情和人都乐于直抒己见,坦言相告。他们认为,各人意见不同是理所当然的事,所以,人们在交换意见和随便闲聊中,决不会因你的意见不同而感到大惊小怪。一句话,只要言词不太唐突、尖刻,意见上的争执无伤大雅。

(4) 批判精神

在包括美国在内的西方国家中,人们从小就训练孩子发问,培养他们求知和探索的习惯。孩子提出问题后,家长和老师们不是马上给出答案,而是循循善诱地启发、诱导、帮助孩子们一起思考。有时,大人会嘱咐孩子们自己去图书馆寻找答案,很少为孩子们"包办"解答。

生活在这种文化氛围下的孩子试出了这样一个道理:任何问题的答案都不是现成的,它需要靠人去寻找和思考。美国人的这种质疑、探究性精神自然会引导他们对权威或权威性观点持批评式态度。不过,质疑和批判时,针对的不是人,而是这个人的意见和观点。

(5) 数量观念

从相当程度上讲,美国人倾向于以数量来评价几乎所有事物。当问及一个人的价值时,美国人通常指的是可以用数字来计量的价值,譬如此人受了几年教育,有了几年的工作经验,几次受过奖励等,似乎由这些数字累积起来的量足以反映出包括性格、个性、道德、习性等在内的一切问题。当问及一个企业的成功与否,美国人喜欢罗列出一长串数据,如日产值、市场占有量、年出口数、受雇工人数、厂房占地面积等,似乎这些数据代表了该企业的生命力量。

由于美国人热衷于从数量角度证明事物,他们在解决问题时也乐于用数量来表示。例如,学校喜欢说用了多大力气招收了多少少数民族学生;企业喜欢说投资了多少资金用于开发新项目;劳动部喜欢说一年内又创造了多少就业机会等。美国人思想观念中的数量观念很大程度上反映了他们的务实精神。实用主义哲学——起源于美国的现代哲学派别,是这方面的最好例证。从这一角度反观美国人对数量观念的偏爱,我们不难理解,数字给人一个明确的概念,看得见,摸得着,实实在在,掷地有声,因而它为美国人判断事物和人提供了一定的依据。

3. 年龄价值

值得一提的是,美国人对年龄的看法与我们大不相同。在我国,老年人受到尊敬,而在美国却是"人老珠黄不值钱"。因此在美国,老年人决不喜欢别人恭维他们的年龄。有一次,中国留学生在美国中西部的一个城市举行盛大聚会,宾客如云。当地一位名牌大学的校长与其母亲也光临盛会。留学生在欢迎辞中说:"××老夫人的光临使我们全体同学感到荣幸。""老"字在中国是尊称,不料却触痛了这位老夫人,当时她脸色大变,尴尬不堪,从此再也不在中国留学生的聚会上露面了。

4. 空间观念

美国人还十分讲究"个人空间"。和美国人谈话时,不可站得太近,一般保持在50厘米以外为宜。平时无论到饭馆还是图书馆也要尽量同他人保持一定距离。不得已与别人同坐一桌或紧挨着别人坐时,最好打个招呼,问一声"我可以坐在这里吗?"得到允许后再坐下。

5. 社交场合女士优先

美国妇女在社会政治生活中的地位究竟如何,这里姑且不论。但在社交场合中,她们总是会得到格外的优待。尊重妇女是欧美国家的传统习俗,从历史角度分析,是受到欧洲中世纪骑士作风的影响;若从宗教的角度分析,它是出于对圣母玛利亚的尊敬。

按照美国人的习惯,在社交场合,男子处处都要谦让妇女,爱护妇女。步行时,男子应该走在靠马路的一边;入座时,应请女子先坐下;上下电梯时,应让女子走在前面;进门时,男子应把门打开,请女子先进。但是下车、下楼时,男子却应走在前面,以便照顾女子;进餐厅、影剧院时,男子可以走在前面,为女子找好座位;进餐时,要请女子先点菜;同女子打招呼时,男子应该起立,而女子则不必站起,只要坐着点头致意就可以了;男女握手时,男子必须摘下手套,而女子可以不必摘下。女子的东西掉在地上时,男子不论是否认识她,都应帮她捡起来。总之,美国男子在社交场合同女子接触时,一方面事事尊重她们;另一方面又要处处以保护人的姿态出现,以显示男子的地位。

6. 注重礼节

在美国"请""谢谢""对不起"之类的语言随处可闻,不绝于耳。在美国,不论什么人得到别人的帮助时都会说一声"谢谢",即使总统对待侍者也不例外。在商场里,售货员的脸上总是堆着笑容,当顾客进门时,他们会主动迎上来,问一声"我可以帮助你吗?"当顾客付款时,他们会微笑着道谢;最后还会以谢声送你离去。同样,顾客接过商品时也会反复道谢。美国人在一家人之间也是客气话不离口,不仅夫妻之间如此,对小孩子们也常说"请"和"谢谢"。这样,孩子便自然养成了讲礼貌的好习惯。

美国人还习惯于对别人道"对不起"。当人们发生小摩擦时,一声"对不起",常使芥蒂烟消云散。就是遇到一些微不足道的小事,例如,向别人问路、在剧场中从别人座位前走过等,美国人也会连声表示歉意。美国人把在公共场所打嗝或与别人交谈时打喷嚏、咳嗽都视为不雅,遇到这种情况,他们就会说声"对不起",请对方原谅。

美国人看到别人买来的东西,从不去问价钱多少?见到别人外出或回来,也不会去问上一句"去哪儿?"或"你从哪里来?"至于收入多少,更是不能随便问的事,谁在这些方面提出问题,定会遭人厌恶,不随便询问是出于对别人私生活的尊重。美国人往往用"鼻子伸到人家的私生活里来了"这句话来表示对提问人的轻蔑。

(三)衣食礼俗

美国人的衣着,其特征是自由严谨两分明。他们的日常穿着自由自在,无拘无束,全凭自己的爱好,甚至穿泳装也可上街。但在正式场合,美国的衣着又非常讲究,非常严谨。男士都穿较深颜色的西装,打领带,给人一种沉稳、可靠的印象;女士穿套裙,颜色多为深蓝色、灰色或大红色。

在饮食方面,美国人力求简单与快捷,通常都选择快餐或冷冻食品。代表性的食物是热狗、汉堡包。美国人不爱吃肥肉,不吃清蒸和红烧的食品,忌食各种动物内脏及奇形怪状的食品,如鸡爪、猪蹄、海参等。一般不饮烈性酒,即使饮,通常在烈性酒中加进冰块后再喝。

(四) 禁忌

美国人忌"3""13"和星期五;忌谈个人私事;忌说"老";不喜欢黑色,偏爱白色和黄色,喜欢蓝色和红色。

(五) 主要节日

美国人的重要节日有元旦(1月1日)、总统日(2月的第三个星期一)、复活节(春分月圆之后第一个星期日)、国庆日(7月4日)、劳动节(9月第一个星期一)、感恩节(11月第四个星期四)、圣诞节(12月25日)。此外,还有一些没有公共假期的全国性节日,如情人节(2月14日)、愚人节(4月1日)、母亲节(5月第二个星期日)、父亲节(6月第三个星期日)等。

二、欧洲主要国家的文化习俗

(一) 英国

1. 概况

英国英格兰人占80%以上,其余是苏格兰人、威尔士人和爱尔兰人等。居民绝大部分信奉基督教,只有少部分人信奉天主教。官方和通用语言为英语。货币为英镑。国花为玫瑰,国石为钻石。英国主要名胜有大英博物馆、圣保罗大教堂等。

2. 交往礼俗

英国人性格内向,遇事谨慎,感情不外露,比较保守,但自信,大多数人追求绅士、淑女风度,讲文明,重礼节。

英国讨厌过问私事。如果你去英国旅游,千万不能像在国内一样,问人家"您去哪儿""吃饭了吗?"这类问题,中国人认为很热情,英国人会认为你很粗鲁,他们讨厌别人过问他们的个人生活。英国人更忌讳别人谈论男人的工资和女人的年龄,就连他家的家具值多少钱也是不该问的,这些是他们个人生活的秘密,绝不允许别人过问。

在英国购物,最忌讳的是砍价。英国人不喜欢讨价还价,认为这是很丢面子的事情。如果你购买的是一件贵重的艺术品或数量很大的商品时,你也需要小心地与卖方商定全部的价钱。英国人很少讨价还价,如果他们认为一件商品的价钱合适就买下,不合适就走开。

在交际中,初次见面行握手礼。英国人不喜欢见面拥抱,一般只是点头致意或用手指碰一下帽檐儿,彼此寒暄几句。英国人喜欢别人称呼他的荣誉头衔,如某某爵士。

英国人很注意尊重妇女,女士优先已成为社会的风气。

对英国人来说,未经预约拜访是非常失礼的事情。到英国人的家中做客一般的礼品有高级巧克力、名酒、鲜花或客人自己国家的民间工艺品,但礼物价值不宜过高。

3. 衣食礼俗

英国人对衣着很讲究。他们崇尚绅士、淑女风度,强调矜持庄重。上等家族人穿燕尾服,戴礼帽、持手杖或雨伞,其他人多穿三件套式西装。

大多数英国人一日四餐:早餐、午餐、茶点、晚餐。英国人口味清淡,喜喝清汤,爱喝酒,也特别喜欢喝茶,真正的英国人特别喜爱喝早茶。英国的"烤牛肉加约克郡布丁"被称为是国菜。这是用牛腰部位的肉,再把鸡蛋加牛奶和面,与牛肉、土豆一起在烤箱中烤制的菜肴。上桌时,还要另配些单煮的青菜,即为"烤牛肉加约克郡布丁"。普通家庭一日三餐(即早餐、午餐、晚餐);他们是以午餐为正餐,阔绰人家则一日四餐(即:早餐、午餐、茶点和晚餐)。他们不愿意吃带蘸汁的菜肴;忌用味精调味;也不吃狗肉。口味不喜欢太咸,爱甜、酸、微辣味,偏爱用烧、煮、蒸、烙、焗和烘烤等烹调方法制作的菜肴;喜欢中国的京菜、川菜、粤菜。

英国人普遍喜爱喝茶,尤其是妇女嗜茶成癖。"下午茶"几乎成为英国人的一种必不可少的生活习惯,即使遇上开会,有的人也要暂时休息去饮"下午茶"。英国不喝清茶,要在杯里倒上冷牛奶或鲜柠檬,加点糖,再倒茶制成奶茶或柠檬茶。如果先倒茶后倒牛奶会被认为缺乏教养。他们还喜欢喝威士忌、苏打水,喝葡萄酒和香槟酒,有时还喝啤酒和烈性酒,彼此间不劝酒。

4. 禁忌

英国人忌讳数字"3""13"和星期五;忌用一次火点3支烟;忌讳4人交叉握手;忌询问对方个人情况,英国人的生活戒条是"不管闲事";忌以王室的家事作为笑话题材;忌称对方为"英国人",因为"英国人"原意为英格兰人而对方或许是苏格兰人、威尔士人或爱尔兰人,正确的叫法应是"不列颠人";忌佩戴条纹领带;忌用人像作服饰图案或商品包装;忌大象、孔雀、猫头鹰等图案;讨厌墨绿色;忌过分表露喜、怒、哀、乐的感情;忌手背朝外,用手指表示"二"这种"V"形手势,英国人认为这是蔑视别人的一种敌意动作;忌讳在众人面前相互耳语;忌讳把食盐碰撒;忌讳百合花;忌打碎玻璃;忌直接提"厕所"这个词。

5. 主要节日

国庆日(6月第二个星期六);圣诞节(12月25日)和新年(1月1日)最为隆重。英国人有一个习俗,就是把新的一年是否吉祥如意,寄托在第一个来访者身上。

(二)法国

1. 概况

法国法兰西人约占94%,绝大多数居民信奉天主教。法国主要由法兰西人、布列塔尼人、巴斯克人、科西嘉人组成,官方语言为法语。首都巴黎,是世界著名的花都、世界著名美食城、"浪漫之都",也是一座世界闻名的历史文化名城。国花为鸢尾花、玫瑰,国鸟为高卢鸡。法国主要名胜有蓬皮杜文化中心、埃菲尔铁塔、凯旋门、巴黎圣母院、凡尔赛宫、卢浮宫等。

法国素有"奶酪之国""葡萄之国""艺术之邦""时装王国""名酒之国"等美称。

法国人的性格特点如下。

(1) 爱好社交,善于交际

对于法国人来说社交是人生的重要内容,没有社交活动的生活难以想象。

(2) 诙谐幽默天性浪漫

法国人在人际交往中大都爽朗热情,善于雄辩高谈阔论,喜欢开玩笑,讨厌不爱讲话的人,对愁眉苦脸者难以接受。受传统文化的影响,法国人不仅爱冒险,而且喜欢浪漫的经历。

(3) 渴求自由,纪律较差

在世界上法国人是最著名的"自由主义者"。"自由、平等、博爱"不仅被法国宪法定为本国的国家箴言,而且还在国徽上明文写出。他们虽然讲究法制,但是一般纪律较差,不大喜欢集体行动;与法国人打交道,约会必须事先约定,并且准时赴约,但是也要对他们可能姗姗来迟事先有所准备。

(4) 自尊心强,偏爱"国货"

法国的时装、美食和艺术,世人有口皆碑,在此影响之下,法国人拥有极强的民族自尊心和民族自豪感,在他们看来,世间的一切都是法国最棒。与法国人交谈时,如能讲几句法语,一定会使对方热情有加。

2. 交往礼俗

法国人性格爽朗热情,谈吐幽默风趣。双方见面时,通常行握手礼,同时说一声"先生,幸会";如是亲朋好友相遇,则以亲吻或拥抱代替握手;两个相识的人在路上相遇时,可互相点头致意。

传统的法国公职人员习惯别人称呼其姓而不是名,在会议开始和结束时都要例行握手致意。同法国人约会应事先商定好,按时赴约是讲求礼貌的做法。法国人不喜欢把公司业务往来同个人生活搅在一起,因而到法国人家中做客,切忌送本公司产品或带有本公司标志的礼品。

在交谈中,除不谈私人问题外,还应避免谈及政治和金钱。会谈期间不可开玩笑。在旅游中,不少法国人喜欢了解异国的历史、风情和接触当地人。

应邀到法国人家中做客,应带上小礼品,如送小孩一些糖果,送女主人鲜花,送花通常为单数。男人不能送红玫瑰给已婚女子。在送花的种类上应注意:在当地送菊花是表示对死者的哀悼。法国人给每一种花都赋予了一定的含义,所以选花时要格外小心:玫瑰表示爱情,秋海棠表示忧虑,兰花表示虔诚,郁金香表示爱慕之情,报春花表示初恋,水仙花表示冷酷无情,金盏花表示悲伤,雏菊花表示我只想见到你,百合花表示尊敬,大丽花表示感激,金合欢表示信赖,紫丁香表示我的心是属于你,白丁香表示我们相爱吧,倒挂金种表示心里的热忱,龙头花表示自信,石竹表示幻想,牡丹表示害羞,白茶花表示你轻视我的爱情,红茶花表示我觉得你最美丽。

3. 衣食礼俗

法国的衣着十分讲究,尤其是妇女,可以说是世界上最喜欢打扮的人。在法国从事商务活动宜穿保守式西装。

法国烹饪享誉全球。法国人把就餐视为人生一大快事。法国菜的特点,偏重于鲜嫩。法国人的早餐比较简单,但非常重视晚餐。就餐时,要把碟中的食物吃完,否则会冒犯女主人或厨师。因此,人们总结在吃法上的讲究是:英国人"注意着礼节吃",德国人"考虑着营养吃",意大利人"痛痛快快地吃",而法国人则是"夸奖着厨师的技艺吃"。

法国是香槟、白兰地的故乡。法国人饮酒令人震惊,一年到头似乎离不开酒,但贪杯而不过量。一日三餐,除早餐外,顿顿离不开酒。他们习惯于饭前用开胃酒疏通肠胃,饭后以白兰地之类的烈性酒消食;佐餐时,吃肉类配红葡萄酒,吃鱼虾等海味时配白葡萄酒;玫瑰红葡萄酒是通用型,既可用于吃鱼,也可用于下肉。女士都爱饮玫瑰红葡萄酒,以显示自己的口味清淡,不嗜烈物。法国人不仅看菜下酒,什么酒用什么杯子,也很有讲究。法国人讲究虽多,但喝的并不多,三五人一桌的聚会,一瓶 10 度上下的葡萄酒足够了。

4. 禁忌

法国人忌数字"3"和"13"。忌核桃,忌黑桃图案(不吉利)、仙鹤图案(淫妇的代名词)和大象图案(意为蠢汉);忌黄色的花(意为不忠诚)、菊花(代表哀伤);忌墨绿色;忌送刀、剑、刀叉等餐具(此类礼品表示双方断绝关系)。

5. 主要节日

主要节日有元旦(1 月 1 日)、复活节(春分月圆之后第一个星期日)、国际劳动节(5 月 1 日)、贞德纪念日(5 月的第二个星期日)、国庆节(7 月 14 日)、诸圣节(11 月 1 日)、圣诞节(12 月 25 日)。

法国人过年有一种习俗,家中不能有剩余的酒,否则,会被认为来年要交厄运。因此他们在新年的前一天晚上要将家中的酒全都喝光,以致许多人喝得酩酊大醉。

(三)德国

1. 概况

德国位于欧洲中部,居民以信仰基督教和天主教为主。国语为德语,首都柏林。货币为德国马克,现为欧元。国花为矢车菊,国鸟是白鹳,国石是琥珀。德国主要名胜有勃兰登堡门、奥林匹克体育场、波茨坦广场等。

德国有"经济巨人""酒花之国""啤酒王国""运河之国"等美称。

2. 交往礼俗

德国人勤劳,有朝气,守纪律,好清洁,爱音乐,比较注重礼仪。

德国人在社交场合与客人见面时,一般行握手礼;亲朋好友见面时,一般惯用拥抱礼。在称呼别人时,一般不喜欢直呼其名,而要称头衔。在街上两人并行,以右为尊,三人并行,中间为尊。宴会上,男士坐在女士或职位较高者的左侧,当女士离开饭桌或回来时,男士要站起来表示礼貌。喝啤酒时,一般不碰杯,一旦碰杯,则必须一口气喝完;为别人斟酒时,一定要斟满,否则为失礼。

到德国人家中做客,通常以鲜花为礼物,且必须是单数,但不可送玫瑰花,因为它表示你暗恋女主人;其他礼物如威士忌酒、高质量的纪念品等都受欢迎,但不可送葡萄酒,因为此举说明你认为主人选酒的品位不高。德国人对礼品包装很讲究,但忌讳用白色、黑色和咖啡色的包装纸。与德国人交谈时,不宜涉及纳粹、宗教与党派之争等话题。

3. 衣食礼俗

德国商人喜欢穿三件套西装,并喜欢戴呢帽。德国人主食为肉类、马铃薯、色拉等。大多数德国人不爱吃鱼。德国人饮食口味较重,偏油腻,也很喜欢中国菜。

4. 禁忌

德国人忌讳"13"和星期五;忌吃核桃;忌蔷薇花、菊花;忌红色、茶色和深蓝色;忌交谈时将手插在口袋里。

5. 主要节日

国庆日(10月3日)。啤酒节是慕尼黑的一个民间传统节日,时间是从每年9月的最后一个星期至10月的第一个星期。狂欢节是德意志民族自古以来就有的一个传统节日,从每年11月11日开始,到第二年的2月底。

三、亚洲主要国家的文化习俗

(一)日本

1. 概况

日本意为"日出之国""太阳升起的地方"。民族主要为大和族,居民多信奉佛教、神道教。日本官方语言为日语,首都东京。其货币称日元。国花为樱花,国鸟为绿雉。日本主要名胜有东京塔、富士山、琵琶湖等。

日本有"樱花之国""造船王国""贸易之国"等美称。

2. 交往礼俗

日本人性格内向,感情不外露,爱面子,自尊心强,重视人际关系,讲信用,重礼节。日本人见面时相互行鞠躬礼,并致"您好、请多关照"的谦辞。第二次世界大战,握手礼逐渐成为日本常用的礼节,但通常与对方握手后还要行鞠躬礼,特别是道别时。

人们初次见面时,要交换名片。在正式场合要称呼其全名。对男子可在姓后加"君",只有对教师、医生、年长者、上级和有特殊才能的人才称"先生";对德高望重的女子也称"先生";对其他人均以"桑"相称。

到日本人家中做客要事先约定时间并按时赴约。按惯例要带礼品。日本人送礼时,不送双数,而喜欢送单数礼物。不要给日本人送有动物图案的礼品。梳子在日本不宜作礼品(表示辛苦)。到日本人家中不可参观主人卧室,男士不可进入厨房,上卫生间必须征得主人同意。交谈时,令人不愉快的话题是你对日本和日本文化、垒球、高尔夫球、食品和旅行的印象。交谈时,应看着对方的脖子,盯着对方被认为不礼貌。

3. 衣食礼俗

在日本从事商务活动宜穿保守式西装,参加娱乐活动可穿便装。日本民族服装为和服;日本人在举行婚礼、庆祝重要节日、出席茶道等活动时常穿和服。

日本人的饮食分为三种:和食(日本饭菜)、洋食(西餐)、中华料理(中餐)。

日本人十分重视茶道。茶道会多为款待尊贵客人而举行,正式的茶道会要在专用茶室中举行。茶室中间放着用以烧水的陶制炭炉和茶壶,炉前放着各种十分精致的茶具。在日本,茶道被认为是对一个人身份、修养的肯定。一般茶道中,饮茶方式有两种:一种是每位客人各饮一碗;另一种是一碗茶每人只饮一口,由全体客人轮着饮用。

4. 禁忌

日本人忌数字"4""9"以及由它们组成的数字;忌黑白相间色、绿色、深灰色、紫色,喜爱红、白、蓝、橙、黄色;忌送菊花、荷花、仙客来、山茶花等。忌3人合影(中间人有受制于人的兆头);忌獾和狐狸;忌头朝北睡觉(在日本死人头朝北);忌倒贴邮票(暗示断交);忌妇女盘腿而坐;忌舔筷、迷筷、移筷、扭筷、掏筷、跨筷、剔筷。

5. 主要节日

日本主要节日有元旦(1月1日)、成人节(一月第二个星期一)、建国纪念日(纪元节、日本纪元的开始,2月11日)、春分节(3月21日)、樱花节(3月15日至4月15日)、国庆日(12月23日)。

(二)沙特阿拉伯

1. 概况

沙特阿拉伯的得名,来自目前统治该国的沙特家族之名,沙特意为"幸福",阿拉伯则含有"沙漠"之意。由于沙特阿拉伯的石油储备量极丰富,它在世界上有"石油王国"之称。沙特阿拉伯的麦加,是伊斯兰教创始人穆罕默德的诞生地,故此地被称为该国的"宗教之都"。沙特阿拉伯的国教是伊斯兰教,国家实行政教合一制度。全国居民有98%都信仰伊斯兰教,其中大部分属于逊尼派。

沙特阿拉伯的官方语言是阿拉伯语,货币为沙特里亚尔。沙特阿拉伯如今实行的是君主政体。国旗格言:万物非主,唯有真主。

2. 交往礼俗

(1) 总体风俗

在交往中,沙特阿拉伯人大都表现得热情大方,只是由于伊斯兰教教规的限制,沙特阿拉伯妇女很少抛头露面,并且不得与异性进行接触。所以,与沙特阿拉伯人打交道,必须注意以下两个方面的问题。

遇到沙特阿拉伯妇女时,不宜主动向其问候或行礼。如果自己是一位男士的话,就更要注意这一点。与沙特阿拉伯男士交往,切勿问候其夫人或恋人,并注意不要向她们送礼品。由于沙特阿拉伯人普遍重男轻女,因此,尽量不要派女性与其接触或交际。否则,很有可能事与愿违,事倍功半。

(2) 见面礼节

外国人在沙特阿拉伯时,在行礼时要入乡随俗。异性之间,最好不要当众拥抱亲吻,在公共场合表现得过分亲昵,也是应避免的。拜访沙特阿拉伯人之前,要预约。与他人相会时,沙特阿拉伯人往往要晚到一会儿,在他们看来,这是做人的一种风度。

3. 衣食礼俗

(1) 服饰

沙特阿拉伯男子的传统服装,是一种长垂及地的大袍,它宽松肥大。平时,袍子以白色为主。只有在参加丧葬活动时,才穿黑色的袍子。按照伊斯兰教教规,妇女的全身均须被长袍和面纱遮盖起来。她们头上所戴的黑色面纱有三角形、正方形、五角形等多种形状,但都必须严密地遮盖住面容,仅允许双眼露在外面。

前往沙特阿拉伯的人,不要穿着过分随便,不要穿着过分暴露身体的服装,妇女要特别牢记这一点。由于天气炎热,沙特阿拉伯人大都习惯穿拖鞋,有的人会赤脚。只有在参加隆重的活动时,人们才会穿皮鞋。

(2) 饮食

沙特阿拉伯人的主食有面饼、面包、面条等。在肉类上,多以牛肉、羊肉、鸡肉为主。在他们看来,羊眼是席上之珍,美味之最。按照伊斯兰教教规,沙特阿拉伯人忌食猪肉,忌食自死之物。

在饮料方面,沙特阿拉伯人爱喝驼奶、红茶、咖啡。在拜访沙特阿拉伯人时,主人劝饮的咖啡是不可不喝的。用餐之时,沙特阿拉伯人一般席地而坐,以右手取用食物。有些时候他们也会设置桌椅,只不过绝对禁止用脚蹬踩。在每年的斋月,沙特阿拉伯人白天不许进食;在那个时候,白天所有的餐馆也不准开业。

4. 禁忌

与沙特阿拉伯人交往必须记住以下事项。

(1) 不提倡娱乐。沙特阿拉伯人认为,娱乐令人堕落,所以,切莫与之谈论休闲、娱乐,邀请参加舞会之类。

(2) 宜回避以色列。

(3) 禁止偶像崇拜。按照伊斯兰教教规,沙特阿拉伯人禁止偶像崇拜。因此,那里人不喜欢拍照、录像,并且对雕塑、洋娃娃等礼品十分忌讳。

(4) 男女授受不亲。不论坐车、乘电梯,还是在银行,男女往往要各自分开。

(5) 不下国际象棋,他们认为,这项运动对国王有失恭敬。

(6) 与沙特阿拉伯人交谈,不要谈中东政治、宗教矛盾、女权运动、石油政策等。

(7) 向沙特阿拉伯人送礼品时,忌送酒类、雕塑、猪皮与猪毛制成品、美女照,带有熊猫图案的东西。

第四节 跨文化沟通的基本原则和策略

一、跨文化沟通的基本原则

上述所论述影响沟通的因素都可能成为跨文化沟通的障碍。要成为成功的跨文化沟通者,必须努力跨越这些障碍。这涉及一些原则和方法。

1. 因地制宜原则

来自不同文化背景的沟通者,要根据当地的实际情况来制定沟通策略。对于在国外投资办厂的企业和与外方合作经营的企业,一定要针对东道国的宏观环境,考虑企业的情况和员工的接受、适应能力,因地制宜地确立适合本企业的跨文化沟通模式。

2. 平等互惠原则

管理沟通与一般的人际沟通的不同之处在于它有很强的目的性,一般是为了获取一定的利益。在这个过程中,要坚持平等互惠的原则。平等互惠有利于保护各自利益,有利于沟通双方建立长期的合作关系。

3. 相互尊重原则

相互尊重是沟通过程中表达诚意和树立信誉的保证。相互尊重不仅要尊重彼此的人格,还要尊重彼此的文化、思想和行为表现。当然,尊重并不等于违背自己的利益,对对方的差异完全接受和采纳。对于不正确的或不合理的要求,我们要坚决予以抵制。

4. 相互信任原则

相互信任是在沟通双方相互理解和相互尊重的基础上,在合作共事的过程中达到的。相互信任能促进相互学习、共同发展。对于合资企业来说,相互信任是共同管理的重要机制。

5. 相互了解原则

跨文化沟通过程中的障碍,很多都是由于相互不了解。只有相互了解才可能因地制宜、相互信任。相互了解原则还要求沟通双方敞开心扉,采取积极的姿态来促进对方了解自己。

例如,许多外方投资者不理解中方企业要设立党委。一些企业主动向外方经理介绍、说明党委的性质及工作原则,从而得到了外方理解和支持。广州的"中国大酒店"刚成立时,外方反对设置党组织;但经过相互了解,他们把党的干部视为"管理专家",主动提出要加强"党团工青妇"的组织建设。

二、跨文化沟通的总体策略

1. 正视差异,求同存异

经济全球化时代,人们的社交活动日益便捷与畅通,跨文化交际现象也日益增多。但由于交际双方所处地域、民族、文化和历史背景不同,交际双方在习俗、语言、文化等方面存在的差异很容易导致交际出现障碍。

跨文化冲突是不可避免的,关键在于如何在跨文化冲突的背景下以积极的心态来寻求发展。冲突往往带给人不适的心理感觉,因此人们往往不愿正视冲突,甚至逃避冲突。其结果是,不但冲突得不到解决,而且个人目标也难以实现。如果我们正视文化冲突的存在,以求同存异的理念去解决冲突问题,反而可以实现双赢。

2. 取长补短,兼收并蓄

具有较高跨文化沟通素质的人,在跨文化沟通中,既懂得宣传自身文化的优点,又懂得赞美其他文化的优点;碰到文化差异时,既有能力设法消除文化壁垒,又能理解和尊重文化差异;既能够较好地掌握外语、了解当地的风土人情,又具有较高的跨文化沟通技能。在跨文化沟通中,最关键的是能够敏锐地意识到文化差异,并积极面对挑战和变化。

3. 兼顾多元,差别管理

在进行跨文化沟通活动中,由于文化的多元化,会导致方法和途径的多样化。随着经济全球化的加快,文化多元化现象将越来越明显。在同一企业内部,可能有来自世界各地的员工;在国际商务活动中,一个企业可能会同时与不同国家的外商打交道。在这样的背景下,差别化管理将是跨文化沟通中一个有效的途径。

差别化管理,首先要求管理者为所有不同文化背景的员工、客户、合作者提供平等的机会和公平的意愿,而不考虑他们在性别、种族、年龄和其他方面特征的差异。其次要注意遵守法律和制度,按照既定的为大家所公认的规则行事,避免因疏忽法律规定而出现投诉行为和相关损失;最后要根据工作地所处的社会主流和非主流文化的特征,考虑双方的文化偏好,选择相应的沟通方式和方法。

三、锻造跨文化沟通能力

既然跨文化沟通能力如此重要,那么公司的管理者应该如何培养这种能力呢?从世界各大公司的实践中,我们发现许多可行的方法。

1. 不同文化背景的经理人体验工作和相互学习

为了提高跨文化管理能力,许多公司将经理人派到海外工作或者学习,让他们亲身体验不同文化的冲击;或者把他们留在自己的国家,与来自不同文化背景的人相处,外加一些跨文化知识和理论的培训。

例如,日本富士通公司(Fujitsu)为了开拓国际市场,早在 1975 年就在美国檀香山设立培训中心,开设跨文化沟通课程,培训国际人才。现在,该公司为期四个月的跨文化管理课程(intercultural management program,ICMP)除了用于培训本公司的人员,还用于其他公司和国家跨文化管理人才的培训。

韩国三星公司(Samsung)每年派出有潜力的年轻经理到其他国家学习,学习计划由学员自己安排。但是公司提出一些要求,例如,学员不能坐飞机,不能住高级宾馆,除了提高语言能力外,还要深入了解所在国家的文化和风土人情,等等。通过这样的方法,三星公司培养了大批谙熟其他国家市场和文化的国际人才。

2. 设立全球服务项目

例如,可口可乐公司(Coca-Cola)成立"全球服务项目",这个项目由 500 位中高级管理人员组成,每年约有 200 人调动工作岗位。这些人一方面为公司在全球发展作出贡献,一方面提高自己的国际经验。这个项目的最终目的之一是建设一个具有国际头脑的高层经理团,公司的高层管理人员将从这些人中进行选拔。

高露洁公司(Colgate-Palmolive)从 1987 年开始,就设立全球性强化培训项目,项目成员是美国的商学院 MBA 毕业生,他们至少会讲一门外语,并且在国外生活过;他们中有很大一部分是外国公民。受训者要在美国培训 24 个月。在为期三个月的培训中,他们除了学习商务和产品外,还要参加语言和跨文化知识教育。项目成员完成项目培训后,被派到世界各地担任助理产品经理。

许多著名的跨国公司都设立类似的特殊项目来培养高级国际人才,如花旗银行(Citibank)的全球管理人才项目(global management associate program),渣打银行(Standard Chartered Bank)的国际毕业生项目(international graduate program)。

3. 设立企业学院

大部分跨国公司都在内部设立企业学院,培训国际人才,如摩托罗拉大学、西门子大学、台湾宏碁的 Aspire 学院等。在这些企业学院中,最有名的要数通用电气公司(GE)的克劳顿(Crotonville)管理学院,通用电器前行政总裁杰克·韦尔奇(Jack Welch)每月都要花两天时间亲自到克劳顿给他的经理们讲课,十几年风雨无阻,克劳顿成为通用电气全球发展的"引擎"。

"一带一路"背景下中国企业"走出去"的跨文化问题

伴随进入"十四五"发展时期,共建"一带一路"进入新的阶段,更加强调秉持共商共建共享原则,坚持开放、绿色、廉洁、合作理念,更加致力于高标准、惠民生、可持续目标。然而,"走出去"的企业必然要面对与国内不同的政治体系、文化背景、发展环境和舆论体系。这种差异不仅天然客观存在,还表现出多样性、复杂性特点,给企业跨国经营带来一定的风险和挑战。

在新的发展阶段,如何架起沟通桥梁、用好文化媒介、贡献建设力量,实现与当地社会的文化相融、民心相通、共同发展,"走出去"的企业要进一步做好跨文化沟通、跨文化管理和跨文化传播,加快提升企业文化软实力。

企业跨文化交流的五大差异。

一、语言环境差异

语言问题是跨文化交流的基础性问题,是中国企业"走出去"首先要面对的问题。部分驻外员工外语不过关或不愿主动学习外语,与当地员工沟通效率低,造成管理成本增加,甚至造成彼此误解。

二、文化习俗差异

各国宗教信仰、文化习俗不同,有时同一个国家不同的地区也会有不同的宗教信仰。中国企业必须了解这些文化差异,如果触犯当地宗教信仰、风俗习惯方面的禁忌,必然会影响到企业正常经营活动。

三、政治法律差异

海外国家政治制度、政治环境差异较大,尤其在当下,全球面临新冠疫情,不同国家受其政治体制的影响,有着不同的应对方式,必须积极去适应这种差异对正常生产经营的影响。海外国家的法律环境也与国内不同,不能完全按国内的法律环境考虑问题。

四、企业管理差异

受中国文化影响,中国企业的管理风格、工作习惯等与西方企业、东道国当地企业存在一定的差异。例如,中国企业重视伦理道德、追求和谐,强调个人利益要服从集体利益,西方则偏重个人表现,将工作时间和个人生活时间分得很清。中国企业部分海外项目采用欧美标准建设,设计、咨询、监理等多来自西方国家,中国企业在项目实施过程中,一般较为关注"结果正确",以完成任务为首要目标,而一些西方的项目监理则强调"过程中的每一步都要正确",这在海外项目抢工会战时往往导致一定的理念冲突。

五、舆论传播差异

一方面,中国企业往往不能很好地适应当地的舆论环境和传播规律,在话题选择、渠道选择、表达方式与当地媒体协作等方面存在理念上的差异,实际传播效果大打折扣,面对海外舆情更是缺少有力的回应。另一方面,西方媒体对中国企业的报道习惯于"戴着有色眼镜",这种情况在当前新冠疫情环境下更为凸显。

资料来源:http://www.163.com/dy/article/H1A6Q14V0518KN1G.html. 2022-02-28.

【复习思考题】

1. 试述不同文化的差异性体现在哪些方面?
2. 什么是跨文化沟通?

【情景模拟】

分别模拟几个日本人见面时互相介绍和几个英国人见面时互相介绍的场景。

拓展阅读 9.1
"一带一路"这些国家的风俗与风情

参考文献

[1] 马歇尔·卢森堡. 非暴力沟通[M]. 阮胤华,译. 北京:华夏出版社,2009.
[2] 应届生求职网. 应届生求职简历全攻略[M]. 上海:上海交通大学出版社,2009.
[3] 郭台鸿. 高效沟通24法则[M]. 北京:清华大学出版社,2009.
[4] 陈乾文. 别告诉我你会做简历[M]. 上海:龙门书局,2010.
[5] 苏姗娜·杰纳兹,卡伦·多德,贝丝·施奈德. 组织中的人际沟通技巧[M]. 时启亮,孙相云,译. 北京:中国人民大学出版社,2011.
[6] 刘墉,刘轩. 创造双赢的沟通[M]. 北京:文化文艺出版社,2010.
[7] 麻友平. 人际沟通艺术[M]. 北京:人民邮电出版社,2012.
[8] 杨连顺,谢又华. 职场人际关系与沟通技巧[M]. 天津:天津大学出版社,2012.
[9] 科里·帕特森. 关键对话:如何高效能沟通[M]. 毕崇毅,译. 北京:机械工业出版社,2012.
[10] 李炎炎. 国际商务沟通与谈判[M]. 北京:中国铁道出版社,2012.
[11] 李家龙,李博威. 沟通谈判与社交礼仪[M]. 北京:清华大学出版社,2013.
[12] 艾里斯·瓦尔纳,琳达·比默. 跨文化沟通[M]. 5版. 大连:东北财经大学出版社有限责任公司,2014.
[13] 李元授. 人际沟通训练[M]. 武汉:华中科技大学出版社,2014.
[14] 玛丽·蒙特,林恩·汉密尔顿. 管理沟通指南:有效商务写作与演讲[M]. 10版. 钱小军,张洁,译. 北京:清华大学出版社,2014.
[15] 王振翼. 商务谈判与沟通技巧[M]. 2版. 大连:东北财经大学出版社有限责任公司,2015.
[16] 徐珍,林剑伟. 商务礼仪与沟通技巧[M]. 北京:电子工业出版社,2016.
[17] 卢冬明. 大学生人际关系与沟通能力培养[M]. 北京:北京理工大学出版社,2016.
[18] 宋卫泽,陈志平. 职场沟通与写作训练教程[M]. 北京:机械工业出版社,2016.
[19] 刘平青. 管理沟通—复杂职场的巧技能[M]. 北京:电子工业出版社,2016.
[20] 赵洱崇. 管理沟通[M]. 北京:高等教育出版社,2017.
[21] 王建华. 沟通技巧[M]. 2版. 北京:电子工业出版社,2017.
[22] 李林峰. 所谓大格局就是知取舍[M]. 北京:台海出版社,2017.
[23] 岳阳. 国学智慧与领导力修炼[M]. 北京:清华大学出版社,2017.
[24] 钱静. 跟谁都能交朋友[M]. 北京:中华工商联合出版社,2017.
[25] 约翰·斯图尔特. 沟通之桥:人际传播经典读本[M]. 10版. 王怡红,陈方明,译. 北京:北京大学

出版社,2017.

[26] 闫秀荣,杨秀丽. 现代社交礼仪[M]. 3版. 北京:人民邮电出版社,2018.

[27] 范晓莹,李文英,周丽新,等. 人际沟通与交流[M]. 2版. 北京:清华大学出版社,2019.

[28] 陈建伟,刘艳华. 沟通的艺术+沟通心理学[M]. 北京:中华工商联合出版社,2019.

[29] 樊登. 可复制的沟通力[M]. 北京:中信出版社,2020.

[30] 张零. 极简沟通:让沟通化繁为简的学问[M]. 北京:中国纺织出版社有限公司,2020.

教师服务

感谢您选用清华大学出版社的教材！为了更好地服务教学，我们为授课教师提供本书的教学辅助资源，以及本学科重点教材信息。请您扫码获取。

▶▶ 教辅获取

本书教辅资源，授课教师扫码获取

▶▶ 样书赠送

公共基础课类重点教材，教师扫码获取样书

 清华大学出版社

E-mail: tupfuwu@163.com
电话: 010-83470332 / 83470142
地址: 北京市海淀区双清路学研大厦 B 座 509

网址: http://www.tup.com.cn/
传真: 8610-83470107
邮编: 100084